経済数学の直観的方法

マクロ経済学編

長沼伸一郎 著

カバー装幀／芦澤泰偉・児崎雅淑
カバーイラスト原案／長沼伸一郎
カバーイラストCG製作／いぐなっく
目次・章扉・本文デザイン／齋藤ひさの（STUDIO BEAT）
図版／朝日メディアインターナショナル

序文

経済学部からのSOS

　筆者がこの本を書くに至ったきっかけは，何人かの読者からメールをもらったことから始まる。それは理系ではなく経済系の読者からのもので，もし経済学部で筆者の前著『物理数学の直観的方法』のような本があれば，どれほど多くの学生が救われるかわからない，という内容のものだった。

　そしてさらに詳しい話を聞いて驚いた。筆者はそれまで経済数学については，基本的にせいぜい高校数学レベルより多少上の程度のもの，というぐらいの認識しかもっていなかったのだが，最近の経済数学は，一昔前とは次元が違うほどに高度なものとなってしまっているのである。その中には，理系の物理学科の学生でさえ苦労するようなメソッドも含まれており，量的にも負担が増えているのだが，経済学部ではその数学的準備のための講義の時間が，理系と比べてほとんどとれていないようなのである。

　そして上級マクロ経済学の教科書として使われている本にもいくつか目を通してみたのだが，これも本の中に数学部分の説明がほとんどなく，十分な準備のない学生がいきなりこれを読まされて意味が理解できるとは到底思えないものだった。そのため現実には大半の学生が理解を諦めて，お経のように丸暗記することで乗り切っているのが実情のようである。そしてカリキュラムもだんだん前倒しになって，大学院で教えていたものがどんどん学部レベルに降りてくる傾向に

あるらしく，これでは学生が悲鳴を上げるのも当然だろう。

「二大難解理論」を先に制覇するというアプローチ

　正直，この状況を知るまでは，経済数学の本を書くことにはあまり気乗りがしなかったのである。物理の数学と経済数学を比べると，確かに物理の数学は経済数学より格段に難しいのだが，その高度な数学の背後には，何か宇宙の神秘が隠されているという感覚があった。そしてそれを学ぶ際には，これを習得すればその秘密に迫れるという期待感が，難しさの苦難を上回っていたのである。

　しかし経済数学にはそういう神秘的な期待感がほとんどない。そもそも経済数学というもの自体が，物理や天体力学の世界で成功した数学技法で使えそうなものを寄せ集めて作られた，という性格をもっており，そのため全体を見ても，雑多で無味乾燥なツールがばらばらに並んでいるだけで，何か明確なストーリーが見えてこないのである。

　そのため学ぶ側からすると，そのようにストーリーが見えない状態の中で，一つメソッドを習得しても次には全く別のものが脈絡なしに登場し，量的にもそれらがどんどん増えていくので，この先一体いくつ壁を越えねばならないのか果てが見えず，精神的にも参ってしまうのである。

　これは書く側としても気乗りのしない話で，もともと筆者の得意技は，理解の一番大きな障害となっている部分を，盲点から一発で突いて直観的なイメージを描き出すことにある。ところがそのように無数のこまごました小さな障害物が延々と連なっているような場所では，それが十分活かせず，二重の意味でモチベーションが生まれないのである。

ところが状況がそんなことになっているとなれば，話は大きく変わってくる．つまりそういう巨大な障害物が出現しているなら，それを突破するには筆者の得意技が十二分に活きることになり，そこで身動きがとれなくなっている大勢の経済学徒を一人でも多く救い出すことは，何やら一種の救援ミッションのようで，書き手側の士気も俄然上がろうというものである．

それを念頭に現在の経済学の世界を眺めると，そこには難解さの代名詞となっている厄介な理論が2つある．まず一つはマクロ経済学の「動的マクロ均衡理論」で，もう一つは金融工学の「ブラック・ショールズ理論」であり，これらがいわば「二大難解理論」としてそびえ立っているというのが，現在の経済学の姿である．

そこで本書ではむしろこの状況を逆手にとって，こうした経済学部の障害をまとめて解消する大胆な方法論を試みることにした．それは，普通の常識的な攻略法とは逆に，むしろ目標をこの「二大難解理論」に絞り込み，他のこまごましたものを後回しにして，先にこれらを一挙に制圧してしまうのである．

つまりそれらを直観的に理解してしまえば，読者はその2トップの頂上から経済数学全体を見渡す格好になり，そうなれば今までのミクロ経済学などのたくさんの数学的メソッドは，ちょうど一番高い山からそれより低い山を見下ろす要領で，精神的に余裕をもって，背後から楽に片づけられるようになるはずだ，というわけである．

当初はこれを1冊の本で行うつもりだったが，分量が増えたため，「マクロ経済学編」「確率統計編」の2冊に分けて，

それぞれでこの二大難解理論を一方ずつ扱うことにした。双方の内容は互いにほぼ独立しているので、どちらか一方だけを知りたいという読者は、無論片方だけを読むこともできる。ただそういう読者の場合でも、両方を併せて読まれることで、経済数学全体をこの2トップからの視野に収められて、単なる2倍を遥かに上回る絶大な効果を期待できるはずである。

最新の動的マクロ経済学とはどんなものか

ではこのマクロ経済学編で扱う「動的マクロ均衡理論」とはどんなものかについて、簡単に述べておこう。これは70年代ごろから米国を中心に発達し、景気循環の中での消費行動などをダイナミック＝動的に描き出せる理論として、その中核をなす理論が2004年にノーベル経済学賞をとった。それ以来米国の経済学界で寵児となって、現在では各国の中央銀行でも「インフレ・ターゲット」などの分析に不可欠なツールとして採用されており、今やこれを使っていない論文ではほとんど通用しなくなっているという。

そのため当然、日本でも経済学部の上級課程では必須なものとして導入され、そこで使われる「ラグランジュアン」というツールに関しては、大学院の講義でそれを見ない日はないという話も聞く。つまり一昔前のアカデミックな経済学の世界では、いわゆるケインズ経済学がトップ理論だったが、現在ではこの動的理論がその地位にあると言えるだろう。

しかし一昔前を振り返ると、大学の外でも、アカデミックな世界のトップ理論であるケインズ経済学の一般向け解説書が新書版などでたくさん出ていたのだが、これに関してはそ

うしたものが見当たらない。

　実はこれらの最新理論は，その内容が高度な数学と不可分であるため，今までのような文系の新書版などの一般解説書では，もはや扱うことができなくなっているのである。しかしそのため世の中全体で，何か経済学全体に中心の幹のようなものが見えなくなっていることは否めない。

　そしてこの理論に関しては実は大学の外でもう一つ問題があり，それは日本ではこの理論の導入が欧米より大幅に遅れたため，それを学び損ねた世代が現在，官庁などで政策決定に当たる人々の年齢層に差し掛かっていると見られることである。しかしそういう立場の人々が40～50代になってからこれを学び直す困難は容易に想像でき，これら全てに何らかの解決策が必要となっている。

　しかし本書の場合，物理と経済の中央位置に視点を置いて，理系と文系の間を自在に行き来して解説を行うという，他に例のないユニークな特性ゆえ，これを直観的に解説する道が拓けることになった。そしてその場合，話の基本部分はあまり数学を使わずに述べることができるため，上のような読者にも十分手が届くものになると考えられるのである。

　そこでこの本では，全体を「初級編」「中級編」「上級編」の3つに分け，初級編と中級編ではなるたけ数式を使わずに，大まかな本質や物の考え方を普通の言葉で述べる一方，本格的な数式を使った解説は上級編の部分に集中させる方針をとった。

　そのため結果的に本書は2種類の使い方ができるようになり，上級編までを精読すれば大学で本格的な参考書として使える一方，初級編と中級編は一般読者でも一種の読み物とし

て十分に読めるので,この部分だけを切り離して一般向け解説書として使うこともできるはずである。そして後者のように使う場合,本書は恐らくこれに関する初めての一般向けの解説になると思われる。

各部の構成とスタンス

ではそれら各部についてもう少し詳しく述べよう。まず初級編だが,実はこれまで経済学部では,そうした数学メソッドの背後にどんな思想があるかをあまり教えてこなかった。しかしそれがしばしば理解の妨げになっていると考えられるため,ここではそれを重視した記述をとっている。

そして先ほど述べたように,確かに経済数学には宇宙の神秘とつながっているという面白味はないのだが,そのかわり,世界史の中で社会思想に裏からどう影響してそれを動かしてきたのか,という別の興味が存在している。そのため初級編ではむしろそこを切り口にして,特に「理系の目から見た経済学の発展史」というユニークな視点から眺めることで,この動的マクロ理論が生まれた経緯を浮かび上がらせている。

またその際には一世代前のケインズ経済学と対比させるとわかり易いので,初級編ではケインズ経済学の復習も簡単に行っている。そのため今まで経済知識がほぼゼロだった理系読者なども,この部分でそれをまとめて補うことができ,この部分だけをその目的のために使っても良いほどである。

そして中級編では,いよいよこの動的均衡理論の直観的な本質に一挙に迫ることを試みる。今までこのトップ理論は一

般読者には理解の方法がないとされていたが，実はこの理論は，物理の世界では古くから知られている「フェルマーの原理」という，光に関する一種神秘的な原理を軸に解説すると，大して難しい数学を使わずとも，その本質を一挙に直観的イメージとして理解できるのである。

これは従来の経済学だけの視野からはあまり語られてこなかったようだが，このルートから行くならば，40～50代になってから仕事の合間に学び直したいという読者でも十分に理解が可能だと思われる。

次の上級編では，専門課程の学生のために，具体的な式の立て方や，その各部の意味などについて，やはり最短距離で述べてある。本書ではかなり高度なレベルまでをカバーしているので，専門課程の学生やプロの読者は，とにかくこれだけを頭に入れれば，大学院のマクロ経済学のこの理論の最も難しい部分を最短距離で突破して，その数学部分を自在に使えるようになるはずである。

また大学院よりもっと下の学部だと，直接はこの動的理論は必要ないが，学部レベルではこのメソッドをスペックダウンした形の「ラグランジュの未定乗数法」などがしばしば難所となっており，そういう読者も一種の予習として本書に目を通しておくことで，大幅に理解が楽になると思われる。

なお本書の場合，なにぶん筆者が物理屋のため，経済用語の表現や選び方が経済業界のそれとは多少ずれているが，実は理系読者や一般読者にはむしろ多少素人くさい表現の方がわかりやすい。そのため半ば意識的にそういう言葉を選んで

おり，プロの方はその点はご容赦いただきたい。その一方で，上級編には経済学の世界からは接近しにくい知識や情報もいくつか盛り込まれており，そこはプロの読者も目を通す価値があるのではないかと思う。

一方理系読者の場合，あまりマクロ経済学に関心はないかもしれないが，実はこの理論は数学に大きく依存しているため，理系読者は意外に上達が早い。というより本書の場合，理系の人には親しみ深い数学の話に軸足を置いて，そこから経済学の頂上部分を眺めるという得難い経験ができ，その際にはこれをちょうど物理の一分野の話のように読むことができるのである。

そのためむしろ今まで経済学が苦手だった人こそ，このルートから「経済学もわかる人」になっては如何だろうか。

またこのマクロ経済学編では，一種の豪華なおまけとして，経済学部でどうしても欲しくなるいくつかの数学的概念についても3つほど採り上げて，それぞれを上級編の4章，5章，6章で解説している。それらは「微分方程式」「固有値」「位相・関数解析」などで，これらは経済学部で十分な準備なしに登場して習得を強いられ，おまけに参考書でも経済学部向けのまとまった解説が供給されることが極めて少ない。現実問題，経済学部の教室ではこれらの数学について十分時間を割いて教えることがなかなかできないと思われるので，本書がそこを副読本の形で引き受けることにより，教室で教える側は本来の経済学の話題に専念できるのではあるまいか。一方経済学部の学生は，何かの時に備えてとにかく本書を緊急用に一冊もっていれば，ピンチの際に一再ならず役

に立つはずである。

　かつて筆者の前著『物理数学の直観的方法』では，試験が迫っているのに講義内容が全くわからず絶望的な状態にあった学生が，試験前日に書店で同書を見つけて買って帰り，一晩で読了して翌日の試験を突破した，などという伝説的なエピソードが数多くあったが，本書の場合もかなり似たことを期待できるものと思う。
　実際に，たとえ今まで経済学に関してほとんど知らなかった読者（理系読者も含む）でも，カンの良い人なら今日ここで本書を買って家に帰って読み始めれば，1〜2週間後には大学院レベル，あるいはそれ以上の最先端のマクロ経済学の論文の大まかな内容を十分理解できる人間になっている，というのも決してあり得ない話ではないはずである。
　いずれにせよ，本書はいろいろな立場の読者が，各自の目的に合わせて多様に使うことができるため，それぞれの立場に応じて役立てていただければと思う。

| もくじ | 経済数学の直観的方法　マクロ経済学編 |

序文　3

第❶章　初級編 ……………………………………… 17

1. 経済学は物理の思想からどう影響を受けて発達したか …… 18
　　江戸期の日本はなぜ「科学」を生み出さなかったのか　18
　　経済数学のミッシング・リンク　20
　　惑星の均衡ビジョンからいただいた市場原理の発想　22
　　天体力学が導いた偉大なツール　26
　　天界の秩序の「目的」と「原動力」　28
　　その鍵となるツールとしての微積分　31
　　それが世界史に与えた影響　33
　　自分の物語に翻弄されたEU　36

2.「二大難解理論」以前のケインズ経済学 ……………………… 41
　　理系側から見たケインズ経済学　41
　　ニュートンの体系の泣き所　43
　　2つの経済学の別れ道　45
　　ケインズ時代に最も役に立った数学は？　47
　　乗数理論のメカニズム　49
　　このメソッドのもう一つの適用場所　54
　　経済世界と理系世界はどこが違う？　57
　　経済数学で良く使われる「テイラー展開」　60
　　もう一つのツールとしての「IS-LM曲線」　61
　　IS曲線の構成　63

3. 米国の経済思想と動的マクロ理論の登場 …………………… 69
　　米国社会での「ミクロとマクロ」　69
　　米国の均衡派の逆襲　71

新しい「動的均衡理論」の登場　73
　　日本にとってのこの理論を知る意義　76

第2章　中級編 …………………………………… 79

1. フェルマーの原理に隠された動的理論の本質 …………… 80
　　フェルマーの原理　81
　　光の反射とフェルマーの原理　85
　　マクロ経済学に至る4代の系譜　88
　　経済学への応用　90
　　フェルマーの原理とミクロ的な基礎づけ　97
　　解析力学とラグランジュアン　99
　　4代の系譜の比較　102
　　具体的なメソッドの簡単な練習　104
　　前半部分の話の整理　107

2. 「最速降下線」によるさらに高度な部分の理解 …………… 110
　　後半部分＝「直線から曲線へ」のステップアップ　110
　　「最速降下線」の問題　113
　　「変化率」というキーワード　119
　　「ルーカス批判」と「変化率」という概念　122
　　「社会の慣れ」と「真の変化率」　125
　　文系と理系の間に発生した意外な問題　127
　　ここがマクロ経済学に一種の革命をもたらした　131
　　ルーカス批判と「ミクロ的基礎づけ」　132
　　「科学になった」経済学とカリブレーション　135
　　理系の目から見た印象　137
　　現代日本にとっての動的マクロ経済学を学ぶ意味　140

第3章　上級編 ………………………………………… 145

1. 動的マクロ理論の各モデル ………………………………… 146
(1) 経済成長理論としてのラムゼイ・モデル　147
(2) RBC (リアル景気循環) モデル　149
(3) ニュー IS-LM モデル　150
(4) その後のDSGEモデル　151

2. 各モデルの具体的内容 ………………………………………… 152
(1) ラムゼイ・モデル　152
　　ラムゼイ・モデルの基本イメージ──夏と秋の旅行はどちらが楽しい　152
　　ラムゼイ・モデルの具体的な形　154
　　ラムゼイ・モデルの付随的な逓減要因　157
　　オイラー方程式とはどんなものか　159
　　上の式はこの要件を満たすか　161
　　経済学部のオイラー方程式　164
　　直線から曲線へ──ラムゼイ・モデルのステップアップ　166
　　対数を使ったネガとポジ　168
　　曲線化の際に変数が c と $\hat{c}$ になる　170
　　ラムゼイ・モデルについてのいくつかの補足　171
(2) RBCモデル　173
　　RBCモデルの基本スペック　173
　　式を長くするテクニック＝「制約条件」　178
　　それを使って式の冗長度をどう増やすか　179
　　前半部分も冗長化する　183
　　RBCモデルのラグランジュアン　184
　　なぜ t でない雑多な変数で微分するのか　186
　　具体的な式の生成方法　188
　　何個もの式をスマートに統合する方法＝ラグランジュ乗数　190
　　RBCモデルのゴール　192
　　式から浮かび上がる動的均衡メソッドの本質　193

表記法に関するコメント　195
　　　別の角度からの応用「余暇と経済成長」　196
　（3）ニューIS-LMモデル　198
　　　ニューIS-LMモデルの数学的概略　198
　　　これがなぜ「ニューIS曲線」か　203
　（4）DSGEモデル　205
　　　本格的なDSGEモデル（インフレ・ターゲット論）での使用法　205
3. ラグランジュ乗数とハミルトニアンの関連性 ………… 207
　　学部の「静的な」最適化問題で登場するラグランジュ乗数　207
　　ハミルトニアンとラグランジュ乗数　209
　　経済学でのハミルトニアンの使い方　213
　　学部レベルでのラグランジュ乗数　215
　　物理と経済学のハミルトニアン　217
　　具体的なハミルトニアンの使い方　220
　　教養として動的マクロ経済学を知ることの意義　223

第❹章　経済学部で知っておくべき微分方程式の基本思想 ……… 229

　　経済学部での特有の問題点　230
　　初級編の話の整理　231
　　立ち塞がった堂々巡りの構図　233
　　そこから抜け出す画期的方法　237
　　その具体的方法　240
　　経済学部での対応　244

第❺章　固有値の意味 ……………………………… 247

　　記号の簡略化こそ数学発展の原動力　248
　　天才と能才はどう違う　249

和算はなぜ生き残れなかったか　250
和算に欠けていた「思考経済」の概念　252
行列の「足し算」の世界から「掛け算」の世界へ　254
行列同士の「掛け算」の実例　255
対角化の概念　261
対角化で劇的に簡略化される行列の乗算　263
固有値の本来の起源　264
回転の計算は固有値で簡単になるか　265
「半径」が1より大きいか小さいか　268
イメージの例＝固有値が1より大きいと「交渉決裂」　270
マクロ経済学への応用イメージ　274
カリブレーションでの使い方　275

第6章　位相・関数解析 … 277

不連続量を扱うための数学　278
関数解析の基本的な考え方　280
「空間」を使って $f = g$ を言う　282
位相空間とはどんなものか　284
「＝」を言うための新しい方法論　290
この手法が共通して抱える厄介事　292
$\lim f(x_n) = f(\lim x_n)$ が成り立たない　295
経済学部での対処法　298
ポントリャーギン理論での偉大な成果　300
凸集合・凸解析　306
ゲーム理論と凸解析　308

さくいん　315

第 1 章

初級編

1
経済学は物理の思想から
どう影響を受けて発達したか

江戸期の日本はなぜ「科学」を生み出さなかったのか

　序文でも少し述べたが，どうも経済数学というものは理系にとっても文系にとっても，それを学ぶ際の精神的なモチベーションを得にくく，とかく嫌がられることの多い難物のようである。特に日本の経済学部の場合にはそれが顕著のように見えるのだが，筆者が眺めた印象では，日本の場合はその背後にもう一つ，欧米とは違った特殊要因があって，それが経済学部でこれを学びにくいものにすることに一役買っているように思われる。

　その日本の特殊性は，例えば高校生などの科学技術教育に関する国際比較調査を行った場合にも表れることがあり，その種の調査を行ってみると，実は日本の生徒は数学テストの平均点などは他国と比べて決して低くない。むしろ欧米より平均点が高いことも珍しくないのだが，その割には日本では「理数系が苦手」という意識をもつ生徒の割合が非常に多く，数学の点数の高さと理系に対する苦手意識がちぐはぐに同居しているのである。

　その原因を探るため，ここで上の質問を少し変えて，文系の高学歴の人に「高校時代には数学と物理のどちらがより苦手だったか」を聞いてみると，しばしばその理由が浮かび上がってくる。つまりその際には「数学はそれなりに点だけは

とれたのだが，とにかく物理は苦手だった」という答えが返ってくることが多いのであり，要するにこれを見ると，実は日本の文系の人が本当に苦手意識をもっているのは，どうやら数学というよりむしろ物理なのではあるまいかと思えるのである。

　これは一種の盲点とも言えるが，とにかくそう考えると先ほどの話も合点が行き，一般にたとえ数学ができても，物理ができない場合には「科学をわかった」気にはなれないことが非常に多いのである。そして日本の場合，どうもこれは意外に根深い問題で，それは古く江戸期にまで遡って，「江戸時代の日本には科学はあったのか」という重要な問いとも重なってくることになる。

　江戸時代の日本の科学といえば，読者もご存じのように関孝和に代表される和算が存在しており，そのレベルは驚くほど高いものに達していた。その一方で，江戸期の日本には例えばからくり人形に代表されるように，機械技術の方も非常に高い水準のものが存在しており，こうしてみると江戸時代の科学技術は，数学と機械技術の両面で独自の高いレベルに達していて，一見すると立派に「高度な科学」が存在していたようにも思える。

　しかし実はそこには一つ決定的なものが欠けていた。それは日本には西欧と違って，両者をつなぐ「物理」が存在していなかったことである。そう思って眺めると，当時の和算は例えば「からくり人形をこれこれの速度で動かすために何gの力を何秒間加えることが必要」などという形で応用されることは少なかったように思われる。実はこの部分が「物理」に当たるのだが，江戸の科学にはそこがすっぽり抜けていた

ため数学と科学技術がばらばらにしか存在できず、それゆえにそれらはついに「科学」たり得なかったのである。

歴史的に眺めても、和算はせっかく高いレベルに達しておりながら、その高度な部分は機械工学や天体力学の発展に何ら貢献しておらず、結局和算は単なる知的ゲームで終わってしまって、科学技術にほどんど寄与しないまま、日本は西欧から取り残されてしまったのである。

一方それに対して西欧では、日本と違って物理という「思想」があって、むしろそれが主役となって数学を牽引していた。文系の目からは物理も数学も似たようなものかもしれないが、実は数学はそれ自体では一種の言葉や道具に過ぎない。それに対して物理というものは「この宇宙はどういう仕掛けで動いていて、それを記述する言葉として数学をどう使うか」という、一種の思想や世界観である。

そして単なる抽象的な数学は、その物理という思想や世界観の中で解釈されることで、初めて「科学」となるのであり、西欧では機械工学も、物理の思想が主張するそういう宇宙のメカニズムの、いわば小型の模型として発達していたと言えるのである。

つまりそこが江戸期の科学の大きなミッシング・リンクだったわけで、その意味では江戸の和算というものは、「物理をもたない数学」というものが単独ではどういう運命をたどるのかを示す、格好の世界史的な事例だと言えるだろう。

経済数学のミッシング・リンク

そしてそれを踏まえた上で経済数学というものを眺めると、それは多分に理系の科学の圧倒的な成功を見て、そのス

ピンオフの形で，使える数学部分をそのまま切り花のように持ってきた，という性格のものである。

そして経済学部ではその切り花の数学部分だけを教わるため，それを生み出す「根」というべき物理の思想的な部分は切り離されており，その点で上の話とやや似ている。そのため教わる側は，ちょうど先ほどの「数学ができても物理ができないとわかった気になれない」というのに似た精神状態に陥りがちで，経済数学がしばしば無味乾燥な難物に見える理由の一端も，恐らくそこに起因するのである。

それを逆に考えると，本来なら経済数学もそのミッシング・リンクの部分を補えば，理解がスムーズにいくはずなのだが，肝心のその物理の部分が日本人には苦手だというのだから，困ったことになる。

しかしこれまでの日本人の物理に対する接し方を見てみると，どうも本格的に物理を学ぶのは苦手なのだが，その割には一種の教養として，宇宙・天体の話やその背景となる思想の話題などを聞くのはむしろ大変に好きなのである。実際に，そういう意味での理系リテラシーの水準は，他国と比べても非常に高いと言える。

だとすれば，これについて理解する一番良い方法は，むしろその背景にある話題，つまり「経済数学の歴史において物理の思想がどう作用してきたのか」を教養的な読み物としてひとまず先に吸収し，そのミッシング・リンクを埋めておくことなのではあるまいか。

恐らくこれが，経済数学を本当に理解するための最も楽な方法で，特に現在の最新のマクロ経済学の場合，上で述べたように「物理からのスピンオフ」で生まれているという性格

がさらに強いため,それを教養として理解するためには,このアプローチが最も有効のように思われるのである。

そこでこの初級編では「文系と理系の間で,経済学が数学や物理からどういう影響を受けて発達してきたか」という視点から,経済学全体を歴史的に俯瞰する,というユニークな試みを行ってみたい。

惑星の均衡ビジョンからいただいた市場原理の発想

さてそうやって眺めてみると,そもそもアダム・スミスに始まる近代経済学自体が,当時の物理を手本にして生まれたとさえ言えなくない。そしてその経済学に影響を与えた「物理の魂」というべきものは何だったかと言うと,それは何といってもニュートンの天体力学である。

これはアダム・スミスの経済学全体に影響を与えただけに留まらない。後に述べるように,そもそも近代西欧が本当の意味で文明として世界に立ち上がる真の契機を提供したのが,この天体力学と微積分だったのである。

それ以前の時代,例えばルネッサンス時代は,まだ西欧キリスト教世界はようやく入ってきた高度なアラビア科学の吸収に手一杯という状態で,まだ人類文明の先頭に立ってそれを前進させるというには程遠い段階にあった。そして西欧がその二番手の立場から脱する決定的な鍵となったのが,これらだったというわけである。

さてこの天体力学だが,人類史的に見ても天体力学の出現は,それまで神の領域であったはずの天体の運行が,数学を使うことによって人間に全て解き明かせる,ということを示したという点でも画期的な意義をもっていた。それはひいて

は，この世界の全てを合理的な力学のメカニズムで説明しうるという，文明全体にとっての大きな革命だったのであり，われわれの近代文明が全てその影響の上に成り立っていると言っても過言ではない。

そしてそういうつもりであらためて眺めると，アダム・スミスの経済学が天体力学のどの部分に影響を受けたかは，ちょっとでも経済学を知っている人ならすぐにわかるだろう。それは言うまでもなくこの経済学の中心思想，つまり価格などが需要と供給の間で行ったり来たりを繰り返しながら自動的にバランスをとって安定する，という部分であり，この考え方がまさに，惑星や彗星などが太陽の周囲でバランスをとって，近づいたり遠ざかったりを一定周期で繰り返しながら安定した軌道を保つ，というビジョンをヒントにしているのである。

そして経済学の教科書ではそのメカニズムは多くの場合，2本の曲線がクロスして交わっているグラフで表現される。それは言わずと知れた「需要と供給のグラフ」で，例えば価格による需給バランスの話だと，売り手である供給側のカーブは，物の値段が高い方が得なので右上がりの曲線となるが，買い手である需要側のカーブは，物の値段が高いほど損なので右下がりの曲線となる。

そして読者もご承知のように，例えば物の値段がこの均衡点から右，つまり高すぎる方にずれていた場合，需給が釣り合わず売れないため，売り手側が値下げすることになり，逆に左にずれた場合も同様なので，市場内部には自動的にこの均衡点に戻そうとする力が働く。つまりこの2本の曲線の交点で，両者の損得が行ったり来たりしながら釣り合って売買

が成立することになり，価格もその均衡点で決まるというわけである。

このメカニズムは惑星や彗星の場合でも基本的に同じであり，惑星などが太陽に近づいていくと，だんだん速度が増して，太陽の脇を通過する際の遠心力も強くなる。逆に太陽から遠ざかりすぎた場合には，公転スピードが遅くなって遠心力が弱まり，それによって惑星は再び太陽の方に戻っていく。つまりこの遠心力と引力のバランスが，ちょうど経済世界の需給バランスのように一種の復元力を作り出し，惑星や彗星は自動回復機構のように行ったり来たりを繰り返しながら，一定の軌道を維持し続けるわけである。(右の図1.1)

そしてニュートンの天体力学は，太陽系の全ての惑星が個々に太陽との間で，このようなメカニズムで安定した軌道を作っており，それらが集まって全体として太陽系という大きな秩序のシステムを自然に作り上げている，と主張する。

そのためこの考えを経済に移植すると，物の価格ばかりでなく労働条件や金利などでも同じことが成り立ち，社会全体がこの均衡メカニズムで安定状態を作っている，というアダム・スミスの「神の手」の，市場の自動均衡メカニズムの話になるということが，読者にはおわかりだろう。

そして物理の世界では，このビジョンは天体以外にも拡張されて一種の世界観にまで高められることになった。つまり空気の分子なども一個一個をミクロな天体のようなものだと考えれば，同様のメカニズムで大気全体の振る舞いを割り出していけるはずであり，さらに他の粒子や機械の部品についても同様の考えが適用できる。つまりこの世の全てをミクロの天体と考えて，そのメカニズムを組み合わせていくこと

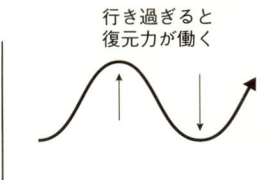

経済学の市場原理の自動回復メカニズム

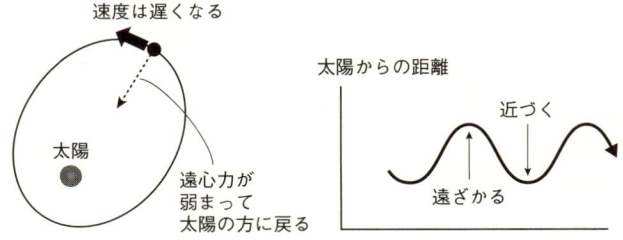

惑星、彗星の軌道の自動回復メカニズム

図1.1

で，どんなマクロ的現象でも説明できるというわけである。

　当然ながら経済学者たちもそのビジョンにならって，経済のみならず社会制度も含めた一種の世界観として社会全体を捉えるようになった。もっともアダム・スミス自身はこのメカニズムをそう絶対的なものとは考えていなかったようだ

が，むしろこれに熱心だったのは英国よりも大陸側のフランスやオーストリアの経済学者たちである。経済学用語としての「自由放任＝レッセ・フェール」というのがフランス語であるのを見てもわかるように，大陸側ではこのミクロ的原理が絶対的なものと考えられるようになっていった。

そして大陸側のワルラスやパレートなどの経済学者たちによって，先ほどのように，2本の曲線がグラフの上で均衡点を作ってその周囲で安定して上下し，それらの集合体として社会全体が安定した均衡状態を作る，という「一般均衡理論」が成立していく。

そして経済学ではその2本の曲線が交わってできる点は「パレート最適点」と呼ばれ，そこが社会にとって最適な均衡点だという思想が，現在でもミクロ経済学の一つの基礎となっている。

天体力学が導いた偉大なツール

しかし天体力学の場合，単なる思想としてそういうものがあったというだけでは，恐らく世の中にそこまで大きな影響を与えることはできなかっただろう。現実にはこの時には，それを支える強力なツールが同時に生まれていて，両者が二人三脚となって前進していったことが文明社会に決定的なインパクトを与えたのであり，そしてそのツールこそが微積分学だったのである。

しかし文系ではこの天体力学の話を教わらないため，この微積分がそこまで重視される理由自体が今一つ理解しにくい。そもそもなぜ微積分の意義がそこまで重大かというと，この技法によって人類は「物事の未来の位置」を知る能力を

手に入れたのである。

　もし読者がその意義の大きさにぴんと来なければ，日常の話に置き換えて，自分が周囲の人々や対戦相手の「未来の動き」を正確に予想できる能力を手に入れたと想像してみるとよい。とにかくその能力があれば大抵の勝負には勝てるものであり，この時に人類は自然界のあらゆる物に対してその能力を手に入れたことで，それらを征服する歩みを始めたのである。

　そして市場均衡万能の原理に基づく経済学は，天体力学をルーツとすることで，無意識のうちにこの強力なツールも同時にバックにしているという強い自信をもつようになった。特にそれを奉ずる米国にとっては，それがしばしば国際社会で「自分の経済学だけが『科学』だ」という態度の源となっているように思われる。

　一方ここで江戸期の和算を振り返ると，その高度な部分は微積分にあと一歩のところまで肉薄していたのだが，そこに決定的に欠けていたのが天体力学だった。そして先ほども述べたように，これこそが江戸期の日本の科学のミッシング・リンクだったのであり，その「世界観としての天体力学」がすっぽり抜けていたため，江戸期の和算はついに科学を生み出すことができなかったのである。

　それを踏まえた上で日本の経済学部を眺めると，筆者にはどうも経済学部の学生が置かれている状況が，江戸期の和算家と似ているように見えなくもない。つまり天体力学こそいわば微積分の魂だったのだが，経済学部では，天体力学の話は文系には馴染みがないとして下手にそれを省略することで，これが魂のないテクニックにしか見えず，かえって話の

理解を難しくしているように思えるのである。そのためこの部分の思想面での教養を補っておくことは，経済学部でこの一連の話を本当に理解するための決定的な鍵となるはずであり，またそれが現代文明に及ぼした影響の話は一般教養としても重要なので，以下にそれを少し述べてみよう。

天界の秩序の「目的」と「原動力」

さて先ほど，人間が物事の「未来位置」を知ることが如何に重要な意義をもつかについて述べたが，それはこの天体力学においては一層の真実である。つまりこの学問の最終目標も，要するに惑星や衛星などが，いつどこにいるかという「位置」のデータを得るということに尽きるからである。

これは中世に天文学がまだ占星術だった頃からも，惑星が何月何日にどの位置にいるかを知るのは重要な中心課題だった。そのため占星術の時代には，星や惑星の運行表が「天界の動きを記したもの」として，当時の天文学の最も重要なアイテムとなっていたのである。

そしてこの「位置を知る」という課題は，天体力学の思想ではさらに重要性を増すことになった。つまりこの場合にも，とにかくこの宇宙の全ての天体について，それぞれがどの時刻にどの位置にいるかというデータの全てがあれば，天界の運行そのものを把握したことになるのである。

また天体力学の時代には，それを表現するビジョンの上でも大きな進歩があり，それはこの「位置」などを時間のグラフで表現するということである。先ほどの彗星の話などでも，太陽からの距離がどう変動するかが「位置の問題」のメインとなっていたが，こういう場合，グラフの横軸に時間

を，縦軸に太陽からの距離をとって表せば，その位置の変動を1枚のグラフで表現できる。

つまりこのグラフさえあれば，各時刻の位置は全てそこから読み取れるわけで，そのためこれが占星術時代の運行表にとって代わる形で，天界の動きを表現する決定的なアイテムとなり，問題の目的全体がこのグラフを求めることに集約されていったのである。

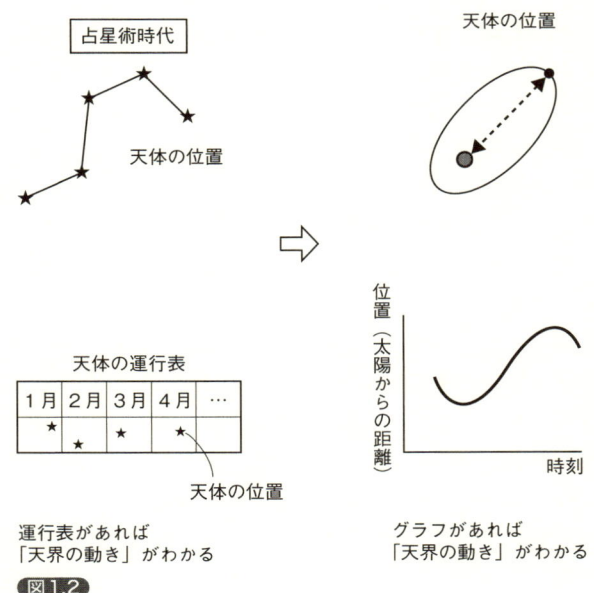

図1.2

そしてこの時期にはもう一つ，天体力学の基礎をなす重要な考えが導入された。それは，太陽や惑星の間に見えない糸のように張り巡らされた引力が，いわば天界に複雑な動きを

作り出す原動力だということである。

　そもそも一般にどの天体も、もし他の天体の引力を受けなければただ宇宙をまっすぐ等速で進むだけで、その軌跡は単純な1本の直線である。ところがそこに引力が働いて軌道が曲げられることによって、複雑な動きが作り出されることになる。

　先ほどの彗星の話でも、彗星は太陽からの引力で加速されたり減速されたりすることで、その軌跡が楕円を描いており、その複雑な楕円軌道は、彗星が各時点で太陽から刻々変わる引力を受けることで生み出されている。要するに引力こそが、天界にそうした複雑な動きを作り出す原動力なのである（例の有名なニュートンのリンゴの話は、一体何がそんなに偉いのかわからなかったという読者も多いと思うが、実はそれはこの原動力の部分をはっきりした実体として考えて、それに「引力」の名を与えたという点で、画期的なものだったのである）。

　そしてこの「原動力」である引力を表現する際にも、先ほどの位置の話で導入されたのと同じ方法が、ほぼそのまま使われることになった。例えばそれは彗星などの細長い軌道では特に顕著なのだが、こういう場合、太陽からの引力が軌道上の各点で刻々と変わるため、各時刻で彗星や惑星に働く引力（加速度）の強さは、やはり時間を横軸にとったグラフに書き表すことができるわけである。

　そのため次のようなクリヤーなビジョンが姿を現すことになる。それは、天体力学の目的である「位置」と、天界を動かす原動力である「引力（加速度）」が、共に時間的に変動するグラフで表されるため、もし人間の頭の中でこの2枚の

グラフの関連が1個のビジョンとしてつながれば，人類は「宇宙の運行」を完全に掌中にすることができるということである。

その意義は巨大で，占星術時代には天体の運行の背後にある仕掛け自体はブラックボックスであるため，人間がそれを知ることはできなかったが，この場合にはそれも含めた全てを，あたかも時計の部品のように人間が神にかわって把握できるようになるのである。

しかしそうは言っても，何しろそれらはいずれも複雑な曲線グラフの形で刻々変わる量であるため，ただでさえそういう量を扱うことは難しい。その上さらにこの2枚のグラフの関連を解き明かすとなると，二重の意味で難しすぎて到底人間の手に負えず，それはまだ神の領分に属することだったのである。

その鍵となるツールとしての微積分

ところがここで決定的な役割を果たしたのが微積分だった。実は微積分というものは，まさにこれらのグラフをつなぐツールとしての能力を秘めており，これを使えば階段を上り下りするようにして，これらのグラフ同士で自在に行き来ができるのである。これについては詳しい話は上級編の4章で行うとして，ここでは大まかに述べるに留めるので，通読するつもりでここを読まれている文系読者は，今は大まかな構図だけがわかればそれで良い。

とにかくそのビジョンは次のようなものであり，このツールを使うと，先ほどの「目的＝位置のグラフ」から階段を2段下るようにして「原動力＝引力・加速度のグラフ」にたど

り着くことができる。またそれとちょうど逆に、後者つまり引力・加速度のグラフから出発すれば、階段を2段上る要領で前者つまり位置のグラフにたどり着くことができる。そして前者の操作が「微分」、後者の操作が「積分」で、この両者を合わせたツール一式が「微積分」と呼ばれているわけである。（次の図1.3の右）

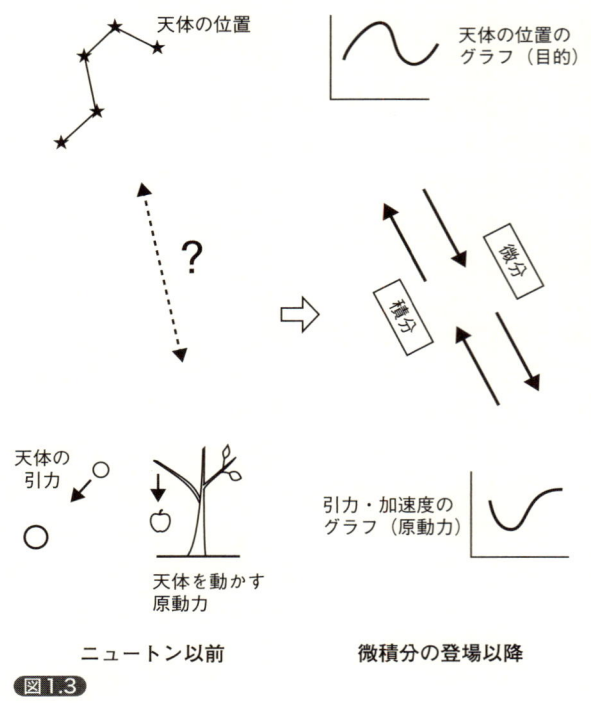

図1.3

つまりこの微積分という画期的なツールは、先ほどの困難

な作業を，階段を上り下りするように簡単に行って，それを記号1個で書くことを可能にしたわけである。

そのため天体力学の最も重要な両端をなす「目的と原動力」が，微積分という操作でつながって，人間の頭が両者の全体的な関連を視野に入れ，それを1個のメカニズムとして捉えることができるようになった。そしてその二人三脚によって人類は天界の運行を把握できるようになり，それまで神の領域だった場所に足を踏み入れられるようになったのである。

さらに先ほど述べたように，これをもっと広く地上の問題にも適用し，空気の分子などもミクロ的な天体と考えれば，遥かに広範な問題をこのメソッドで扱うことができる。これによって，人類は周囲の森羅万象について物事の「未来位置」を知ることができるようになったのであり，やがてそれは機械の部品の動きの問題などにも応用されていった。そして人間は微積分をこういう思想のもとで使うことで，周囲の自然を征服する強力な手段を手に入れて，それはついに人類が月にまで到達することを可能にしたのである。

逆に言うと，微積分という技法は，最初からそうした天体力学の鍵としての偉大な役割を帯びて生まれていたと評することができる。そして関孝和の和算には実にこの思想が欠けていたのであり，それが無かったが故に，日本の和算はついに科学を生み出すことができなかったのである。

それが世界史に与えた影響

とにかくその意義の巨大さはどんなに強調しても足りないほどであり，思えばこれまで人類史にはいくつかエポックが

あって,火を手に入れたこと,文字を手に入れたこと,印刷の発明などがそれだったが,この能力を手にしたことの意義はそれらと比肩しうるものだったと言っても過言でない。

世界史的に眺めても,この微積分(もう少し正確には,後に述べる「微分方程式」)を手にしたことで西欧文明は地上の覇者となったのであり,物理学者の中には「その世界史的影響はキリスト降誕のそれよりも大きかった」と言う人もあるほどである。歴史学者は笑うかもしれないが,実は調べれば調べるほどそれは何ら誇張ではなく,むしろそちらの方が遥かに真実に近いことがわかってくる。

その世界史への影響を考えるに際して,われわれが一つ思い出すべきことは,先ほども述べたようにルネッサンスの時代にはまだイスラム世界が西欧キリスト教世界の先生だったということである。そしてこのルネッサンス期にアラビア語の文献が西欧世界に大量に入ってきて翻訳されたのであり,その痕跡は今でも英語の科学用語に「アルジェブラ=代数」「アルゴリズム」などアラビア語起源のものが多く残っていることに見られている。

つまりその意味ではルネッサンスは(美術の面ではともかく),科学に関する限りはまだ日本の明治の文明開化のようなもので,むしろイタリアを輸入総代理店とする「大翻訳時代」だと言った方が真実に近い。そしてローカルな文明だった西欧キリスト教世界が本当にオリジナルな科学を作って自立し,人類文明の先頭に立ったのは,あくまでも200年後の微積分の発見によってなのである。

それを示すようにその後の西欧では,微積分学の発展の中心地となった英独仏が主役となって西欧文明を牽引するトッ

プに立つ一方，アラビア科学の輸入総代理店だったイタリアは，その立場を失って急速に西欧文明の最先進地域の座を明け渡し，近代化にも後れをとって完全に英独仏の後塵を拝する形になっていった。

　一方イスラム側にとってもこの時が本当の世界史的な転機で，イスラム文明は微積分学に乗り遅れたことで，数学と科学の主導権を失ってしまった。そしてそれを使った科学技術も生み出すことができないまま，西欧との間で文明としての実力差がどんどん開いていき，それによって最終的に西欧とイスラムの逆転という世界史的な現象が引き起こされたわけである。

　そのためここで極端な想像として，もし西欧が微積分学を発見できず，それに依存する科学技術の大革命も起こらなかったとしよう。その場合には，西欧キリスト教世界は依然として世界で二番手のローカル文明に留まったかもしれず，その教祖の誕生年を基準に制定した「西暦」も，世界の暦の標準とはなっていなかったかもしれない。そう考えると，実は微積分の発見が結果的にキリスト降誕の意義を世界史的なものに押し上げていたとも言えるわけで，先ほどの物理学者の言葉もあながち誇張ではなかったわけである。

　いずれにせよ理系文系双方を視野に置いて眺める限り，世界史的に見ても，これこそがこの300〜400年で最大の事件だったことはほぼ間違いないのだが，19世紀の歴史家たちは微積分が世界に及ぼした巨大な影響がよく理解できなかったため，それを誤ってルネッサンスの功績に帰してしまった。

　そしてその虚像が肥大化することで，次第にアラビア科学

の成果もルネッサンスの手柄のように錯覚されていったのである。さらにそれは,イスラム文明が最初から未開文明だったという誤ったイメージを世界中に広めることにつながっていき,それが現在の国際紛争にも影を落としていると言えるだろう。

自分の物語に翻弄されたEU

そしてそのように,当時の歴史学者に微積分の真の影響が理解されずに,誤ってルネッサンスがその立て役者と錯覚されたことで,この時にもう一つのフィクションが世界史に紛れ込んだ。その余波は現在のEUの問題にも及んでいるので,本題からは少し外れるが付け加えておこう。

現在のわれわれは世界史の授業で伝統的に「西欧文明は古代ギリシャ文明の直系の子孫だが,中世の暗黒時代にそれを記憶喪失のように忘れていて,ルネッサンスでそれを思い出した」と教わってきている。最近では,中世はそれほどの暗黒時代ではなかったという形に多少修正されてきているようだが,それでもなおこういう見解が広く一般常識となっていることは間違いない。しかし実はこれも多分に19世紀にルネッサンス概念の肥大に伴って作られたストーリーで,そもそも18世紀まではギリシャが西欧の先祖だという考え自体があまりなかったのである。

一瞬面食らった読者もあるかもしれないが,それまでは西欧史はローマ建国から始まるというのが常識で,ロムルスとレムスの双子の兄弟がローマの地で狼に育てられて,それが自分たちの祖先となった,という伝説から説き起こすのが普通だった。そして西欧の古語といえばラテン語のことで,知

識人は皆ラテン語が読めたが、ギリシャ語は文字からして違う別の言語だったのである。

実際にそれまでは文学作品などでもギリシャは「異教世界」と呼ばれて、西欧とは地理的にも歴史的にも全く別の世界として扱われるのが常識だった。つまりやや誇張して言えば、当時の西欧にとってのギリシャは、ちょうど日本にとってのインドのようなものだったと思えば近いかもしれず、ギリシャ語は日本にとってのサンスクリット語のようなものだったかもしれない。

それを踏まえて虚心坦懐に眺めると、もともと西欧はギリシャから遠く離れたローマ帝国の辺境の、当時ガリアやブリタニアと呼ばれていた僻地で、古代ギリシャ文明が黄昏を迎えた頃に産声を上げていた全く別の文明である。そして何のことはない、そこで新しく育った若い文明が、中世の幼年期を経て成年になりかけた近代にようやく初めて異国のギリシャ文明を知り、それをアラビア経由で本格的に学んで吸収したというだけの話で、別に西欧は中世に記憶喪失に陥ったわけでも何でもなかったことになる。

ところが19世紀の帝国主義の時代に、西欧は系図を書き換えてギリシャを強引に自分たちの先祖にしてしまったのである。そしてそのように西欧とギリシャを直結させて、アラビア科学の寄与分はルネッサンスが行った形にすることで、結果的にイスラム文明の「中抜き」も可能となった。

一方その系図の書き換えに伴って、古代ギリシャの側も現実とはかなり違う姿に美化され、実はわれわれが古代ギリシャに抱いている白亜の大理石像のイメージも、どうやらこの時に作られたものである（実際にはそれらのギリシャ彫刻の

多くは極彩色に塗られていて、何だか秋葉原のフィギュアのような感じのものだったらしい)。

そして先ほどギリシャを日本にとってのインドに喩えたが、そう考えるとこの話の強引さは極端に言えば、例えば日本が国粋主義の時代に「日本もインドも仏教の国なのだから日本史はインドから説き起こすのが筋だ」として歴史の教科書を書き換え、「ゼロの発見」も日本＝インド文明の所産である、と強弁している状況を想像すれば、結構近いものがあるかもしれない。ただ一つ違うのは、西欧がその強引な解釈を世界に信じ込ませることに成功したということである。

そんな無理の歪みはどこかに噴出するのが当然だが、ヨーロッパの場合、皮肉にもEU自身がその痛烈なしっぺ返しを食らうことになった。つまり現代のEUは設立に際して、自分自身がそういう無理な世界史のストーリーに幻惑され、最初から不思議な形で設計を行ってしまったのであり、その一つとしてEUは、本来異質な存在であるギリシャを一種の象徴的な存在として、無理やり仲間に引き入れることにこだわったのである。

当然ながらその無理がたたって、間もなくギリシャは大問題を引き起こし、それはEUにとって最初の大きな蹉跌となった。しかしもっと重要だったのは、この失敗が設立当初からの基本設計に根ざすものであったため、この時に人々が「EUは最初から設計を根本的に誤っていたのではないか」という疑惑を、初めて広範に抱くようになったことである。

実際にその際には、ギリシャにEUから出て行ってもらうということも、選択の一つとして半ば本気で議論されており、そのため新聞を読んでいる大勢の人々が、それまでは非

現実的として一笑に付されてきた「脱退」や「離脱」というプランを，真面目な選択の一つとして普通に考える習慣がついてしまったのである。

　つまり今にして思うとこの時を境に，人々の意識の上で「離脱」という選択のハードルが大幅に低くなるという，一種の地ならしが行われていたわけで，それが後に，英国の国民投票でのEU離脱という選択にも大きく影響したのではないかと考えられるわけである。

　いずれにせよヨーロッパは，自分が作った無理な世界史のストーリーに今も翻弄されており，そして筆者の周囲を見ると，面白いことに理系の微積分の意義について知っている人の方が，ルネッサンスを巡る話がどこかおかしいことを文系の歴史家よりも敏感に感じ取るらしい。そう考えると，この時代の世界史を本当に知るには，理系と文系の双方を視野に入れることが不可欠だったのかもしれない。

　その意味で「微積分の世界史的意義の方がルネッサンスよりも遥かに決定的だった」という話は，文系読者にも大事な教養的知識として，是非覚えておいていただきたいのである。

　なお後の話の参考のために，文系読者にはもう一つだけ覚えておいていただきたいことがあり，それは先ほどの微積分の飛躍の中身をもう少し正確に言うと，微積分のメソッドの中でも特に，上級編で述べる「微分方程式」というテクニックが画期的だったということである。

　読者は高校などの微積分で，曲線の極大点を微分を使って求めることなどを教わったと思うが，実はこの種の問題はいわば本格的な離陸前の地上滑走のようなものにすぎない。そ

して本当に微積分が離陸して人類文明を飛躍させたのは，この微分方程式のレベルに達した時なのであり，その力が人間を宇宙まで飛ばすことを可能にしたのである。

　それは，経済学がマクロ経済学とミクロ経済学に分かれたことなどの背景にも微妙に影を落としており，そこで次の節では，アダム・スミスなどに続くその次の段階として，ケインズ時代にはそのあたりの事情がどうだったかについて眺めることにしよう。

2
「二大難解理論」以前のケインズ経済学

理系側から見たケインズ経済学

さてとにかくこれほどの大きな人類史上のエポックであってみれば、経済学の世界でもこれを応用しようとするのは当然で、それを行ったのが先ほど出てきたワルラスやパレートである。そのため当時は彼らの業績を「経済学の世界におけるニュートンの業績に比すべきもの」とまで高く評価する声もあったほどだが、しかし理系の人にそれを見せると、意外にもそれに同意したり感心したりする人は少ないのである。

実際に筆者周辺の物理系の人に感想を聞くと、ワルラスなどの体系はあまりにもニュートンの力学を経済学に移し替えただけの一種の単なる翻訳に過ぎず、どこにもオリジナリティが感じられない、という意見が多い。そしてもう一つ重要なことがあり、それらは実は天体力学と違って、本格的に微積分を使えてはいないのである。特に、先ほど最後にちょっと触れた最重要ツールの「微分方程式」を駆使することがほとんどできておらず、この点で一挙に評価が下がってしまっている。こうしてみると、一般均衡理論は自らを天体力学の思想の正統な嫡子をもって任じているが、実はその真髄である一番肝心なツールは使えていないのである。

一方ここで経済学の世界を眺めると、そこにはケインズ経済学がそれとは全く別個の体系として存在しており、そうし

た市場均衡論を基礎とする「古典派」と著しい対照をなしている。こちらは必ずしも均衡メカニズムを万能とは考えず、数学もあまり徹底して使おうとしていない。しかしそれにもかかわらず筆者がこれを見たとき、何か独自の考えで立派に状況に対応しているという点で、むしろ一種のオリジナリティを感じたのである。

そもそもケインズ経済学は学問としての在り様からして少し違っていて、彼には古典派のような「ミクロ的な均衡原理を基礎に、あらゆる時代、あらゆる局面で使える経済の統一理論を作り上げよう」という意思自体が最初から希薄である。

例えば彼の言葉に「経済学には、モデルに即して考えるサイエンスの部分と、現在の経済状態にはどのモデルが適合するのかを見抜く『アート＝術』の部分がある。そして前者の部分に関しては人材を量産できるが、後者は希少な才能によるしかない」というものがある。これなどは筆者にとっては新鮮で、考えてみると自分たちが今まで統一理論を作ることに血道を上げてきたのは、「アート」の部分を理論でまるごとカバーしようとしてきたことだったのか、と自分たちを見つめなおすきっかけも与えてくれた。

そのためケインズの場合、とにかく今現在、国や社会が抱えている経済問題を解決するために、いわば一回限りの理論を作れればそれでよい、というスタンスが根底にある。そして当時の最大の経済問題とは言うまでもなく、第二次大戦の引き金ともなった世界大恐慌で、そのために最も使えるツールを「アート」で選んでいくつか組み合わせたものが、彼の理論だったのである。

ただそうやって導入されたツールの中には、一回限りで使い捨てにするには惜しいほど、深く経済メカニズムの本質を突いたものが相当含まれていたため、結果的に理論全体が一種の普遍的な体系として残り、それがケインズ経済学と呼ばれるようになったと言える。

ニュートンの体系の泣き所

それにしてもケインズはどうしてワルラスなどの大陸側の経済学者のように、天体力学をモデルに積極的に数学を使おうとしなかったのだろうか。それは決してケインズが理系や数学が不得手だったからではなく、むしろ彼の方が遥かに数学に熟達していて、問題の本質を見抜いていたように思われる。それというのも、実は一見万能に見えた先ほどのニュートンの天体力学も、一つの大きな泣き所を抱えており、大陸側の均衡万能の経済学はそこに目をつぶることで成り立っていたのである。

それは、確かにニュートンの体系は扱う天体が2個だけ、つまり例えば「太陽と地球」「地球と月」などのように2個の天体同士の関係を扱うだけなら、その問題は完全に解けて何万年後先まで正確にその位置を求めることができる。ところがこれが「太陽、地球、月」などのように3個の天体を同時に扱うとなると、もう問題は解けなくなってしまい、大まかな値しか求めることができなくなってしまうのである。

たった3個で解けなくなるとは意外だが、これはすでにニュートンやオイラーの時代から「三体問題」という名で知られていた歴史的な難問である。しかし3個以上では駄目というなら、もっと多くの惑星から成る太陽系はどうなのだろ

う?

 しかし太陽系の場合は,一つの特殊状況に恵まれており,それは太陽の引力だけが桁外れに大きく,それに比べれば惑星同士,つまり地球と木星の間の引力などはほとんど無視できるということである。そのため必ずしも3個をまとめて解かずとも,各惑星と太陽だけの2個ずつの関係にばらばらに分けて考えることができたのである。

 要するに問題全体を例えば「太陽と地球」,「太陽と木星」のように一旦2個ずつの問題に分け,それらを各個に解いた後で最後にそれらを寄せ集めて「これが太陽系の運行である」としてしまっても,本当の観測結果との間にほとんど誤差は現れず,一応そういう形でちゃんと解くことが出来たわけである。

 ただそれでも,やはりそれは本当の答えと比べると僅かにずれており,その誤差は暦を求めるぐらいならほとんど気にならないが,宇宙船の軌道などを複雑な引力バランスの中で計算する際には無視できないものとなってくる。

 そういう場合,まず大きい天体2個だけで大まかに解を求めて,そこにもう1個の別の天体の影響をフィードバックして再び問題を解き直し,ということを何万回も繰り返して,だんだんと本当の解に近づけていくのである。この手間は「摂動法」と呼ばれる気の遠くなるような作業で,アポロ計画の月着陸の際には,その全行程の軌道計算は当時のNASAにあった最速のコンピューターでも2週間ほどを要し,人間が筆算でやると一生かかると言われていたものである。

 そして理系の視点からすると,これを経済学に適用する場

合，その障害を軽く見積もるか重く考えるかが重要な分かれ目になってくる。実はこれこそが，ワルラスなどの大陸側の均衡万能・自由放任論者とケインズを分けるポイントとなったのである。

2つの経済学の別れ道

つまりこの件に関して，ワルラスなどの均衡万能の経済学者たちはそのハードルを低く見積もって，経済学の場合にもその誤差は十分に無視できると考えた。要するに太陽系の時と同様，一旦問題をばらばらに分けて，その各個のミクロ的な均衡を別々に求め，最後にそれらをつなぎ合わせてもさほどの誤差は発生せず，それでマクロな社会全体を表現できるというわけである。

それに対してケインズはそれを重く捉え，経済学の場合にはたとえ一個一個のミクロ的な均衡の話が正しかったとしても，それらをつなげていく際の誤差は巨大な規模で表面化していくため，この体系をそのまま適用することなど到底不可能，という見解をとったのである。そのためケインズはミクロ的原理とのつながりなど考えずに，最初から現実の経済政策にマクロ的なレベルで直接使える経済学を大づかみな形で作り上げようとした。

大体，彼に限らずこうした態度は英国の知的世界の伝統と言ってもよく，現実のマクロ的な現象を把握するには，ミクロ的な基本原理にあまり論理的に拘泥せず，健全なコモンセンスと経験的知識に基づいて大づかみに判断するしかない，というのが，いわゆるイギリス経験論の態度というものである。

そしてケインズのこの見解は、言葉を換えれば「ミクロの話をつなげても必ずしもマクロの話にはならない」という言い方をすることもできるだろう。つまり大陸側のレッセ・フェール＝自由放任主義の経済学者たちは、ミクロの均衡メカニズムを積み重ねていけばマクロな国家経済でも解析できると考えたが、ケインズはそうは考えず、ミクロ原理を積み重ねてマクロ経済を記述するという方法論自体が、根本的に成り立たないと考えた。そしてやがてそれは、後に経済学が「ミクロ経済学」と「マクロ経済学」に分かれるという重大な結果につながっていくのである。

確かに理系側から見ると、大陸側の均衡理論の経済学が現実に微分方程式を使うことができていなかった以上、ケインズの主張に分があると言わざるを得ない。少なくとも当時、そのようにミクロ的原理に基礎を置く正統派の経済理論が、現実のマクロ的政策に使えるレベルに到達していなかったことだけは確かであり、そしてこれが大恐慌の到来によって巨大な形で表面化することになった。

つまりそれら古典派の経済学は、大恐慌という厳しい現実の中で使ってみると、ただデフレをもっとひどくするだけで全く役に立たないことが暴露されてしまったのである。そのため思い切りよくミクロ的原理との縁を切って、最初からマクロ的に作られたケインズの経済学だけが、当時の差し迫った状況に間に合う唯一の「実戦に使える経済学」として世の中に存在していたわけである。

そしてケインズ理論が結果的に唯一の勝者となったことは、経済学の分類そのものに変更を迫ることになった。つまりケインズの大づかみの理論を「マクロ経済学」、均衡メカ

ニズムを基本原理としてそれを下から積み上げていくものを「ミクロ経済学」として両者を分離し、前者は政策現場で実戦に使えるが、後者のミクロ経済学はアカデミックな世界の実験室の中でのみ使える、基礎を探究するための学問、という図式が確立したわけである。

つまりこれが理系側から見た「なぜ経済学にはミクロ経済学とマクロ経済学があるのか」という問いへの答えである。そのため文系読者は、普通に授業で教わる純粋に経済学的な視点と、上で述べた理系側からの視点の両方を知っておくと、問題全体をより立体的に把握できるのではないかと思われる。

注）なお先ほどの話に出てきた、両者の有効性を占う上での焦点となる「三体問題」であるが、その話の概観や、なぜ太陽系の場合には各惑星ごとに解いてしまうことができたのかについての直観的な理解が欲しい読者は、拙著『物理数学の直観的方法』の第11章「三体問題と複雑系の直観的方法」―ブルーバックス普及版では「後記」として収録―を参照されたい。私見だが、これが解けない理由の直観化が大幅に遅れていたことが、経済学の世界でも上の問題に大きく影響しているように思われる。

ケインズ時代に最も役に立った数学は？

そしてケインズのマクロ経済学がそのように従来の経済学の世界に割り込んだことは、経済学でどのような数学が使われてきたかの歩みにも大きな影響を与えることになった。その状況を眺めることは、文系理系を問わず、これまでの経済数学全体をパノラマ的に俯瞰するために大いに役立つので、

以下に文系と理系の場合を比較しながら，それを眺めてみよう。

まず先ほど述べたように，古典派の均衡メカニズムによる経済学は，天体力学の思想をモデルにしたにもかかわらず，数学の面では肝心の微分方程式を本格的に使うことができていなかった。ただ高校数学での曲線の極大値を微分で求めるメソッドを，需給の均衡グラフに適用することぐらいまでは一応できたが，これは先ほど述べたように，本格的な離陸前の地上滑走レベルのものでしかない。

しかし皮肉なことに，先ほどのような形でミクロ経済学とマクロ経済学が分離したことで，これらはそれなりに意義をもつことになった。つまりそれらのミクロ経済学は必ずしも現実の経済政策に使えなくても良いことになり，アカデミックな実験室の世界で一個の学問として独立して生きることが許されるようになったのである。そして高校の微積分の延長で均衡グラフの極大点を求めるメソッドは，政策レベルで経済問題を解析するのは無理でも，身近な企業レベルで効率を最大化する問題などには十分に使うことができる。そしてその種の問題はそれなりにアカデミックに高度化・精緻化する余地が存在していたため，それらが現在のミクロ経済学となっているわけである。

ではもう一方のマクロ経済学の世界ではどうだったかというと，そこではケインズの「統一性にこだわらず，使えるツールを『アート』でピックアップして使えばよい」という態度によって，ある意味で経済学独自の形で数学が有効に使われた。

そして具体的にこの時期のマクロ経済学で最も使われた数

学が何だったかと言うと，それは「等比級数の和」の話ではなかったかと思われる。実際に当時の教科書を眺めてもこれがあちこちで多用されており，そのため恐らくこれが当時，つまり少なくとも本書で扱う「二大難解理論」が登場する前の時代には，一般の経済学部生が学ぶ経済数学としては最上級レベルのものだったと言える。

逆に言えばその時期には，そこが一番の難所を構成していたことになり，そのためこれを振り返ることは，文系理系双方の読者にとって，それまでの時期の経済学の状況を整理・理解する絶好の機会となるので，以下に見てみよう。（なお，これらをすでに知っている読者の場合，この部分はさほど必要ないので，そういう方はここは駆け足で飛ばして，69ページに進まれたい。）

乗数理論のメカニズム

さてこの数学技法だが，これはケインズの経済学のいわゆる「乗数理論」の思想と二人三脚の格好で導入されており，そのあたりの状況は当時の経済全体の話と不可分なので，少しそれについて述べておこう。

まず当時の正統派のミクロの均衡原理に基づく経済学は，たとえ大恐慌の只中にあってもとにかく「神の手」の均衡メカニズムは絶対なのだから，この大不況といえども放っておけば必ず神の手がそれを解決してくれるはずで，政府が下手に介入すればその摂理を乱して，かえって状態を悪化させると主張していた。しかしケインズはそのミクロ的な均衡原理はマクロレベルの経済政策とは直結しないと考えて，自由放任では駄目で，どうしても政府が公共投資などを行って上昇

のきっかけを作ってやらねばならないと主張した。

つまり彼によれば、経済が不況でエンジンが十分かかっていない時には、企業も銀行も互いに拡大行動に及び腰で、誰も自分からは積極的に動き出そうとはしない。そのため政府が公共投資の名のもとに、まとまった資金をバケツで経済社会に流し込んで、拡大の最初のきっかけを作ってやらねばならないというわけである。

ただ、政府がそういう公共投資を行うにしても、その資金は結局は民間から徴収した税金でまかなわれるのだから、もし公共投資で経済が活気づくプラスの経済効果と、増税で経済が落ち込むマイナスの経済効果が全く同じ大きさだったとしたら、結局その政策は±ゼロで全く意味がないことになる。

ところがその障害を救ったのがこの乗数理論だったのであり、これによって前者の効果が後者の数倍の大きさになって、プラスがマイナスを上回ることが示されたことで、初めてこの政策が有効性をもつことになったのである。

どういうことかというと、そうやって政府が公共投資という形で、最初に1回バケツで投資資金を注ぎ込んでやると、それによって消費が活気づいたことで、企業が次のサイクルで再びその分を投資に回す。そしてそれが2サイクル目、3サイクル目、と回ってその最終的な経済効果を眺めると、結局政府が最初に注ぎ込んだ資金の何倍かに相当する効果を及ぼすことになる、という理屈である。

要するに政府が注ぎ込んだその資金は、だんだん縮小しながらも何年にもわたって景気や経済の拡大に寄与し、その最終的な効果がそれだけ大きなものになるため、たとえ最初の

投入に多少コストがかかっても十分以上にペイするというわけである。

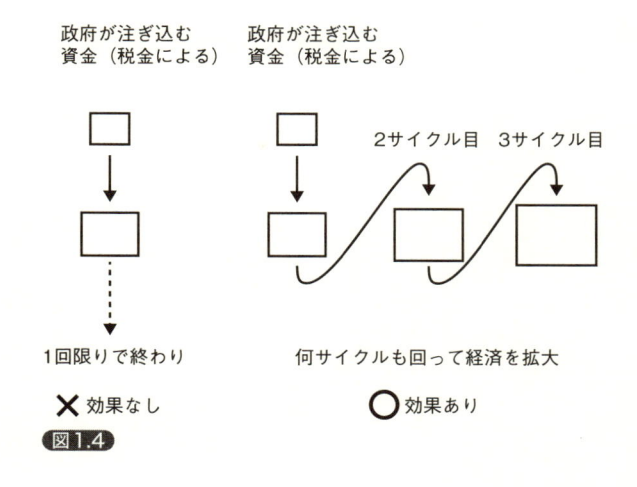

図1.4

そしてこの場合，このサイクルが何度も繰り返された末の最終的な合計効果がいくらになるかは，ある一定の乗数として計算することができる。例えば各サイクルの1回ごとに企業が手持ちの資金の90％を再投資に回すとすると，その総和は

$1 + 0.9 + 0.81 + \cdots\cdots$

という具合に，1回ごとに0.9倍された数が加算される。そしてその最終的な和の値がいくらになるかは，高校で教わる「等比級数の和」の公式を使えば求めることができる。この場合だと，その最終的な合計値は，等比級数の和の公式に従

って $\frac{1}{(1-0.9)} = 10$ となり，結局最初に政府が注ぎ込んだ額の10倍に相当する経済効果が見込まれる，というのが「乗数理論」である。

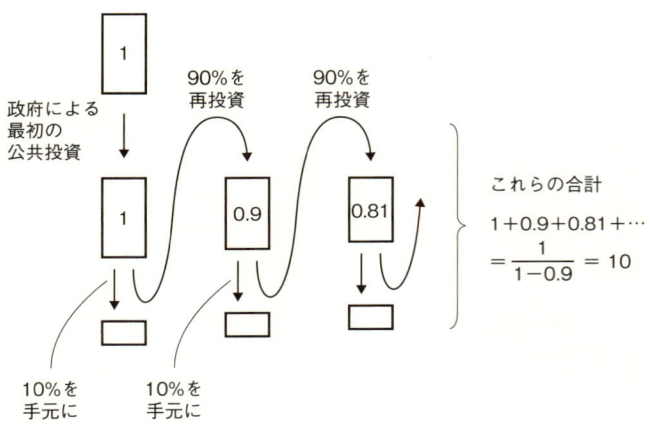

乗数理論のメカニズム

図1.5

これは単純な話だが，何かマジックのようでわかりにくい話とも言われており，当時の経済学部の学生にとってはこれが，学部で習得しなければならないものとしては，一番難しい数学だったのではないかと思われる。

なおその合計値が $\frac{1}{(1-0.9)}$ になるというのは，高校の教科書の公式を参照すれば良いのでここではあまり詳しくは述べないが，多くの読者は等比級数の和の公式を高校で教わっ

第❶章 初級編

た時,用途や目的のイメージが頭にないので,鬱陶しくて頭に入らなかったかもしれない。しかし上の話を知った上でなら新たな興味も湧くかもしれないので,ここでその求め方を簡単に振り返っておこう。

まず先ほどの合計値は「10」という値だったが,ここでは一応それを未知数として「S」と置いておく。つまりその場合には,$S = 1 + 0.9 + 0.81 + \cdots$と書かれ,それが次の図1.6の中の①である。

これらが打ち消し合う

① $S = 1 + 0.9 + 0.81 + \cdots + \to 0$

② $0.9S = 0.9 + 0.81 + \to 0$
(0.9をかけると1個ずつ右にずれる)

―)

③ $(1-0.9)S = 1 + 0 + 0 + \cdots$

全て消えて0 $S = \dfrac{1}{1-0.9}$

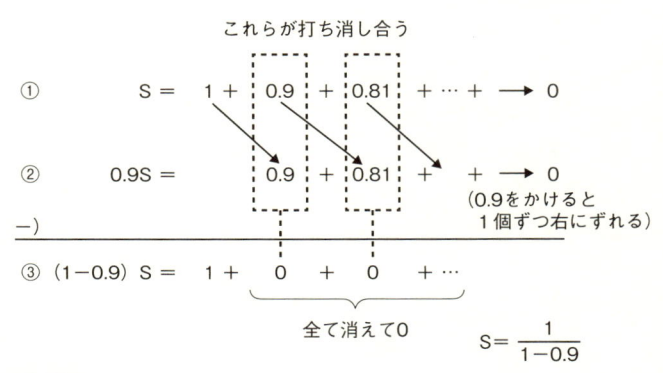

図1.6

そしてここで,この①全体に0.9をかけてみよう。それは図中の②のように,$0.9 + 0.81 + \cdots\cdots$という形になるが,ここで①と②を上下に並べて比較すると,上と下で全体がちょうど1個ずつ左右にずれる格好になっていることがわかる。そのため下の②にマイナスをつけて上下で足し合わせると,ずれた番号同士の項がペアで互いに打ち消し合うことになり,結局一番左と一番右の項だけを残して,ほとんどが

消えてしまうことがわかる。ところがもともと①でも②でも一番右の項は無限小なので実質ゼロであり、結局残るのは上の行の一番左にある「1」の項1個だけである。

その一方、式の上ではその①と②の差は、③の左辺のように $(1-0.9)S$ とも書けるのだから、右辺の「1」をこの $(1-0.9)$ で割ってやれば S を割り出すことができ、この S がまさに欲しかった等比級数の合計値だというわけである。これは一種のパズルとして見るとそれなりに面白いので、文系読者はあらためてここで学び直しておくと、ちゃんと頭に残る知識になることを期待できるのではないかと思う。

このメソッドのもう一つの適用場所

そして経済の世界では、このように等比級数の和のメソッドを使うというのは、必ずしもケインズ経済学の専売特許ではない。実は経済学にはこの数学的メソッドが重要なものとして出てくる分野がもう一つある。それは銀行預金の「信用創造」の話であり、ついでなのでこれについても述べておこう。

こちらはどういうものかというと、そもそも世の中のお金というものは、実際に現金として存在しているものはそのうちの1割ぐらいに過ぎず、残りの大半は実は銀行の定期預金から成っている。そして、この定期預金と現金の合計額が「国内にあるお金」の総額を形成しているのである。

この場合、素朴な常識で考えると、定期預金は現金を銀行に預けたことで発生するのだから、両者は同じ額になるように思える。しかし実際には、前者は後者の数倍の大きさになって、むしろこちらが社会の「マネー」の主力を構成してい

るのである。

　この話は，経済学を学ぶ多くの人にとって，昔から理解に苦労する「難所」の一つとされてきた部分だが，実はこのメカニズムも先ほどの乗数理論とかなり似ている。つまり銀行は現金を定期預金として預けられた時，満期まではそれを誰も引き出しに来ないことを利用して，その間にそれを企業などに融資する。そして事業拡大のためにそれを受け取った企業は，あちこちでその資金を使うが，そのお金は行った先で再びどこかの他の銀行に預けられるため，結局すぐに銀行の世界に戻ってくる。そしてその銀行は再びそれを融資に回すため，結局全体ではそのサイクルが何度も繰り返されることになるからである。

　もう少し詳しく言うとこの場合，銀行が預金として受け入れた資金を他の企業などに融資として貸し出す際に，その全額をそのまま貸し出すことはせず，そのうちの一部の何％かの資金を用心のため手元に置いておく。この場合，何％を用心として手元に置くかを「準備率」と呼ぶが，とにかくこのようにして外に貸し出された残りの資金は，一旦企業の資金となった後，結局は何らかの形で銀行に戻ってきて預金として預けられ，そこで再び同じサイクルが繰り返される。

　つまり準備率を例えば10％とすれば，残りの90％が再投入されて同じサイクルが繰り返されるため，やはり

　　$1 + 0.9 + 0.81 + \cdots\cdots$

という具合に，その合計額は等比級数の和の形で表現されることになる。

　そのため全銀行の中の定期預金をサイクル全体で合計した

総額は、最初にあった現金の何倍かに増えることになるが、それらを定期預金として預けてある企業や個人の側は、手元の預金通帳の残高は「自分の持っているお金」だと思っており、たとえ自分が知らないところでそれが融資に使われていようと関係ない。

そして全ての企業や個人について、それぞれが「自分のお金」だと思っている金額を全て合計したものが、要するに「社会全体のマネーの総額」だと考えてよいはずである。

つまりその場合、上で計算した合計額が、まさにその社会全体の中のマネーの総額（経済学の用語では「マネー・サプライ」などと言う）だということになるわけである。

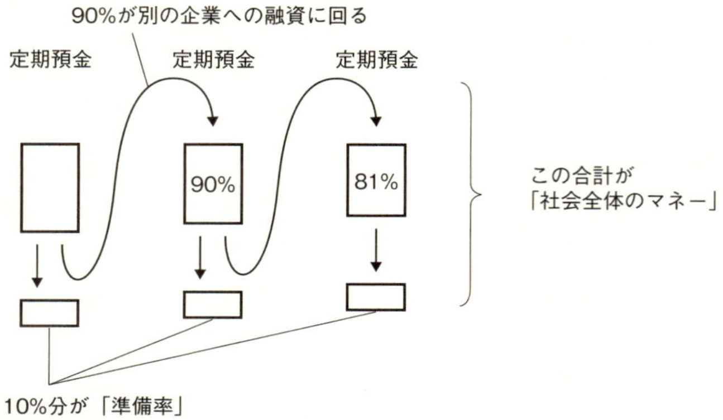

図1.7

これがいわゆる「信用創造」の話で、こうやって書いていても何だかややこしい話だが、しかしとにかくこのように眺めると興味深いのは、その難所とされる2つの話が、いずれも等比級数の和の話を使っているということである。実際、

70年代前後の時代の経済学では,恐らく最も理解の難しい難所がこの,乗数理論と信用創造の話の2つだったと思われる。つまり数学面ではこの「等比級数の和」のメカニズムが,何らかの形で経済学の中心にいたことになるわけである。

経済世界と理系世界はどこが違う?

しかし理系の目からすると,このツールがそこまで重要な地位についているというのは,少々違和感のあることで,確かに理系でも一応はこの等比級数の和はツールとして登場する。しかしそれはやや特殊な場合の脇役的なツールに過ぎず,そこまで中心的なものとして多用されることは稀である。では一体,経済の世界と理系の世界では何が違っていてそういう差が生まれるのだろうか?

その答えを一言で言えば,それは経済世界が次のような癖をもっているからである。先ほどの話を眺めると,これらはいずれも「再循環」が行われる場合の話で,そうした再循環の話自体は理系の世界でも登場する。ただ経済世界では多くの場合,再循環に関して100％全部を再投入することを行わず,人間がその一部の何%分かを脇にとっておいて,残りの部分だけを再投入するという行動をとっているのである。

上の場合もそうだったが,再投入されず脇にとっておかれたその何%かは,人間が生活のために使うこともあるし,あるいは用心のために手元に置いておくこともある。とにかく先ほどの場合,人間がそういう「一部を脇にとっておく」行動をとることで,この等比級数の和のメカニズムが生まれていたのであり,そしてそのように眺めてみると,経済社会の

中での物事の循環はそういう形になっていることが極めて多いのである。

それに対して理系の世界では、自然は人間と違って再循環の際に「一部を脇にとっておく」行動をとらないので、その部分がまるごと省かれることになる。そのため先ほどの再循環のメカニズムも、単純に「1回ごとに0.9倍」などが繰り返されるだけのものになる。

経済の場合

経済世界では「一部を脇にとっておく」ことが多い
⇨等比級数の公式が重要

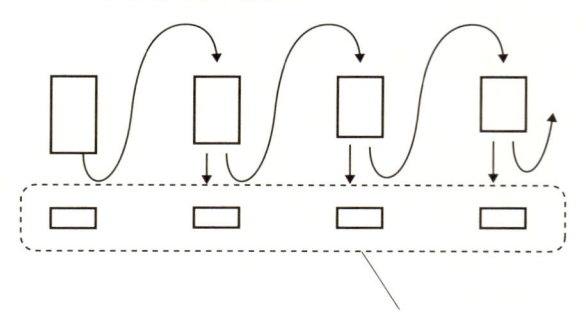

理系ではこの部分が要らない → より単純に 0.9^t や e^t などで表現

理系の場合

図1.8

つまりそれがn回やt回繰り返されるなら、これは0.9のn乗やt乗などとなり、さらに0.9を一般化してaなどと書けば、a^tという指数関数のパターンになる。要するにこれが経済と理系でのツールの違いなのである。

ただし理系の本を開くと、そこにはa^tという形のものはそれほど見当たらず、むしろ圧倒的に目につくのはe^tという関数である。そして経済学でも、上級レベルに行くほどそちらがメインになって、教科書でも頻繁に目にするようになる。そのためここではむしろ上級編を読まれる文系読者のために、このe^tについての基礎知識を補っておこう。

さてこのeというのは「自然対数」の名で呼ばれる2.718…という特殊な数値である。そしてなぜそんな数字が重視されるかというと、これを使ったe^tという関数は「tで1回微分しても全く同じe^tが出てくる」という特殊な性質をもっているからである。

つまり理系側の立場からすると、この数は微積分の扱いに際してそのような特殊な性質をもっているため、何かと扱い易いのである(そのあたりの事情は、第4章の微分方程式の話を参照するとよくわかると思う)。

そして先ほどの話では、メカニズムの中心部がa^tという指数関数で説明されていて、必ずしもe^tという形ではなかったが、実は両者の違いはそんなに重大に考える必要はない。それというのも指数関数の場合、グラフの形はa^tでもe^tでも互いに一種の相似関係にあって、大きく見ればそれらは全て同じ格好をしており、グラフのスケールを横や縦に適当に圧縮して調整したりすることで、どれも同じ形にできるのである。逆に言えば、それらはどれか1個のパターンで代表させることができ、その際にはどうせなら微積分で扱い易いものを選んだ方が得なので、この「e^t」がそれら全てを代表するものとして使われているのである。

ともあれ理系世界では物事がこちらで表現されることが多

く，そのため先ほど述べたように

  経済学の世界　　＝　　等比級数の和の公式
  理系の自然科学の世界　＝　e の t 乗

という形で，主力メソッドの対照が生じていたわけである。

経済数学で良く使われる「テイラー展開」

なおこの時期までの経済数学に関する話題の仕上げとしてもう一つ，この時期から頻繁に使われていたメソッドを紹介しておこう。先ほど39ページで，微積分では微分方程式というツールが本命であると述べたが，実際にはそれらはなかなか解けず，現場ではそういう場合，おおよその値を近似的に求めることで我慢していることが多い。

そのためそういう時に比較的簡単に使える近似メソッドが重宝され，数学では「テイラー展開」というメソッドがその最も有効な技法として使われている。

このマクロ経済学編では，特にこの「テイラー展開」の内容を知らずとも理解に差し支えないが，むしろこれは姉妹編の「確率統計編」では非常に重要な役割を果たしているので，それに関する説明は「確率統計編」に入れてある。そのためこれについて知りたい読者は，恐縮だがそちらを参照していただきたい。（なおその解説は経済学の立場に特化した形で行われているが，より一般的な解説は拙著『物理数学の直観的方法』でも行われているので，そちらをご参照いただいても良いと思う。）

とにかくこのテイラー展開は，経済学の現場でもミクロ経

済学などでも実用的なツールとして頻繁に使われて，非常に役立っている。

それゆえその観点から振り返って整理すると，少なくともこれまでの時代で経済学の中で名実ともに本当に役立った数学技法としては，先ほどの等比級数と，上で紹介した「テイラー展開」の2つが2大メソッドだったと評することができるだろう。ともあれ読者は上までの話を頭に入れておけば，二大難解理論の登場以前の時期の経済数学を，最も手早く俯瞰できると思われる。

もう一つのツールとしての「IS-LM曲線」

ところでケインズ経済学を理解する，という話になると，そこには先ほどの乗数理論の他にもう一つ，「IS-LM分析」というものがあって，これら2つがいわばケインズ経済学の2本柱をなしており，本来ならこちらも理解しておくことが必要である。

そして一見した感じでは，むしろこちらの方がグラフを多用していて，より「数学的」な印象を受けるが，実はそれらのグラフは，どちらかといえば「経済は大体こういう形になっているはずだ」というイメージスケッチのようなものだと言った方がよく，実用ツールとしての数学的内容の面では，乗数理論に比べてやや遜色がある。

そのため「経済数学」という観点からは付随的な扱いとしたのだが，むしろこのIS-LM曲線の意義は，ケインズ経済学の中核部分をそういう曲線グラフのイメージで把握できる，ということの方が大きかったと言えるだろう。そしてそれがケインズ経済学の中核部分を表現しているにもかかわら

ず，数学的には基礎が曖昧で大まかなものに過ぎないという事実自体が，中級編以降の話でも重要なポイントになってくるのであり，読者はむしろその点を頭に入れておくとよいかもしれない。

そんなこともあって，このIS-LM曲線の具体的な内容自体は，さほど深く知らなくても本書を読むには困らないが，それでもやはりそれが何であるかを一応は知っていないと，ケインズ経済学をわかった気になれない，という読者は多いと思われる。また理系読者などの大半は，そもそもこれについて聞くのは初めてと思われるため，以下にその簡単な解説を行っておこう。

さて先ほどからも述べているように，ケインズ経済学の場合，当面の恐慌からの脱出に役に立つツールなら，統一性にこだわらずいくつも組み合わせて使う，というスタンスで成り立っている。この「IS-LM分析」もそういうツールの一つで，これは民間資金が投資に向かいやすくするためは，金利をどう操作すればよいか，という仕掛けとして導入されたものである。

そして先ほども述べたようにこのメソッドではグラフが多用されているのだが，もともとケインズ経済学では42ページでも述べたように，大陸側のワルラスなどの一般均衡理論と違って，ミクロ経済学の需給曲線のような2本の曲線が交わるグラフをあまり使っていない。しかしケインズの主著のいわゆる「一般理論」では，この金利と投資にまつわる話の部分でだけ，例外的にそういうグラフが使われており，これは「一般理論」に登場するたった1枚のグラフとしても知られている。

そこで英国の経済学者のヒックスが,この部分をもう少し膨らませて「IS-LM分析」という手法にまとめ上げ,それをケインズ経済学の解釈の中心に据えた。つまり投資を極大化するために有効な金利水準などが,この2本の曲線(それぞれ「IS曲線」「LM曲線」と呼ばれる)が交わる均衡点で決まる,という解釈を提唱したのである。

そしてこれが特に後に米国で普及して一般的な解釈とされ,そのためこれが乗数理論と並んで,いわばケインズ経済学の2本柱となったのである。

IS曲線の構成

ではその具体的な詳しい中身を見てみよう。先ほどからも述べているように,ケインズ経済学には,不況から抜けるにはとにかく投資を増やすことが肝要だというスタンスが基本にあり,この「IS-LM曲線」も「金利水準をどう設定すれば投資を最大にできるか」という問題意識が発端となって導入されたものである。

ではその金利と投資の関係がどうなるかだが,普通に常識から考えると,企業としては金利が低いほど資金を借り易いので投資額を増やすことができ,逆に金利が高いほど投資を控えるはずである。つまり投資額は,利子率が上がるほどそれに反比例する形で細っていくため,両者の関係を示すグラフは右下がりの曲線になると想像される。

そしてこれを発展させて,上のグラフの「投資」の部分を,もう一段高い概念の「国民所得」に置き換えたものが「IS曲線」である。といってもそれは別に難しい話ではなく,要するに投資が活発になるほど好景気になって国民所得

も上がるはずなので，グラフの格好は基本的に同じものになって，やはり反比例の右下がりの曲線になるだろう。つまりこれがIS曲線で，Iは投資（investment），Sは貯蓄（saving）の略である。

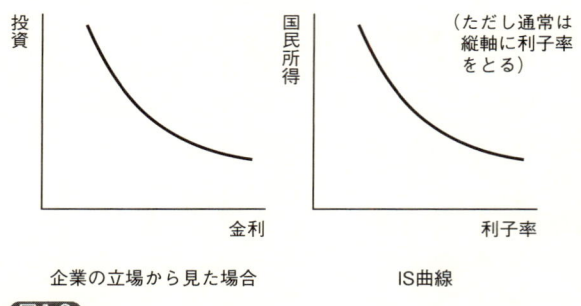

企業の立場から見た場合（投資／金利）

IS曲線（国民所得／利子率）（ただし通常は縦軸に利子率をとる）

図1.9

　さて話を戻すと，先ほどの話では金利は低いほど投資は増えるということだったが，しかし経済世界全体を眺めて預金者も視野に入れると，そうとも言えなくなってくる。確かに企業としては利子が低いほど投資資金を借り易くなるが，世の中にプールされている投資用の資金の絶対量が少なくなってしまうと，それを奪い合う格好になって，結局は投資がやりにくい。

　そしてここで預金者の立場から眺めると，金利があまりに低くては手元のお金を銀行や投資信託に持っていこうという気が起こらなくなる。つまりそこに十分な額がプールされるためには，逆に金利がある程度高いことが必要なのであり，そうした資金が預金者の自宅で箪笥の中に眠っていたのでは，企業の投資資金に回らない。

つまり預金者のことを考えるなら、金利をある程度高めに保っておかないと、経済社会全体でプールされる投資用の資金の絶対量が減ってしまうわけである。そのためこのチャンネルに注目した場合には、投資と金利の関係は先ほどとは逆になり、金利がある程度高い方が投資は増えるため、そのグラフは右上がりの曲線になる。

そしてこれを先ほどの右下がりの曲線と併せて考えると、結局投資を極大化させるための最適な利子率は、この2つの相反する曲線の均衡点で決まるということになるだろう。

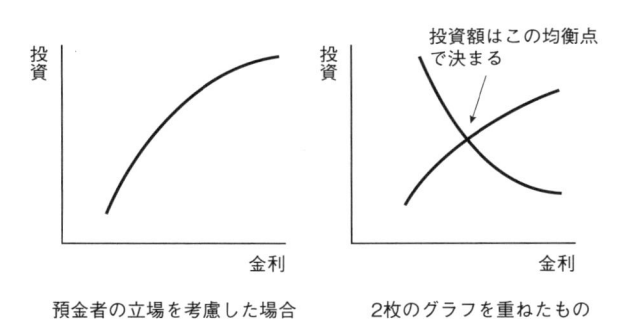

預金者の立場を考慮した場合　　2枚のグラフを重ねたもの

図1.10

これはIS-LM曲線そのものではないが、メカニズムの一番の基本はそれであり、読者は「IS-LM分析」はその発展型だと思ってもよいかもしれない。ではケインズはそれをどう発展させたかというと、彼はこの後半部分をさらに深く掘り下げて考察した。それは、先ほどの簞笥で眠っている資金は、ただ経済世界の中に引っ張り出して活動的にさせれば良いというわけではなく、それが短期的なマネーゲームに回ったのでは意味がないということであり、そしてそこまで視野

を広げると，この話はもっと大きく国民所得全体の問題として捉えることができるのである。

では今の話をもう少し詳しく眺めよう。一般に経済世界では，何か相場や価格バランスなどの突発的な変化が起こったりすると，それをうまく利用して利ざやを稼げることがあり，場合によっては資金をその種の短期的な利ざや稼ぎに回した方が，長期的な投資より儲かることも稀ではない。

おまけに長期的な投資には，一旦資金を投入してしまうと数年はそれを引き出せないという弱点があり，もし資金をうっかり不用意に長期投資に投入してしまったすぐ後に，絶好の利ざや稼ぎのチャンスが訪れてしまった場合には，指をくわえてせっかくの機会を見送らねばならない。そのためそういう心配がある時には，資金は当面どこへも投入せず手元に現金のままで待機させておいた方が良いことになる。

しかし資金をそのように現金のまま手元に置いておくことは，理屈からすればその期間は利子がつかず，利益を生まない一種の遊休資金になってしまって，本人にとって損なはずである。では論理的には一体どこに，資金を現金で保有しておくことのメリットがあるかというと，現金には，いつどこにでも自由に振り向けられる「流動性」という利点があり，そしてケインズはこの「流動性」がもつ経済的価値が，しばしば投資による利益と競合関係になると考えた。

実際問題，例えば投資信託などの金利が余りに低い場合，資金はそうした利ざや稼ぎのために振り向けた方が得であるため，人々は手元の資金を現金のまま待機させておくだろう。ところが先ほど見たように，このお金はその期間は遊休資金となって投資にも消費にも回らない。そして一般にケイ

ンズ経済学には,投資,貯蓄,消費などが一つのサイクルを作ってその輪が拡大し,この輪のサイズそのものが国民所得を構成する,というビジョンがある。

その観点からすると,そういう遊休資金は実はそのサイクルそのものから脱落していて,国民所得のサイズに何ら寄与していない。つまり人々が現金の流動性を愛してそのような遊休資金の割合が高くなると,ひいてはその分だけ国民所得全体のサイズが目減りしてしまうのである。

そして資金がそちらへ行かないようにするには,金利をある程度高く保つ必要があるわけだから,利子率が高いほど,そういう国民所得の目減りを減らすことができる。つまりこのチャンネルからは,国民所得と利子率のグラフも(投資のグラフと同様)やはり一応右上がりの曲線になると考えるべきだろう。要するにこれが「LM曲線」で,Lは「流動性選好 = liquidity preference」,Mは「貨幣供給 = money supply」の略である。

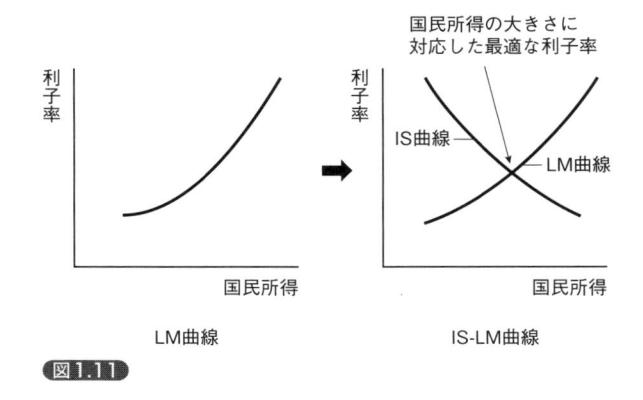

図1.11

LM曲線

IS-LM曲線

さらにここで先ほどのIS曲線を思い出すと,これもやはり国民所得と利子率のグラフだったのだから,この2枚のグラフは1枚に重ねて描くことができ,結局,国民所得の大きさに対応する最適な利子率が,この2本の相反する曲線の均衡点として求まることになる。要するにこれがIS-LM曲線のあらましで,当時としては画期的な理論だったのである。

なお今の日本を眺めると,伝統的に投機を卑しむ堅実な社会風土のせいか,たとえ超低金利でも人々がお金を律儀に銀行に持っていく習慣があって,ケインズ時代の英国と比べると,比較的潤沢な預金が国内にプールされており,上の話の後半部分の影響は相対的に小さいように見える。しかし当時の英国ではこれは深刻で,そのためケインズはこれを重要ツールに据えたのである。

逆に言うと,このツールの有効性は国によって若干の濃淡があると評されることも多く,それは先ほどの「乗数理論」がどの国でも斉(ひと)しく有効であったこととは対照的である。本来このIS-LM曲線の話は理解するのがかなり難しいのだが,読者は大体上のことまでが理解できれば,一昔前の経済学部の卒業生レベルぐらいには十分に達していると思ってよいかもしれない。

とにかくこれと乗数理論の2本柱を一応把握したことで,読者は「二大難解理論」以前には経済学の最高レベルの地位にあったケインズ経済学とその数学を,相当に高いところまで把握できていると思ってよく,そのため読者は自信をもって次の最新の動的マクロ理論の話に進めるはずである。

3
米国の経済思想と動的マクロ理論の登場

米国社会での「ミクロとマクロ」

さて読者は以上の話題を通して，本書のテーマである「二大難解理論」が登場する前までの，経済学と数学を巡る状況を俯瞰できたと思うが，ここからが最新のマクロ経済学の背景に関する話題となる。そして今までの話はどちらかと言えばヨーロッパ世界での話だったが，ここで「米国の登場」という巨大なファクターが割り込んできて，むしろそのことが議論の中心となっていく。特に理系側から見ると，この議論では上で述べた「ミクロの話をつなげてもマクロの話にならない」ということが極めて重要な話となってくるのである。

日本人が米国の文化を眺めてまず感じるのは，とにかく物事を一旦ばらばらなパーツに分解し，個々に手を加えてから最後にそれを組み上げればよい，という思考が徹底していることだろう。もともと部品の規格化などの思想もそこから来ているのだが，これは医療の現場などでも，臓器を一つのパーツとしてドライに考える方法論となっていて，時に日本人にはついていけないことがある。

しかしそもそもよく考えてみると，民主主義や個人の権利の思想自体が，この論理とは切っても切れないものなのである。要するに社会そのものを「個人というミクロなパーツ」に一旦分解し，その個人の幸福や権利をミクロのレベルで極

大化した上で，それを社会全体で単純に合計すると，社会全体のマクロな幸福につながるというわけである。

そして民主主義とは，要するに国がどうあるべきかを個人がミクロのレベルで判断し，その結論を単純合計してつなげたものを国家政策としてマクロの結論とする，というものである。そのためもし「ミクロの話をつなげればマクロの話になる」ということが成り立たないとすれば，民主主義の理念そのものが根底から揺らいでしまうことになり，この問題は米国社会にとっては，日本人などには想像もつかないほど重大で深刻な意味をもっているのである。

一方日本の社会は米国に比べると，個人よりも遥かに集団や地域に根ざしており，集団の中で何となく形成された結論が社会を動かしている。そのためミクロな個人的判断と社会や国を動かすマクロ的な結論が少しぐらいつながらなくても，大して問題ではないわけで，この点に関する限りは同じアングロサクソンでも，英国の伝統社会はむしろ日本に近かったと言えるだろう。

しかし米国ではそうしたことはあってはならないのであり，そのためそれを平然と容認する態度の中で作られたケインズの理論を米国が受け入れるというのは，彼らにとっては想像以上に緊張をはらんだ重大問題だったのである。

しかし幸運にもそこには妥協の余地が存在しており，それが先ほど述べたケインズ経済学の「IS-LM分析」である。つまりここで皮肉にもケインズの，「ミクロ的原理との整合性にこだわらず，使える物を『アート』で選んで何でも組み合わせる」という態度が有利に作用したのである。

先ほども述べたように，この「IS-LM分析」のビジョン

は，金利などが「IS曲線」と「LM曲線」が交わる均衡点で決まる，というものだが，これは米国の経済学者たちにとっては，今まで馴染んできた「物事が需要と供給の2本の曲線の交点で均衡する」というイメージに良く似ていた。そのためこれがケインズ経済学の神髄なのだと考えることで，本来は異端的な思想であったケインズの経済学を，これまで慣れ親しんだ均衡メカニズムのイメージの延長で解釈できるようになったのである。

　これによってケインズのビジョンは，少なくとも米国の伝統的な思考様式と根本的に対立するものではなくなって，急速に普及していった。そして経済政策の面での解釈も，経済が大恐慌や大不況に陥ったときにはケインズ的なプログラムを用いるが，それが回復して経済が順調になったら伝統的な自由放任の経済学に戻る，という折衷案にすることで，米国の伝統と何とか共存させることができ，60年代のケネディ政権の時代にはこれが「ニューエコノミックス」の名で経済政策の中心となっていったのである。

米国の均衡派の逆襲

　さて話を戻すと，米国はそのように一種の折衷案によってケインズ経済学を受容できるようになったわけだが，それでもやはり一時的な非常手段とはいえ，政府が介入しないと駄目というケインズの政策を認めることは，やはり米国伝統の教義である「個人のミクロ的な自由行動が『神の手』の自動均衡メカニズムで社会を最良の状態にもっていく」という世界観に反するもので，米国にとっては居心地の悪いものだったろう。

しかし彼らの密かな願いを聞き入れるように，70年代になると，さしものケインズ経済学もいろいろな場所でぼろを出してくる。確かにケインズの政策は，政府が公共投資を行うことで不況を解消する役には立ったが，一方でそれゆえに政府が安易に公共投資に走りやすく，そのための支出を増大させて財政赤字を蓄積させる元凶となっていったのである。

　そしてもともとケインズ経済学では，インフレに目をつぶる代償として景気浮揚を行う，ということが暗黙の了解となっていたのに，この時期になると折からのベトナム戦争や石油ショックなどの下で，その肝心の景気浮揚能力がうまく機能しなくなってきた。そしてただインフレだけを加速させる結果となって，その有効性自体に根本的な疑問符をつけられる事態に陥ったのである。

　そのため米国の経済学界はシカゴ学派などが切り込み隊となる形で，伝統的な自由放任主義の経済学が巻き返しに出る。そして80年代のレーガン政権の時代に一応そちらが勝利を収め，当時のいわゆるレーガノミックスや「強いアメリカ」の追い風も受けて，自由市場万能の経済学が「新古典主義」の名で世界の主流となることができたのである。

　そのため一応は米国の伝統的な経済学は勝利を収めたのだが，しかしどうも彼らはそれだけでは満足できなかったらしく，さらなる完全勝利を求める空気が渦巻いていたようである。つまり確かにケインズ経済学は一応は政策現場からは退場したものの，依然としてミクロ経済学とマクロ経済学の関係はそのままで，ミクロ経済学は実験室の中でしか使えない学問，マクロ経済学はミクロとは別個の実戦に使える学問，という図式は依然として残っていたからである。

これはやはり米国の経済学界にとっては喉に骨が刺さったようなもので,「ミクロの話を積み上げていけばマクロの話になる」という伝統的な米国民主主義の信念や教義に反するものである。逆にその信念からケインズ経済学を眺めると,それがミクロの基礎的な話を抜きに,いきなりマクロな政策の話をしていることが,むしろ欠点として目についてくる。

　実際その中心である先ほどのIS-LM分析にしても,その肝心のIS曲線やLM曲線などというものは,どちらかといえば現実の経済を大づかみに見て帰納法的に「大体こういう格好になっているはずだ」という形で作られており,何かミクロ的な基本原理に基づいて数学的,演繹的に描かれた曲線ではなかった。

　つまり米国流の信念のフィルターを通して眺めると,それはまだ理論体系が不十分だからそうなっているのだ,ということになる。そのためいずれの観点から見ても米国の経済学界にとっては,このミクロとマクロのギャップを埋めることは,他国の人間からは想像できないほどに切実な要求だったのであり,「ミクロ的手法でマクロ経済学を制圧する」ことを何としても行いたい,という存念がくすぶっていたと思われるのである。

新しい「動的均衡理論」の登場

　ところがそこに登場したのが,最新のマクロ経済学の「動的均衡理論」だったのである。これは物理学の中の「解析力学」という分野から発したツールなどを多用する高度なものだが,とにかくそれを使うと,ケインズ経済学のIS-LM曲線などをミクロ的原理から導いて,マクロ経済学全体をつい

にミクロ的な基礎原理から演繹的に作り上げることができるようになるのである(それを象徴するように、その中心地となったシカゴ大学の経済学部では「マクロ経済学」という看板そのものがなくなっていて、ミクロとマクロの区別はない、という建て前になっているとのことである)。

この動きが最初に表面化したのは70年代ごろで、最初は米国でもそれはあまり注目されなかったが、次第に重視されるようになっていった。特にその理論の一つである「リアル景気循環モデル(リアル・ビジネスサイクルモデル＝RBCモデルなどとも言う)」が2004年にノーベル経済学賞をとったことで、その地位は確固たるものとなり、現在の世界でマクロ経済学の主流となっている。

ではこれを使うと一体何ができるのだろうか。まず最初に注意しておくと、これは高度な数学を使ってはいるものの、以前に古典派が遭遇した壁を超えることはやはり無理で、その意味では決して万能とは言い難い。むしろこれは先ほどの話のように、ケインズ経済学のIS曲線やLM曲線などを、きちんとミクロ的原理から演繹的、数学的に描き出せるということの意義が、まず一番大きいものと思われる。

実はこの理論が手本とした物理の「解析力学」がもともとそういう性格をもっており、これはニュートンの1世紀ほど後に登場した学問だが、当時これを使って何かそれまで解けなかった問題が劇的に解けるようになった、というわけではなく、以前に述べた「三体問題」にも歯が立たなかった。

ただこれを使うと、それまでニュートンの方法では天体の動きを逐一追うようにして描かれていた曲線を、たった一個の単純な原理から一発で一枚の絵のように描き出すことがで

き，体系全体を非常にきれいな形に整理し直すことができたのである。

つまりそれを経済学に応用すると，先ほどのようにケインズ経済学のIS曲線やLM曲線などを，ミクロ的な基礎原理一個から演繹的・数学的に描き出せるという話になってくるわけである。さらにこの解析力学ではそれを行うに際して，全体のエネルギーなどがどう最小化されるか，ということを糸口に解析を行っており，経済学への応用ではむしろこの部分が大きな意味をもつことになった。

これらの話は中級編で詳しく述べるが，要するに経済学でのコストや効率の話をその部分に置き換えられるわけで，その場合には問題全体を，コストを最小化したり投資効率を最大化させたりする話として解釈できるのである。つまり例えば景気が循環変動する状況下で，投資を時間的にどういう曲線に従って行っていけば，全期間での投資効率を最大にできるか，などという高度な問題に応用できるわけである。従来の理論ではこうした「動的」な問題を扱うのは難しく，そのため従来のものと区別して動的理論と呼ばれている。

つまり実用面でもそういう価値をもつわけだが，それに加えてさらにもう一つ，この体系の構造自体が結果的にケインズ経済学の弱点をカバーする形になっていたということも，この理論のメリットとなっている。その弱点とは先ほどの話の「ケインズ経済学ではインフレが景気回復にプラスの効果があるとされていたが，それがうまく機能しなくなってきた」という部分である。

そして後になってその効果は，実はインフレ率そのものでなく「将来のインフレの変化率とその期待感」にあることが

判明したのだが，本書で後に述べるように，この解析力学の体系は，その「変化率」を重要なファクターと捉えて，それ自体を中心的な変数とする形で作られている。そのためこの「インフレ期待」という重要な要素を，むしろダイレクトに組み込むことができたのである。

これは特に各国の中央銀行にとっては絶大な価値があり，例えば景気循環と将来のインフレ期待の状況を横目で見ながら，投資や金利をどういう時間的な曲線で設定すれば良いか，という課題に応用できることになる。それを考えれば，これがそうした現場で重要なマクロ経済学のツールとなっていったことは容易に納得でき，大学院でこれを習得することが不可欠になっているわけである。

日本にとってのこの理論を知る意義

ではそうした中央銀行など以外の，もっと一般的な経済の現場では，この新しいマクロ経済学はどういう価値があるのだろうか。しかしそういうことになると，どうもかつてのケインズ経済学の時とは少し様相が違っていて，例えば製造業などでこれが直接役立つかというと，どうも必ずしもそうは言えないようであり，それは上の話からも想像がつくところである。

そのせいか，実際に日本の経済学界では，80年代にこの理論が入ってきたときに極めて強い拒絶反応が示され，それによって世界から取り残される傾向を生んだとのことである。まあそれは傍(はた)から見ても想像がつくところで，とにかく数学的にやたら難しい割に，製造業で本当に役に立つかどうか疑問だとなれば，そんなものをわざわざ苦労して学ぶのは

嫌だと思うのも無理もない。そして当時の日本は何しろ国内に無敵の製造業をもっていて，最後に物を言うのが結局それである以上，その育成に大して役に立ちそうにない米国の小難しい経済学理論などは，たとえノーベル賞をとったところでなんぼのものか，という意識があったのではないかと思う。

しかし筆者は，その真の重要性はむしろ次の点にあると指摘したい。それは世界の経済戦争の本質が，かつては国内の製造業を強化してその競争力でライバル国を圧倒する，ということだったのに対し，現在では世界全体の資金の流れをうまく誘導して自国に流す，ということが主力となっているということである。つまりその際に自国に有利な情報や理論を流布させれば，資金の流れを誘導する主導権を握れることになり，むしろ経済学はそのための武器としての意義が強くなってきているのである。

そして現在の経済学の世界で，この理論を使っていないと論文を受け付けてもらえない状況になっているとすれば，事態は微妙である。つまり80年代は前者のような時代だったから日本はどっしり構えていられたが，それが後者のような状況になってくると，この理論の吸収に遅れをとった日本の経済学は発信力を失い，下手をすれば資金誘導の主導権を握る重要な武器を作る能力が，国から失われているという事態になりかねないのである。

そしてそう思って眺めると，現在の日本がまさにこの理論の基本にある「ミクロでマクロを制圧する」という思想に苦しめられていることが浮き彫りになってくる。それというのも，産業へのコンピューターの導入がまさに「ミクロでマク

ロを制圧する」思想で成り立っているからである。

　そもそもコンピューターの技術思想とは，物事を単純なミクロ的ルーチンワークに還元し，それを無数に繰り返して大量に積み重ねることでマクロ的な全体像に結実させる，というものである。そしてそれによって産業自体が，製品やその製造過程をミクロ的なコンポーネントに分割し，それを集めて単純に組み合わせることで製品を作る形態に変わった。これはまさに「ミクロでマクロを制圧する」パターンで，日本経済の凋落はこの動きに負けたことが大きな要因の一つである。

　そして今にして思うと，日本経済が最強だった時期は，ケインズ経済学が世界を制していた時期と奇妙に重なっているが，その時を振り返ってみると，当時は必ずしも政策担当者だけでなく中小企業の経営者あたりに至るまで，ケインズ経済学というものを程度の差はあれ，皆が広く教養として知っており，そしてその下支えが，当時の日本経済が自信をもって行動する大きな助けになっていたように思う。

　そのため現在の環境下で日本が「攻め」に転じるには，この最新の理論を知らないままでいる限り，どこかに不安が残ってそういう自信が生まれにくいと思われるのであり，これを教養として広く多くの人が知っていることは，やはりどうしても必要なことなのである。

　では次の中級編ではいよいよ，今まで一般にはなかなか近づくことの難しかった，その動的均衡理論の中身に切り込んでいくことにしよう。

第2章

中級編

1
フェルマーの原理に隠された動的理論の本質

　さて初級編では，現代の資本主義世界の根本思想であるアダム・スミス以来の「神の手」による市場の自動均衡の発想が，天体力学の，特に惑星の軌道が自動的に安定するメカニズムを手本にして作られたことについて述べた。そしてさらに米国の最新の動的マクロ経済学では，物理学の「解析力学」をモデルにして，マクロ経済をミクロ的な基礎原理から構築し直すことで，「ミクロでマクロを制圧する」という試みを行っている，というのが初級編のストーリーだったわけである。そこで中級編では，いよいよ具体的にその動的マクロ理論の中身にずばり切り込んでみたい。

　そのためここでは，現在の動的マクロ経済学が手本にしているその「解析力学」とは一体どんなものかが重要になってくるが，実はこれに関しては経済学部ではあまり語られていない話があって，その部分の説明が欠けていることが，経済学部でこの話の理解を難しくしているように思われる。

　ではその重要な話とは何かと言うと，現代のマクロ経済学が手本にしたその「解析力学」には，実は先代に当たる理論があって，その一番の先祖に当たるものは光学の「フェルマーの原理」だったということである。そして筆者に言わせればむしろこのフェルマーの原理の中にこそ，現代の動的マクロ理論の思想的エッセンスが集約されているのである。

あるいは文系読者の中にも,「フェルマー」という名前はどこかで聞いた,という方もあるかもしれない。それは多分,数学における「フェルマーの定理」の話ではないかと思われるが,ここでわれわれが問題にする「フェルマーの原理」というのはそれとは全然別の話である。確かにこれらは両方とも同一人物のフェルマーの手によるものではあるが,前者が代数の世界の話であるのに対して,後者はそれとは全く無関係な別物で,こちらは光の性質に関する一種の神秘的な原理である。

とにかくこれは恐らく今まで経済学の世界ではあまり語られなかった重要な話なのであり,たとえ教科書の動的マクロ理論が全くわからなかったという人や,あるいはこの話そのものを初めて聞く一般読者でも,ここから新たにスタートすれば,恐らくは最短距離で現代の動的マクロ経済学の本質が理解できるのではないかと思われる。

フェルマーの原理

さてその光学に関する「フェルマーの原理」だが,これは当時の多くの物理学者の考え方に大きな影響を与えたという点で,歴史的に隠れた重要な原理となっており,先ほどの解析力学もその中で発達したものである。そして当時この光に関する原理が彼らにどういう精神的な影響を与えたかを眺めると,筆者にはそれに似たものが,姿を変えて現在のマクロ経済学の中にも甦っているように感じられ,それを知ることは現在のマクロ経済学の背景を知る上でも役に立つのではないかと思う。

そこで本題に入る前に少し余談として,それに関する文化

面での話をしておくと,歴史的に西欧の科学者たちは,「光」というものに向き合うとき,何か非常に敬虔な宗教的感覚を抱いて,その背後に神の存在を見ようとすることが多かったように思われる。そもそも背後の西欧キリスト教文明自体が,「光」というものを特別に重視する文化をもっており,特にゴシックの大聖堂などを眺めると,ステンドグラスを通って光が高い位置から,ほの暗い建物の中に差し込むその設計は,まさに光を意識して作られているという印象が強い。

ちなみに他の文明の建築と比べると,例えばイスラム建築の場合,それは砂漠を渡る「風」を意識させる設計となっており,また仏教建築(特に日本の寺社建築など)は「土」とそこに生える草木がモチーフになっているという印象を受ける。つまり仏教建築=「土」,イスラム建築=「風」に対比すると,まさに「光」こそキリスト教建築のデザインモチーフなのである。

そのせいか,西欧の物理学者たちにとっては光というものが,何か神の世界を人間に垣間見せてくれる存在としての特別な意味をもち,彼らはそれに接した時に,しばしば大伽藍のような理論体系を作ろうという情熱をかき立てられてきた。実際にその情熱は多くの理論を発展させる原動力となっており,そして筆者には,その精神の残滓が姿を変えて現代の動的マクロ理論にまで引き継がれているように感じられるのである。

それはともかく,その光に関する「フェルマーの原理」とは一体どんなものだろうか。それは「光は,その通過時間が最小になるような経路を選んで通る」ということである。

第❷章 中級編

　つまりある2点の間で光がどのような進路をとるかを眺めると，光はあたかも自身が一種の意志をもっているかのように，常にその2点を最小の時間で通れるような経路を選んで通っているという，一種神秘的な話なのである。

　初めてこれを聞いた文系読者は，一体何を言っているのかよくわからなかったかもしれないが，この原理は，光が水やガラスで屈折する時などの，意外に身近な問題においても現れる。

　例えば次の図のように光がガラス板に斜めから入っていくとき，光はガラスに入るところでまず一度少し下向きに屈折するが，ガラス板を出ていく時に再び逆向きに屈折して，元と同じ角度でそのまま進んでいくのであり，このことは誰でも知っているだろう。

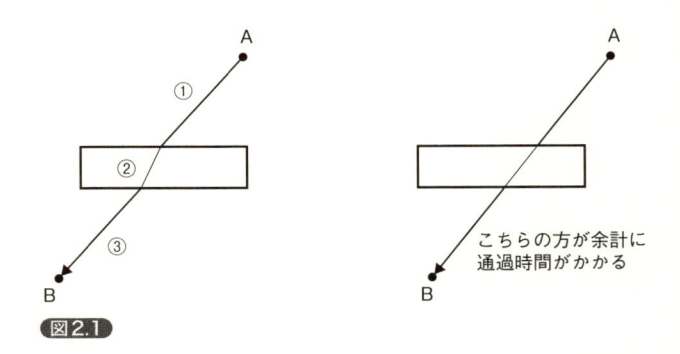

図2.1

　ところがこの時に一つ意外なことが起こっており，それは光が図の左のようにAからBまで折れ線型のコースを通った場合と，右のようにAとBを直線の最短距離で結んだ場合とで，その通過に要する時間を比べると，実は左の折れ線

型のコースをとった方が通過時間は短くなるのである。

　これは一見すると奇妙なことで、コースの道のりという点では右の直線コースがAとBを結ぶ最短距離なのだから、それより長い左の折れ線型コースの場合、通過時間は余計にかかるはずである。

　ではなぜそんなことになるかというと、文系読者はあるいはご存じないかもしれないが、実は光は真空中を進む時にはその速度は絶対に変わらないのだが、水やガラスの中を通る時には、ほんの僅かだが光の速度は遅くなる。そしてそれが、この奇妙な話に影響しているのである。

　実際、屈折が起こるのもそのせいなのだが、それを踏まえた上で、図のA点からB点まで光が進む時の合計通過時間について考えてみよう。

　この場合、ガラス板の中では光がノロノロ運転になるため、その部分をなるたけ短くすることが問題の鍵になってくる。つまり右の直線コースの場合、確かに紙の図の上では経路の長さ自体は最短なのだが、折れ線型の屈折コースの場合と比べると、ガラスの中を長く通らねばならず、そこで時間を食ってしまうのである。

　それとは逆に、左の折れ線型の屈折コースの場合には、紙の図の上では迂回コースをとるため、ガラスの外を進む最初の①と最後の③の部分では光路が長く、確かにここでは余計に時間がかかる。しかし②の部分が短いので、そこで稼げる時間が前者の損失分を上回り、全体の合計ではかえって通過時間が短くなるのである。

　そして現実の光はまさにこういうコースを選んで、通過時間が最短になるように進んでいるのであり、これが「フェル

マーの原理」である。この神秘的な原理は，あたかも背後に神の存在を感じさせるものとして，当時の多くの物理学者たちの心を捉え，それはやがて，他の多くの物事をこの考え方のバリエーションで説明したい，という情熱となって，多くの理論の発展に影響を与えてきたのである。

光の反射とフェルマーの原理

さて話を戻すと，これは屈折の問題に限らず，光のあらゆる問題について基本原理として使うことができ，それはマクロ経済学を理解する上で大きなヒントになるので，ここで光に関するもう一つの例を紹介しておこう。

それは光の反射の問題で，特に理科に詳しくない人でも知っているように，一般に光が鏡に斜めに当たって反射する際，鏡に入っていく角度＝入射角と，鏡から出ていく角度＝反射角は等しくなる。これは実験をすれば簡単に確かめられるが，実はこれもフェルマーの原理から導けるのである。

ここで次ページの図2.2のように，光のスタート地点とゴール地点はそれぞれA点とB点に固定され，その途中で光がC点で鏡に当たって反射されるとしよう。そしてそのC点の位置をいろいろ変えたとき，光がA点からB点まで進むのに要する時間がどうなるか，というのが問題である。

この問題の場合，先ほどのように光が水やガラスの中を通る場合と違って，速度そのものは常に一定であるため，通過時間は光の経路の幾何学的な長さにそのまま比例する。つまり紙の図の上でAからBまでの経路の長さが最小になっていれば，光の通過時間も最小になるわけで，その点で先ほどの問題よりもさらにわかりやすい。

そして物理学がこの問題にアプローチを行う際の思想というのが、実に独特のものだった。それはこの場合、A点とB点を固定した状態で、反射点であるC点の位置をいろいろに変えて設定し、人間が紙の上に定規を当てて、いろいろな経路（＝パス）を勝手に描いてやる。

つまりA→C→Bというパスが何十通りも紙の上に描かれるわけで、その上で各パスについて光の通過時間（この場合には経路の長さ）を求めて、それらを比較する。

そしてそれが最小となっているパスを選び出すと、そうやって選ばれたパスは、現実に光がたどるコースに一致していて、何とも不思議なことに光はそういう経路をなぞるようにして進んでいくというのである。

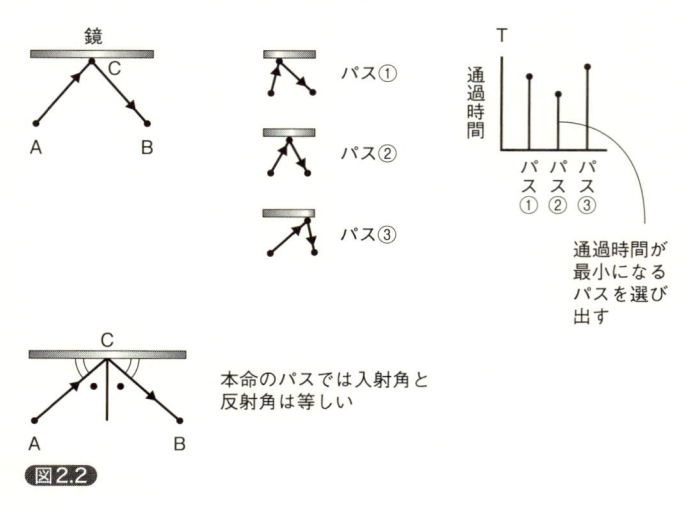

図2.2

つまりこれを先ほどの反射の問題に適用し、そのように何十本もパスを描いてその中から通過時間が最小になるパスを

選ぶと，その本命のパスの形状は，まさに光の入射角と反射角が等しいものとなっているのである。（これは紙の上で経路の長さを最小にする問題なので，実際に作図を行ってみれば簡単に確かめることができる。）それゆえこの光の反射に関する基本法則もまた，フェルマーの原理から導かれるというわけである。

　ところで経済学部の上級読者はここで，動的マクロ経済学の教科書に次のようなフレーズがあったことを思い出されたのではあるまいか。それは「企業や家計の消費（投資）行動は無数のパスを通るが，現実に実現されるのは何々を最小化（あるいは最大化）するようなパスを通る行動である」というフレーズで，いきなりこれを目にしたとき，何のことやらさっぱり理解できなかったという読者も多かったと思われる。

　しかし実は現代のマクロ経済学は，フェルマーの原理によってこのとき導入された，上の思考方法をそっくりいただいているだけなのである。さらに言うと，動的マクロ経済学には「異時点間の均衡」という難解な概念が出てくるが，そのオリジナルも上の話の中にある。それについては後に詳しく述べるが，ここでも簡単に述べておくと，先ほどの反射の問題で，光の経路を前半（A点からC点まで）と後半（C点からB点まで）に分けたとき，もし前半の通過時間だけを最小にしたいなら，C点の位置はなるたけ左にずらして，出発点から鏡の反射点までの長さACを最小にした方がよい。

　しかしその場合，後半の経路CBが長くなってしまうため，経路全体の合計をみると結果的に通過時間は長くなってしまう。

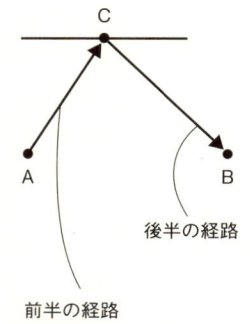

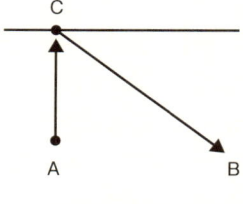

前半の経路

後半の経路

前半の経路（通過時間）は最小
（全体の経路は長い）

図2.3

　逆に言うと，前半では損をすることを承知でわざと反射点をもっと右にずらし，それによって後半で得をすることを期待した方が，合計値を短くできるわけである。そしてC点の位置は，前半部と後半部の損得の均衡点で決まる，つまりこの場合，異なる時点での経路（前半部と後半部）での比較を行って均衡をとっているわけで，これが「異時点間の均衡」である。

マクロ経済学に至る4代の系譜

　これを見ると，現在の最新マクロ経済学の思考の原点がこのフェルマーの原理にあって，現代の最新マクロ経済学の思想はその子孫であることが浮かび上がってくる。そのため歴史的に理系と文系にまたがる形で，現代までつながる一種の壮大な系図を描くことができるのである。つまりこのフェルマーの原理を初代とすると，現代の最新マクロ経済学はその4代目の子孫に当たっていて，具体的にはその系譜は，

初代　＝フェルマーの原理
2代目＝「解析力学」
3代目＝「最適制御理論」
4代目＝最新マクロ経済学の動的均衡理論

というものになっている，というのが本書でこれから述べることの粗筋なのである．

それはともかく，もしそうだとすれば，当時の世界でこのフェルマーの原理が物理の思想にどのような影響を与えたかを眺めることで，現在の経済学の世界でこの最新マクロ経済学が思想的にどんな意味をもっているかが浮かび上がってくることになるだろう．

そこでフェルマーの原理が当時どんな思想的意味をもっていたかを眺めると，そこには一つの重大な意義が隠されていた．つまりそれまでは，今まで光がどう屈折したり反射したりするかは，基本的に実験によって法則を経験的に導き出していくしかなかったのだが，このフェルマーの原理の出現によって，屈折の法則や入射角と反射角の法則そのものを，この基本原理一つから演繹的に導き出してしまえるようになったということである．

つまり鏡やガラスを使った実験装置などは，いわば「マクロの帰納法的な道具」であり，それを使って経験的に導かれた帰納法的な屈折や反射の法則が，ちょうど経済学では（イギリス経験論的な）ケインズのマクロ理論に相当していると言える．一方それに対してフェルマーの原理は，一種の「ミクロ的な基本原理」だと言うことができ，そのため上の話は，これを使えば従来の帰納法的なマクロ的理論を，ミクロ

的な原理一つから演繹法的に基礎づけをすることができる，という話として解釈できることになる。

　恐らく経済学を学んでいる読者なら，ここで敏感に反応したのではあるまいか。それというのも，大学院で学ぶ最新の「動的均衡理論」の謳(うた)い文句がまさに「マクロ経済学をミクロ的に基礎づけする」ということであり，初級編でも述べたように，米国の経済学そのものが「ミクロ理論の思想（デカルト的方法論）でマクロ経済学全体を制覇する」ことを目的としているように見えるからである。

　逆に言うと，その現代マクロ経済学の思想の源流がまさにこのフェルマーの原理にあって，そこから4代を経て現在に至っているとも言えることになる。しかし経済学の世界の人に聞くと，2代目の解析力学と3代目の最適制御についてまでなら名前だけは知っているが，初代についてはその存在自体を知らないという人が多い。逆に物理の人は，フェルマーの原理から3代目の最適制御までは知っているが，その先の4代目として最新のマクロ経済学が存在する，という話は全く知らない場合がほとんどである。そのためどちらか一方だけの専門家を集めてもなかなか話の全体像を描くことができず，どうしても文系と理系の両方を視野に入れることが必要になってくるのである。

経済学への応用

　それでは具体的には最新のマクロ経済学では，どのような形で上の思考パターンを応用しているのだろうか。そこで現在のマクロ経済学の「動的均衡理論」の大まかな見取り図を紹介しておくと，これは「ラムゼイ・モデル」というものが

その源流とされる。そして70年代にその改良型である「リアル景気循環モデル」（リアル・ビジネスサイクルモデル＝RBCモデルなどとも言う）が登場して，そのあたりから経済学界の寵児になっていき，2004年にノーベル経済学賞をとった，というのが大まかな粗筋である。

　ではそれは一体どんな内容のものだったかということだが，詳しいことは上級編で眺めるとして，中級編ではここではむしろ経済学そのものをあまり知らない読者（理系読者の多くはそうであろう）でも理解しやすいよう，エッセンスだけを抽出して端的に表現した次のような喩え話の形で述べてみたい。

　ここに，やや閉鎖的な経済体制をとっている国があって，外国からの旅行者が数ヵ月間，そこに滞在するため空港に降り立ったとしよう。ただこの国は確かに閉鎖的ではあるものの，国内でのサービスのシステムは一応それなりに整っていて，例えば国内の交通機関に関しては，「フリー交通券」というものを国が発行しており，それを利用することができる。

　この交通券は切符というより定期券の感覚に近く，多少高価ではあるが，とにかく一旦このフリー交通券を購入してしまえば，後はそれをパスケースの中に入れておいて提示するだけで国内のあらゆる交通機関を利用でき，列車などを何度利用しても制限はない。ただこのフリー交通券で一つ困るのは，短期間用の安価なものが用意されていないことで，有効期限が1年ぐらいの高価な，大体10万円ほどのものがただ1種類，発行されているだけである。

　そのため1週間ぐらいの短期滞在者にとっては高くて損な

代物だが、数ヵ月も滞在する場合には、たとえ高額でも結局は得なので、多くの長期滞在旅行者がそれを購入する。そしてその際に、「空港に降りて滞在何日目あたりでこのフリー交通券を購入するのが一番得か」という問題を考えてみよう。

しかしこの場合、ちょっと考えればわかるように、これは空港に降り立ったその日に直ちに購入するのが良い。つまり例えば滞在期間（＝交通券の使用期間）が数ヵ月つまり百数十日だとして、フリー交通券の購入価格が10万円なら、10万円をその百数十日で割った値（600円ぐらい）が、1日あたりの値段だということになる。

このぐらいなら、毎日駅で切符をその都度買ったりするより得だということになるが、しかし購入時期が遅れてしまうと、どこかで損益分岐点をオーバーして損になり、そして購入が遅れれば遅れるほど損の度合いは大きくなる。極端な話、もしこの国を去る前日にこれを購入したのでは、たった1日の利用に対して10万円を払う計算になってしまい、そのためやはり購入は早いほどよく、空港に降り立ったその日に直ちに購入するのが一番得である。

ところがここでその購入プランを立てる際に、もう一つ考慮すべき要因が存在しているとしよう。それは、この国では「旅行者用の国内預金」というユニークなシステムが用意されていることである。

まずこの国の通貨制度の特殊事情として、この国では外貨は一切使えず、そのため空港に降り立った旅行者は、持ってきた自国通貨をそこでこの国の通貨に両替する必要がある。ところがその逆つまり円やドルなどの外貨への再両替はでき

ないのであり，旅行者は持ってきたお金を一旦この国の通貨に両替してしまうと，帰国する時にはたとえ余っても再度外貨に両替し直すことはできないのである（旧ソ連のルーブルがそれに少し似た性質をもっていた）。

そのため旅行者としては，なるたけ最小限にしか空港で両替したくないのだが，しかしこの国はその損を補うための措置もちゃんと用意している。それは，旅行者が両替した通貨をこの国の銀行に預けておくと，非常に良い率で利子がつくということであり，外貨のままだとそのサービスが使えないのである。

これは，この国の通貨が外の国際通貨と切り離されているから可能なのだが，とにかく両替した分は国内の銀行で外国人用口座に預けると，数ヵ月程度でも馬鹿にならないほどの高い利子がつく。そのため国内で活動したり生活したりする分には結構お得で，この国の通貨に両替することには一応そういうメリットが用意されているというわけである。

さらに言うとこの旅行者用預金の金利のシステムは，複利あるいはそれに類するもので，とにかく最初の時期に集中的に多くの額を預金しておくと，まるで種まきでもしておいたように，後で非常に多くの利息を収穫として受け取れる仕組みになっているとする。つまり空港を降りたら，なるたけ早いうちにまとまった額を両替して，それをすぐに国内銀行に旅行者用預金として預けておくと，特に滞在後期には非常に得をするというわけである。

そのため一般的な話として，もし高額な買い物をするのであれば，なるたけその購入は後にして，最初のうちはその分のお金は，旅行者用預金の形でしばらく手をつけずにいた方

が得だということになる。

　さてこういう条件だと、先ほどのフリー交通券をいつ購入するかの話も、もう少し微妙になってくる。つまりこの場合、その購入用の10万ほどの資金は、初日にすぐに交通券のために使うより、最初のしばらくの間だけは国内銀行に旅行者用預金として集中的に預けておいて、後の利息分を有利にするための種を十分にまいておいた方がよい。そしてその後しばらくしてから引き出してフリー交通券を購入し、利子で増えた残りのお金を他の買い物に充てる、という形で行動するのが一番得だという計算が成り立ってくることになる。

　そしてここで先ほどの光の反射の問題を思い出すと、この話の場合の「フリー交通券をいつの時点で購入するか」が、ちょうど「鏡の上で反射点Cの位置をどこにするか」ということに対応していることがわかるだろう。

　つまりこの場合も滞在期間の日付を横軸にとり、そこにフリー交通券の購入点を書き込んでグラフのように線でつなげることで、次のように何通りもの線を描くことができる。

消費行動のパス

図2.4

　この場合、次の図の①のように左寄りのコースをとるパタ

ーンは,フリー交通券を早い段階で購入するという消費行動をとった場合で,逆に③のような右寄りのコースをとるパターンは,滞在期間のかなり後になってから交通券を購入するという消費行動をとった場合に相当する。

つまりこれは一種の「消費行動のパス」と解釈できるのである。もっともこれは単にフリー交通券の購入時点を書き込んで,それを直線でつないだけの素朴なイメージ・スケッチに過ぎないが,しかし一般に何か高額のものを一度に思い切って購入する時などのように,消費行動に何らかの突出したピークが生まれているとき,その人の消費行動パターンはこれに似た折れ線や曲線で表現されることになる。

それはともかく,これは先ほどの鏡の反射の問題と極めて良く似ており,「フリー交通券をいつの時点で購入するか」ということが,先ほどの話での「鏡のどの位置に反射点のC点を設定するか」ということに対応していることがわかるだろう。

そして前半部のロスと後半部のロスについても似たようなことが言えるのであり,①のように左寄りのパスを通った場合,前半部でのロスを減らすことができる。つまりパスを左寄りに設定すれば,フリー交通券を早めに購入することで,使用日数あたりのコストのロスを減らすことができ,これはちょうど鏡の反射のC点を左寄りに設定することで前半部のロスを減らせることに相当する。

一方③のように右寄りのパスを通った場合,後半部でのロスを減らすことができる。つまりパスを右寄りに設定すれば,最初の時期に旅行者用預金としてたくさんの資金を銀行に寝かせておくことができるわけで,そのように最初に集中

的に種をまいておくことで，後半で受け取れる利息が少なくなるロスを避けることができ，これは鏡の反射で言えば，C点を右寄りに設定したことで後半部のロスを減らせることに対応している。

そのためこの場合旅行者は，前半部と後半部でのロスが均衡して最小になるよう，パス②のように，真ん中あたりでフリー交通券を購入する消費行動をとるものと考えられる。つまり前半部と後半部での「異時点間の均衡」という概念がここにも似たような形で成立しているのである。

そこであらためて話を整理すると，滞在期間のいつの時点でフリー交通券を購入するか，という消費行動パターンを「消費行動のパス」とみて，そのパスを何十通りも描いたとき，旅行者はその前半と後半での「異時点間の均衡」を調べて，その合計ロスを最小にするような形でパスを選ぶことになり，消費行動の予定全体がそれで決まるはずだ，という話になるわけで，ここに一種の「動的均衡」の概念が成立しているわけである。

そしてラムゼイ・モデルなどは今の話の「フリー交通券の購入」のところを「消費」に置き換え，また「旅行者用預金」のところを「投資・貯蓄」などの，より一般的な概念に置き換えた形で，その基本部分が作られている。

要するに例えばソファなどの高価な一生ものの家具を買って生活を楽しむ場合も，それをライフプランの中のいつの時点で購入するかという問題は，基本は先ほどのフリー交通券をいつ購入するかという問題と同じである。そして手持ちの資金をその種の消費に回すか，それとも金利のことを考えて投資に回すかという問題と同じことであり，それを一般的な

経済の消費と投資の問題としてきちんと定式化したものが「ラムゼイ・モデル」だと思えば良いだろう。

無論そのための道具立てなどももう少し精密なもので，先ほどの話ではフリー交通券の効用はグラフで描けば直線状に低減して，数ヵ月後に帰国する時点でぴったりゼロになるというものだった。それに対してラムゼイ・モデルではその効用低減は直線ではなく（右下がりの）曲線として表現され，無限遠でフェードアウトする形になっている。その詳細は上級編で述べるが，しかし言わんとしている基本的なメカニズムはほぼ同じもので，要するにマクロ経済学の「異時点間の均衡」や「動的均衡理論」の基本的な考えは，上の話が理解できれば一応その粗筋は理解できることになり，これを見てもフェルマーの原理が如何に思想的な基本となっているかがわかるだろう。

フェルマーの原理とミクロ的な基礎づけ

そしてフェルマーの原理がもたらした思想的インパクトが何だったかを一言で言うと，それはとにかく単純な原理一つだけを要請すれば，そこから先はまるで神が鉛筆で空中に線を描くかのように，光などの軌跡や物事がたどるべき曲線が描き出されてきて，反射や屈折の法則そのものをミクロ的原理から導けるということである。

これを眺めると，米国の主流派の経済学者たちがこれを見たとき，何ができると考えて興奮したかは想像に難くない。つまりこれさえ使えば，それまでのマクロ理論では帰納法的にしか与えられていなかった様々な曲線を，ミクロ的原理一つに基づいて演繹的に描き出してしまうことができるのでは

ないか,ということである。そしてその際に彼らが最大のターゲットとして思い浮かべたものが何だったかというと,それは恐らくケインズ経済学のIS-LM曲線ではなかったかと思われる。

経済学部の読者には説明の必要はないだろうが,初級編でも述べたように,このIS-LM分析というのは伝統的な正統派ケインズ経済学の中核部分をなすものである。つまり企業の投資や金融市場の資金需要がそれぞれ金利にどう影響されるかを「IS曲線」と「LM曲線」の2つの曲線で表現し,その2枚のグラフを重ねた交点で経済がバランスする,というものであり,これは実際に今まで経済政策の決定にも使われてきた。

そしてこの場合,例えばIS曲線の内容を検討すると,それは先ほどのフリー交通券の話と(全く同じではないが)やや似た部分があって,この場合には企業が手持ちの資金を設備投資に回すか,それとも投資に回さず手元に置いておくかの選択が重要になるが,これは,先ほどの旅行者にとっての交通券と国内銀行への預金の間に生じる選択にやや似ていると言えるのである。

つまり先ほど述べたことをもう少し拡大すると,今までのケインズ経済学ではIS曲線にせよLM曲線にせよ,それらは帰納法的な形でしか与えられていなかったのだが,この技法を応用すれば,それらの曲線そのものをたった一個の(ミクロ的)原理から演繹的に描き出せる,という可能性が出てきたわけである。

それができれば,従来の帰納法的なマクロ経済学の理論を,演繹的なミクロ経済学の思想で基礎づけを行って完全制

圧できることになり，米国社会の教義に忠実な形の理論を世界標準にできるというわけである。

読者はひとまずここまでを理解できれば，現在のマクロ経済学の「動的均衡理論」とは何であるかの基本的な発想を，ほぼ把握できたと思って差し支えない。

解析力学とラグランジュアン

さてでは次のステップに進もう。マクロ経済学の教科書を開くと，そこには「ラグランジュアン」というものが唐突に登場して，教科書によればそれは物理の「解析力学」（先ほどの系図では2代目）から導入された概念だというのだが，それがさっぱりわからないという経済学部生が多い。そのためここではそれについてずばり解説しておこう。

そこで物理の世界に話を戻すが，先ほども述べたように，当時フェルマーの原理は「背後に神の存在を感じさせる神秘的な原理」として多くの物理学者たちの心を捉えたが，その中の一人にモーペルテューイという物理学者がいた。

そして彼は，光と同様に天体や粒子，ひいてはわれわれの周囲にある普通の物体がどう動いていくかの軌跡も，全てこれと同様の方法によって描き出すことができるのではないか，と考えた。つまりもしそれができれば，われわれはこの宇宙の全ての動きが「神の鉛筆」によって描き出されるのを見ることになり，これはまさしく神の存在を証明する理論となるのではないか，というわけである。

そして彼はそれを見出すことに熱中するようになる。ただ，どうやら彼の場合その宗教的情熱が先に立っていたらしく，彼の論文はあまりに神学的傾向が強すぎるとして，当時

の物理学者たちにはあまり信用されなかったとのことである。

　それはともかく，彼がフェルマーの原理を普通の物体の動きにも適用しようとした時，まず最初に何を行おうとしたかは，読者も今までの話が頭に入っていれば想像がつくはずである。

　つまりフェルマーの原理の場合，本命の光路においては「光の通過時間（＝T）が最小になっている」ということが基本原理で，そこから全てが紡ぎ出されてくる，という形になっていた。そのためこれを普通の天体や物体の運動に適用すると，それらが現実にたどる本命のコースを他のパスと並べて比較した場合には，やはり本命のコースの上では「何かが最小になっている」のではあるまいかということである。

　ただしこの場合，その「最小になっている量」は恐らく「通過時間 T」そのものではあるまい。実際もしそうなら物体は2点を結ぶ経路において，常に通過時間が最小になるコース（つまり直線コース）だけを選んで通ることになるが，現実の物体の2点間を結ぶ運動では，光とは違って直進の最短コースだけではなく，時間のかかる曲線の迂回コースを進むことも当たり前に行われるのだから，これは明らかにおかしい。そのためもし何か最小になっている量があったとしても，恐らくそれは何か別の量である。

　そして結論から先に言ってしまうと，ここで「通過時間 T」に相当するものとして見出された量こそが「ラグランジュアン＝L」というものだったのである。つまりこれが「ラグランジュアンとは何か」という問いに対する，最も直接的な答えであるが，しかし当のモーペルテューイにとっては，

そうやって実際に求まったものは、あるいは期待していたものとは少し違ったものだったかもしれない。

　それというのも、恐らく彼はその「最小化されている量」は確かに通過時間Tではないとしても、少なくとも物理や力学ですでにおなじみの重要な量のどれかではないか、と考えていたと想像されるからである。つまりそれは例えば「運動量」とか「運動エネルギー」など、それまでの物理でも重要な基本量だったもののうちの何かであり、そのどれかを調べてみると、物体がたどる本命コースの上ではそれが最小になっているのではあるまいか、ということである。

　そのため恐らく彼はそれらを一つ一つ試していったのではないかと思われるが、しかし予想に反して、それらのいずれもこれに該当せず、目につく基本量の中には目当てのものは存在しなかったのである。そのためやむを得ず彼はそれらを組み合わせるなどして、もう少し複雑なものを考え、そのような量を何とか合成できないかと試みて、一応それに何とか成功する。

　つまりそうやって見出された量が「ラグランジュアン」だったのである。しかしモーペルテューイ本人にしてみれば、これはもっと基本的な意味をもつ物理量であってほしかったと思われ、そのため半ば無理やりに彼はこの量を「作用」と呼んで、これ自体が重要な物理的意味をもった量なのだ、ということにしたかったようである。実際そうでないと、フェルマーの原理のように神の存在を感じさせる圧倒的な印象が得られず、そのため彼は自分の理論自体を「最小作用の原理」と呼んだ。

　しかし現場の他の物理学者たちの正直な印象としては、確

かにその気になればこの量が重要な物理的意味をもっているという話は成り立たなくもないが、しかしどうも少し無理やりに合成した量だ、という感触がなかなか拭い去れなかったようである。

　実際それは『「運動エネルギー」-「ポテンシャルエネルギー」』という形で与えられるもので、ちょっと聞いただけでは何のことやらわからず、理系のかなり熟達した人にとっても、その意味やイメージを明確に描くことは容易でないような代物である。

　もっとも、そのように意味をあまり問うことをせずに、ただ物体の軌跡を描き出すためのツールとして割り切って見るならば、十分に有効であることは間違いない。そのためこれは「ラグランジュアン（ラグランジュ関数）」という名称で基本部分に据えられて、それを中心とする形で、フェルマーの原理の力学版というべき「解析力学」という学問が発展していった。そして系図の上では、これが2代目に相当するわけである（なおこの「ラグランジュアン」という名称は、これを後に発展させて定式化した物理学者・天文学者のラグランジュの名をとったもので、彼の名はスペース・コロニー計画などに登場する「ラグランジュ点」の上にも残されている）。

4代の系譜の比較

　要するにマクロ経済学の教科書に登場する「ラグランジュアン」、特に大学院の「動学的ラグランジュアン」のルーツはここにあるわけで、それに悩まされた経験のある読者は、上の話と照らし合わせると、それが何であったかが理解でき

るだろう。つまり経済学に登場するラグランジュアンの場合も、中身を見てみるとどこかに「何々の量を最小化する」という部分が存在しているはずで（ただし問題によっては符号を反転させて「ある量を最大化する」となっている場合もあるが）、要するにフェルマーの原理を始祖とするその発想が、そこにも脈々と受け継がれていることがわかる。

ただその系譜を振り返ると、途中で思想的に一つ大きな変化が生じており、それは初代（フェルマーの原理）と2代目（解析力学）では、「最小化すべき量」は基本的に宇宙や神が定めるもので、むしろ学問全体の関心が「宇宙や神は何を最小化する形で世界の掟を定めているのか」という具合に、ある種「宇宙の秩序を見抜く」という、どちらかといえば理学部好みの問いに向けられていた。

しかしこれが3代目の「最適制御理論」の時期に、その精神が大きく変化する。それは、先ほどのような理学部的な問いの部分が消えて、もっぱら「応用」という工学部的な面が表に出てくるようになったということである。例えばロケットの燃料消費量を最小にしたいなどというとき、その消費量を「最小化すべき量」として設定して同じメソッドを使えば、最適な噴射パターンを曲線の形で求めることができる。つまり「最小化される量」は神でなく人間が自由に決めるものだという、大きな精神の変化を起こしたのである。

そして4代目であるマクロ経済学もこのスタンスを引き継ぐことになった。つまりこの場合の「最小化すべき量」も、基本的に人間が定めるもので、例えば企業や政策当局がコストや経済的なロスなどを最小（あるいは最大）にしたいという願望を抱えているとき、その要望に合わせて人間が勝手自

由に設定することができる。つまりこの「理学から工学への変化」が，歴史的に前半（初代と2代目）と後半（3代目以降）を分ける大きな違いだというわけである。

具体的なメソッドの簡単な練習

つまり以上が，現代マクロ経済学の「動学的均衡」や「マクロ経済学のミクロ的基礎づけ」などの，思想的な基礎に関する大まかな見取り図で，そしてそれがどう米国の経済学の「ミクロ的原理による演繹法で従来の帰納法的なマクロ経済学を制圧する」という潜在的な願望と結びついたかの背景だというわけである。

ただしこれだけでは読者は，まだ実際にどうやってそれを行うかの具体的メソッドについては，十分なイメージを描けないのではないかと思う。しかし実はその最も単純なものは，先ほどのフェルマーの原理に立ち返れば，高校の微積分の極値の問題で十分扱えるのである。

それは具体的に言うと，先ほどの85ページの光の反射の問題で，その際に入射角と反射角が等しくなることを，フェルマーの原理を使って示すことができるのである。これは高校数学がこなせる読者ならば自分でも十分に実行できて，絶好の練習問題になるので，以下に少し見てみよう。

まずこの問題では，鏡の上の反射点Cの位置を指定してやれば光のパスが1個決定され，その際の通過時間Tを，パスを何十個も並べて比較するという格好になる。その際には，通過時間Tと反射点の位置Cが一対一で対応するのでそれをグラフに表現でき，横軸にCを，縦軸にTをとれば，各パスごとの通過時間を$T(C)$のような曲線でグラフに示す

ことができる。

そしてこの場合、その通過時間Tが最小になるようなパスが、本命のパスだというのだから、このグラフの値を極小化するC_0を求めれば、そのC_0を反射点にもつパスこそが、通過時間が最小となる本命のパスだということになる。そしてそのC_0は要するに先ほどの$T(C)$のグラフの極小点なのだから、これは高校数学の極値の問題をそのまま応用すれば簡単に求められるのである。

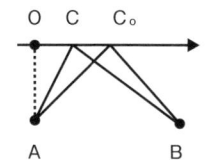

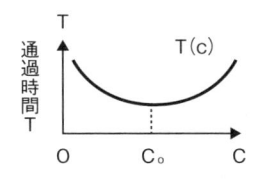

$C = C_0$の点で$T(c)$は極小値をとる

図2.5

そしてそのようにC_0を求めてしまえば、最後に鏡の光路の図上でそのC_0を反射点とするパスを作図すればよく、それを行ってみると、実際にその光路ではちょうど入射角と反射角が等しくなっていることが示されるのである。

要するにこれが、動的マクロ理論のメソッドの一番の基礎なのであり、後に登場するもっと難しい問題も、結局はこのパターンに枝葉をつけて複雑化したものに過ぎない。

そのため読者はこれを基本パターンとして頭に入れてしまえさえすれば、それら全部をこのバリエーションとして理解できることになる。特に動的マクロ理論では、初学者が手軽に取り組めてずばり要点を把握できるような、中程度レベル

の適度な例題が非常に少ないため,その意味でこの問題は貴重である。

なおこの極小値を実際に求める作業は,通読の際にはさほど必要ないので,読者は後でじっくりやれば良いが,一応はその手順についても簡単に述べておこう(ただし細かいことは図の中に示すので,読者は図2.6を見ながら以下を読まれたい)。

まずこの場合,A点とB点の間隔をd,またそれぞれの点から鏡までの距離をhとする。そして図の0点からC点までの距離をcとしてそれでC点の位置を表すと,光路ACと光路BCの長さは,三平方の定理を使えばhやcで表せる。そして光路全体の長さは両者の和となり,通過時間Tはその光路の長さに比例する(さらにここでは面倒なので光のスピードは「1」としてしまうが,どのみち紙の上で最小値を求める問題なのでそれは大して重要ではない)。

つまり通過時間Tを距離cの関数として表現できるため,それを最小にするC_0を求めることは単に高校の極値の問題に過ぎず,要するに$T(c)$をcで微分して,それがゼロになる点を求めればよい。

そして実際にそれを求めてみると$C_0 = \dfrac{d}{2}$となるのであり,それに従って定規でパスを作図すると,ちゃんと入射角と反射角が等しくなっていることが示されるのである。

そのため上の問題を解いたならば,読者はそのときまさにミクロ的原理一つから光路の姿を描き出したことになるわけである。つまりそれはやや誇張して言えば,難解なマクロ経済学の動学的均衡理論の原点というべき問題を,読者が自力

で解いたことになり，それだけでも大きな自信の源になるので，是非トライされたい。

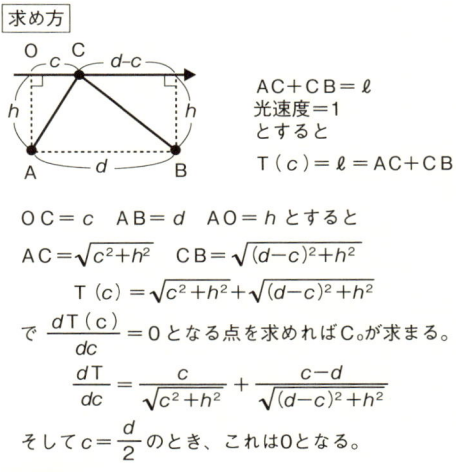

求め方

AC+CB=ℓ
光速度=1
とすると
T(c)=ℓ=AC+CB

OC=c　AB=d　AO=hとすると
AC=$\sqrt{c^2+h^2}$　CB=$\sqrt{(d-c)^2+h^2}$
T(c)=$\sqrt{c^2+h^2}+\sqrt{(d-c)^2+h^2}$
で$\dfrac{dT(c)}{dc}=0$となる点を求めればC₀が求まる。
$$\dfrac{dT}{dc}=\dfrac{c}{\sqrt{c^2+h^2}}+\dfrac{c-d}{\sqrt{(d-c)^2+h^2}}$$
そして$c=\dfrac{d}{2}$のとき、これは0となる。

図2.6

（なお上の計算で，$\dfrac{dT}{dc}=0$となるcを直接割り出すのは面倒だと思う読者は，答えの「$\dfrac{d}{2}$」をその式のcのところに代入して，そこが極小点になることを確かめるだけでも十分だろう）。

前半部分の話の整理

この中級編では，以上がいわば前半部に当たり，そのためこれまでの要点を一旦整理しておこう。まず第一に，現代マクロ経済学の「動的均衡理論」は，実はその発想の源は光に

関する「フェルマーの原理」にあって,現代マクロ経済学はそこから数えて4代目の子孫だということである．

そして「異時点間の均衡」というわかりにくい概念も,その原点は光の反射点のパスを求める問題にある．つまりパスの前半部の経路で迂回路をとって,たとえそこでは時間を食っても,後半部で通過時間を短くできる場合,光はその前半と後半の得失が均衡するパスを選ぶ,という考え方が基礎になっている．

そしてそれが次の2代目の「解析力学」では,光だけでなく普通の物体の動きにまで拡張され,最小化すべきものを時間Tではなく,ラグランジュアンLというものを考えてこれを最小化する,という思考が確立された．

そして次の3代目の「最適制御理論」では,人間がロケットの燃料消費量などを「最小化(あるいは逆に最大化)したい量」として設定し,それを最小化するためにはエンジンの噴射パターンをどういう時間的パスに設定すれば良いかを求める,という「工学的」問題へと変貌した．

そして4代目のマクロ経済学ではそれをそっくりそのまま経済に適用し,企業や政策当局がコストや損失・利益などを最小化(あるいは最大化)したい時,それをそのまま先ほどの「最小化(あるいは逆に最大化)したい量」として設定し,どういう経済的パスをとればそれが達成されるかを,このメソッドを応用して求める,という形で理論を作った．そのようにして,フェルマーの原理からマクロ経済学に至る4代の系譜が生まれたわけである．

そしてフェルマーの原理の思想面での最大の特徴は,そのようにミクロ的な基本原理をたった一つ設定することで,マ

クロ的な光の経路自体を描き出してしまえる点にある。そのためこれが，米国の経済学の宿願として初級編でも述べた「ミクロ的基礎づけによってマクロ理論の体系全体を導き出してしまう」という目的にうまく合致して，ミクロ理論でマクロ理論を制覇する道を与えた，ということである。

またこれは実用ツールとしての潜在力も馬鹿にならず，先ほどのフリー交通券の話では，消費が時間的にどう変動するかを実際にグラフの形で描き出すことができており，しかもその形状は金利などの影響も受けて決定されていた。そのためこれをもう一歩進めれば，景気循環の中で金利やインフレ率が変動する複雑な状況下で，消費がどういう時間的カーブを描くかを描き出して，それを用いて将来の投資を時間的にどう行えば最適かを求めるという，ダイナミックな問題への応用の道が開かれるということになる。

現実にそれがどこまでできるのかは別として，少なくともコンセプトとしてはかなり画期的なツールであるということだけは言えるだろう。

実際，これだけのことを理解すれば，少なくとも読者は現在の最新の動学的マクロ理論というものの基本思想が何なのか，ということをかなりの程度まで理解できたことになり，以上までが「思想面」での大筋として，この章の前半部分である。

2
「最速降下線」によるさらに高度な部分の理解

後半部分＝「直線から曲線へ」のステップアップ

　ではここから先は後半部として，一般教養レベルよりも少しだけ高い水準の話題になる。実のところ読者が動的マクロ理論の基本思想を知りたいだけなら，前半部分の内容だけでも十分なのだが，もう少し駒を進めて，教科書で使っている用語や概念についても教養として知りたいと思う場合，たちまち全くわからないことがいくつも出てくる。そしてそれらの重要な概念の多くが，理系と文系の両方を視野に入れないと本来理解できないものとなっているのである。

　そのため後半部ではその理解のポイントをずばり示しておきたい。経済学部ではこれを最初に知っているか否かは決定的な差になると思われ，一般教養として読まれている読者も，そこまで知れば相当なレベルに行くことができるはずである。

　さてそれではその後半部分での中心課題は何になるかというと，それは「直線から曲線へのステップアップ」ということである。つまり先ほどまでのフリー交通券の話や鏡の反射のパスを求める問題では，基本的に「直線」で話を行っていた。しかし米国のマクロ経済学の目標が，経済学のいろいろな曲線をミクロ的原理から演繹的に描き出すことにあるならば，どうしても「曲線」へのステップアップを行う必要があ

るわけである。

　そして実はこのステップアップを行う際に,理系的な話がいくつか混じった結果,動的マクロ理論の発展史を筋の通ったストーリーとして眺めることがひどく難しくなっており,一般教養としての理解も困難になっているのである。

　そこで,動的マクロ理論の発展史ではいつそのステップアップが行われたかを見てみると,実はそれは最初のスタート時点ですでにかなり高いレベルにあったことがわかる。つまり先ほど97ページで述べたように,現在の動的マクロ理論の原点である「ラムゼイ・モデル」は,すでに曲線で話を行っていたのであり,その後70年代になってこのラムゼイ・モデルの後続として登場して,2004年にノーベル経済学賞をとった「RBCモデル」=「リアル景気循環モデル」は,その単なる改良発展形にすぎない。

　そのため一見すると,その一番最初のラムゼイ・モデルもかなり最近に生まれた新しい理論で,大体60〜70年代ごろの米国あたりで成立したような印象を受ける。読者もあるいはそう思われたかもしれないが,実は意外にもそれはもっと古いもので,これはケインズ経済学とほぼ同時期の1920年代に英国で作られた理論なのである(そもそもラムゼイという人はケインズと同時代の友人で,26歳で早世した俊英だったという)。

　しかしそうだとすればこれは妙な話ではあるまいか。つまりこのラムゼイ・モデルはそんな昔からあったのに,ケインズ経済学が花形になっていた60〜70年代ごろにはさっぱり話を聞かず,そしてその何十年も後に,単なる改良型として作られたRBCモデルが今さらのようにノーベル経済学賞を

111

もらっているというのである。一体どうしてそういう評価のギャップが生まれたのかは今一つ納得がいかず，動的マクロ理論の話は，発展史の方からもわかりにくいものになっているのである。

　また一般教養的な疑問といえばこれとは別にもう一つ，この動的マクロ経済学について大まかな話を調べようとした時に遭遇する問題がある。それは，これらの簡単な解説を漁ると，そこには「この理論が『ルーカス批判』なるものと関連している」という話が出てくることが多いのだが，その話を読んでもこれがまたよくわからないということである。そしてこれは大学院レベルでもしばしば理解の大きな壁となっているように思われる。

　しかし実はこの一連の疑問は，理系側が知らない文系の話題と，文系側は知らない理系の話題の谷間に発生したものであり，理系と文系を両方視野に入れて初めて氷解する性格のものなのである。またこれは直線から曲線のステップアップに伴って生まれてくる話なのだが，経済学だけの視野ではなかなかその全体像を得られず，一般読者も大学院生もここで同じような疑問を抱えることになりがちである。

　そのため以下の議論では，文系側，理系側でポイントとなる一番重要な話をそれぞれ一つずつピックアップし，それらで両側から挟むようにして，これらの疑問点を氷解させるアプローチをとりたい。つまりこれらの話が，いわば問題を嚙み砕くための上顎と下顎となるわけで，それぞれについて最初に結論だけを簡単に述べておこう。

　まずその一方である理系側の話は何かというと，先ほどはこの「ラグランジュアン」を経済学に応用する際，企業や政

策当局が最小化する量や変数を自由に選んで作ってよい，という話になっていたが，実はこれに関しては経済学部ではしばしばまるごとカットされている話があり，それは，物理のオリジナルのラグランジュアンには一つ大事な条件がついているということである。

その条件とは「ラグランジュアンは基本的に2個の変数で書かれ，それらは『一方の変数がもう一方の「変化率」になっている』という関係を満たしていなければならない」というもので，実はこれは経済学部では容易に近づけない知識なのである。そのためこれについては以下に詳しく解説するが，とにかくこれが話の上顎部分に相当する。

ではもう一方の文系側の話題は何かというと，それは要するに先ほど述べた「ルーカス批判」というものが一体何かということである。これは恐らくほとんどの理系読者（普通の一般読者も）が知らない話題であり，こちらが話の下顎部分に相当する。

そしてこの両者が組み合わさって，先ほどの疑問に答えが与えられた時，読者は普通の一般教養よりも一段高い大学院レベルの話として，現代のマクロ経済学が何をやっているのかを一挙に俯瞰できるはずである。

「最速降下線」の問題

さてそれではまずその一方である理系側の話から述べていこう。先ほど述べたように，マクロ経済学の立場としては「直線から曲線へ」のステップアップのためのツールが欲しいのだが，これも経済学者の側が自力で作るのは無理で，やはり物理の方から持ってくることが必要だった。そこで物理

の歴史を振り返ると，実はそういうツールは初代のフェルマーの原理の段階ではまだ手に入っておらず，それが手に入ったのは次の2代目の解析力学の時期，ニュートンによる「最速降下線」という問題の時である。

それはどういうものかというと，湾曲した滑り台をボールが転がり落ちる時，滑り台がどういう曲線だったら最も短い時間でボールが降下できるか，という問題である。

これは一見すると最短距離の直線コースが一番早くボールが降りられるように思えるが，実はこの場合，最初に少し傾斜を下に大きくつけて迂回コースをとってやった方が，ボールに初めに強い加速がついてかえって早く降りられることがある（それは先ほどの光のパスを屈折させる時と似ている）。

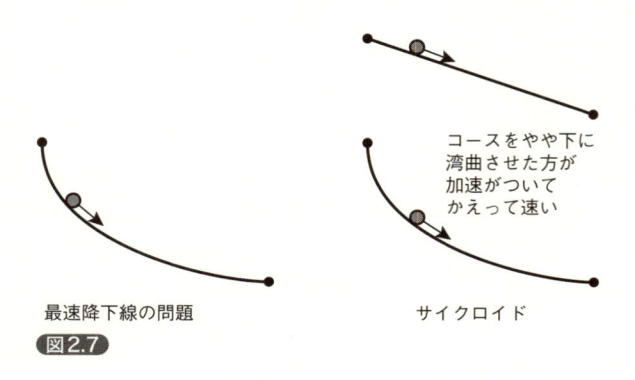

最速降下線の問題　　　　　　　　サイクロイド

コースをやや下に
湾曲させた方が
加速がついて
かえって速い

図2.7

そこから考えると，この滑り台の形状が何か特別な曲線になっていた時に，ボールの降下時間は最小になると想像できるのだが，これは意外に難しい問題で，当時の数学では解くことができず，一種の懸賞問題となっていた。

ところがこの難問をニュートンがたった一晩で解いてしま

ったのであり，その曲線が「サイクロイド」と呼ばれる特殊な曲線であることがわかったのである。そしてその時に彼が編み出したのが「変分法」という技法だった（なお彼は解答を公表する際に自分の名前を伏せたが，誰が書いたかはすぐにわかり，巷では「獲物に残された爪の跡から何者の仕業だったかわかる」と言われたという）。

それはともかく，この場合にはその滑り台の形状が，以前の話の「パス」に相当しており，ただ今回はその形状が直線ではなく曲線だという点が違っている。そして光の直線の問題では，パスを変形するには単に鏡の上での反射点の位置を左右にずらすだけで良かったが，今回は何しろパスが曲線であるため，変形のやり方も多様なパターンを考える必要がある。そしてパスの形を少し変えるには，この滑り台をヤスリで削るとか，あるいは逆に滑り台の表面に薄くパテを盛ってやるなどのことが必要で，そうやって曲線の形を僅かに変えてやると，ボールの降下時間Tも僅かに変化することになり，そしてそれが最小値に落ち着く点を探すわけである。

ただこれでは如何にも面倒なので，ここではヤスリによる変形よりもう少しスマートなイメージとして，次ページの図2.8のようにスコープのスクリーン上にパスの形状が電子的に描き出され，つまみを動かすことでその形状をいろいろ変更できるという仕掛けを考えてみよう。

そしてこの測定器には図のようにもう一つ機能がついており，それはスクリーン上にパスの形状を電子的に描き出した際に，もしそういう形状の滑り台にボールを転がした時には，下まで降下するのにどのぐらい時間がかかるかが自動的に算出され，その「降下時間T」が，脇についているメータ

ーに表示されるようになっているのである。

つまみ2個で動かしていろいろなパスを描く

つまみは2個

最速降下線の時に針は最も左の最小値

メーターは降下時間Tを表示

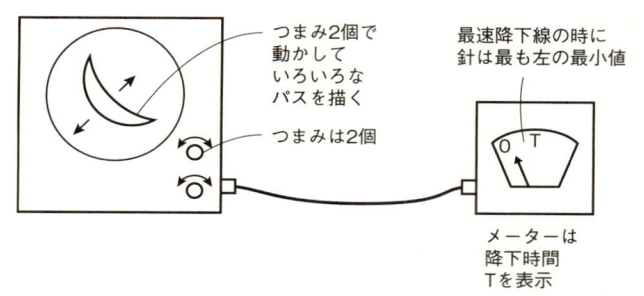

図2.8

ところでそのようにつまみを動かしてパスを変形させる場合,もし先ほどの光の話の時のようにパスが直線で,鏡の上の反射点の位置を定めるだけでパスの形が決まるなら,つまみ1個を左右に回すだけで全てのパスをスコープ上に表現できる。ところがパスが曲線の場合,その形状パターンは次の図の右のようにAやBなどいろいろなものがあって,それら全部のパターンをスコープ上に作り出すには,つまみ1個では間に合わず,どうしても2個以上のつまみをいろいろに操作して,その組み合わせで行うことが必要になる。

そのためこの場合,メーターを睨みながら両手で2個のつまみを動かし,メーターの針が一番左端の最小値を指したなら,その時のスコープ上のパスの形状が,ちょうど「最速降下線」になっているというわけである。(図2.9)

そしてその時に脇のメーターの針がどんな動きを示すかを想像すると,まずパスの形状が最速降下線に近づくにつれて,メーターの針はどんどん左に寄っていく。そしてパスの形状がうまく最速降下線の形に一致した瞬間には,メーター

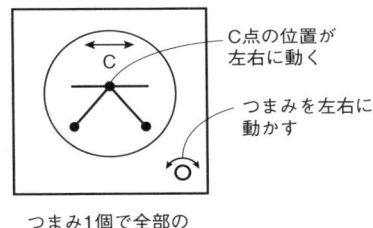

パスが直線の場合 / パスが曲線の場合

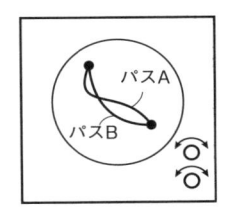

C点の位置が左右に動く
つまみを左右に動かす
つまみ1個で全部のパスを表示できる

パスA
パスB
つまみは2個以上必要

図2.9

の針は一番左に寄った最低値のところで一瞬静止して，その時にはどちらのつまみを僅かに左右に動かしても，針は左端で静止したまま動かないはずである。

これはつまみが1個（パスが直線）の場合にも同様のことが起こるが，実はその場合の話は高校の極値の問題と同じものになる。読者が高校の授業を覚えているなら，その際に「グラフは極小点の付近では傾きがゼロになるから，そこではxを左右に僅かにずらしても値が変化しない」という話があったことをご記憶だろう。そして先ほどの「メーターの針が動かない」という話は，基本的にはそれと同じことなのである。

実は105ページの練習問題がまさにそれだったので，その時の話をこのスコープのイメージで眺めてみよう。この場合，降下時間$T(c)$のグラフはC_0の点で極小値をとるが，その位置ではつまみを少し左右に動かしてもメーターの針は静止したまま動かない。つまりこれがちょうど「グラフの傾きがC_0点ではゼロ」ということに対応しているわけで，そ

117

のため $T(c)$ の微分がゼロになる点を探せば，C_0 を割り出せるというわけである。

スコープ上のパスが本命の最小値になった時

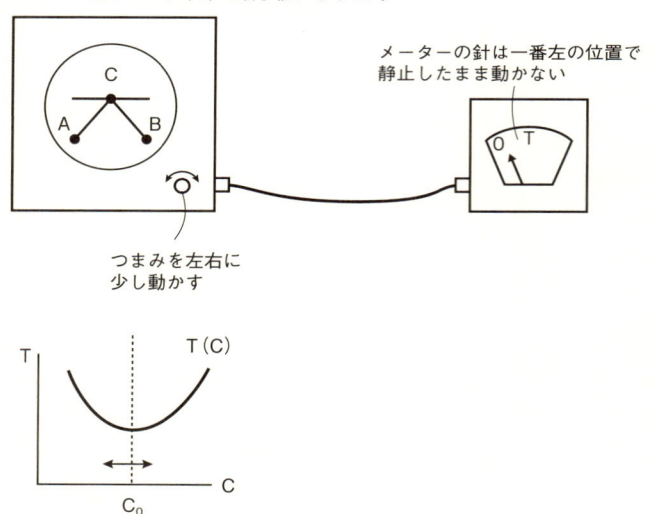

メーターの針は一番左の位置で静止したまま動かない

つまみを左右に少し動かす

$T(C)$ は C_0 点で極小値をとり、そこではグラフの傾きはゼロ

図2.10

　要するにこれらを眺めると，「つまみが1個の場合＝高校で習う『微分法』の極値の問題」，「つまみが2個の場合＝『変分法』の問題」だと思ってよい。そして特に後者の場合，最小値の点で一瞬針が静止して，その時にはどのつまみを僅かに動かしても針が動かないことを「停留値をとる」と呼んでおり，これもつまみの個数がもし1個なら，高校数学

の「極値をとる」という表現でよいわけである。

ともあれこのようなアプローチでメソッドを作れれば、「曲線へのステップアップ」という課題が完全にクリアされるわけで、そのため思想的な面で動学的均衡論のルーツがフェルマーの原理にあるとすれば、技術的な面でのルーツはむしろこの「最速降下線の問題」にあると言えるのである。

「変化率」というキーワード

そして今の話では「つまみが1個か2個か」が結構重要で、それが「直線から曲線へ」の鍵となっているが、この「つまみの個数」は数学の言葉で言えば「変数の個数」ということであり、要するにこの場合、変数がxとyのように「2個」になっているということが重要だったわけである。

これは答えの曲線を描き出す場合も同様で、それはコンピューターのxyプロッターのことを思い出すとよくわかる。この種の機器ではx座標成分とy座標成分の2種類のデータを入力することが必要で、逆にその2つさえあれば、プロッターはどんな曲線でも自由自在に描き出してくれる。

つまり一般に曲線を描くには、とにかく変数が2個必要なのだが、実はこういう場合、2個の変数は必ずしもxとyという形である必要はなく、他のペアを用いてもよい。例えば坂道の高度（標高）変化の曲線を表現するには、データとして「坂道の各点の標高」と「坂道の傾斜」という2個のペアでもよく、その場合には例えば坂道上のある一点の標高が10mの時、坂の少し先の点までの傾斜角のデータのペアがあれば、それをどんどんつなぎ合わせていくことで、坂道の曲線を描き出していくことができるだろう。

これは数学の言葉で言えば、坂道の標高をhとした時、傾斜つまり「標高の変化率」はhドット（$\dot{h}$）という記号で書かれることになり、要するにhとhドットのペアでも（x, yのペアと同じように）曲線の表現ができるのである。

坂道の形状を表現する2つの方法

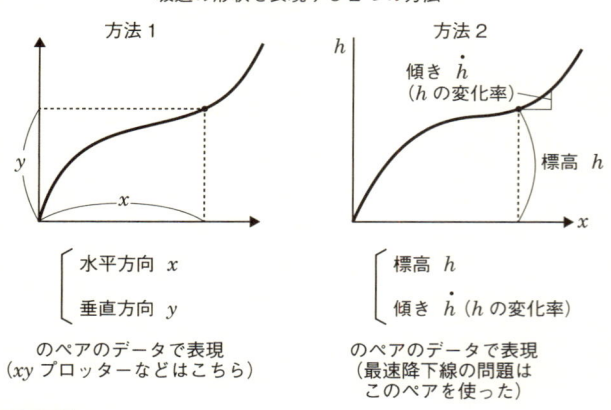

方法1

$\begin{cases} 水平方向\ x \\ 垂直方向\ y \end{cases}$

のペアのデータで表現
（xyプロッターなどはこちら）

方法2

傾き $\dot{h}$
（hの変化率）

標高 h

$\begin{cases} 標高\ h \\ 傾き\ \dot{h}\ (hの変化率) \end{cases}$

のペアのデータで表現
（最速降下線の問題は
　このペアを使った）

図2.11

　そしてニュートンの最速降下線の問題では、ボールの速度を式の中に表現する必要があったのだが、実はそれを最も短く表現するには「滑り台の高度」と「滑り台の傾斜角」の2つを使って表現すると、最もスマートに問題を解くことができて有利だった。そのため問題全体が「hと$\dot{h}$（ドット）」という変数のペアで問題全体が記述されていたのである（この「最速降下線」の問題の内容自体は、ここではさほど重要ではないので、詳細を知りたい読者は拙著『物理数学の直観的方法』などを参照されたい）。

今の話は坂道の標高 $h(x)$ のグラフで行っていたが，これは例えば天体などの問題で，横軸に時間 t をとって天体や粒子の位置を $x(t)$ で表したグラフでも，全く同じことができる。むしろ物理の問題としてはこちらの方が本命だが，無論その場合にはこのペアは「x と $\dot{x}$（ドット）」という形になる。

　ともあれニュートンはこの一連の問題において「変化率＝$\dot{x}$（ドット）」という量そのものを直接，れっきとした 1 個の変数として扱ったわけだが，実はそういう扱い方はそれまでの習慣では比較的珍しいことだった。しかしとにかくそういう形でメソッドを作ったところ，従来のような x 座標と y 座標のペア（図 2.11 の左のような形）で表現した場合よりも，遥かにスマートに答えにたどり着けることがわかり，結果的に他の問題にも広く応用できる汎用性の高いツールが生まれたのである。

　実は物理屋の目からすると，これは解析力学にとってかなり本質的なことで，人によっては「ラグランジュアン L の最大の特徴は，変数が x と $\dot{x}$（ドット）で書かれることである」という言い方をすることさえある（ただし物理の解析力学の習慣では，x や $\dot{x}$ のかわりに q や $\dot{q}$ という記号を使うのが普通である）。

　もともと物理では世界観の一つとして「この宇宙の全ての粒子の位置と速度がわかれば世界の全てがわかる」というものがあり，x と $\dot{x}$ はまさに「位置と速度」であるため，本来この変数のペアはそれとの馴染みもよかったと言えるが，とにかく物理の世界ではこのことはそれほどに重要視されているのである。

そして現代のマクロ経済学は,「曲線」の形で,企業行動や政策行動に関して効率などを最大とするようなパスを求めることが必要だったため,やはり問題を「変数2個」で表現するという根本的な改造を行う必要があった(なおこれを従来のミクロ経済学の静的な最適化問題と比較すると,そちらはむしろ高校の問題に近く,そこでは変数1個で「点」を求めれば問題は解けていたのである)。

　そのため2個の変数のペアとしてこのような形のものを採用し,そしてその際に「問題全体を x と $\dot{x}$（ドット）で記述すると,最もスマートに答えにたどり着ける」という重要な考え方も,同時に引き継がれたのである。実はここで「変化率」という重要なキーワードが出てきたわけだが,ではこれを踏まえて,今度はもう一方の顎に当たる文系側の話を眺めてみよう。

「ルーカス批判」と「変化率」という概念

　ではここからは文系の経済学の話になるが,実は経済学の世界では70年代の世界的なインフレの嵐が吹き荒れた時期に,この「変化率」という概念が重要な要素となったことがある。そしてその際に一緒に「ルーカス批判」なるものが登場したのだが,最近では経済学部ではこのルーカス批判の話は,大学院よりもっと前の学部初年度あたりでも講義されて,少なくとも経済学部の中では常識として要求されるようである。

　そしてこの「ルーカス批判」の登場によって,ミクロ的な基礎づけをもった理論が必要不可欠のものとして要求された,という話が正統的な教科書では必ず載っているのだが,

そもそもそれ以前の問題として，一般読者や理系読者はこの言葉そのものを聞いたことがない場合がほとんどだと思われるので，まずそれについて簡単に述べておこう。

そもそもこの話は，70年代にケインズ経済学がそのコントロールに失敗したことの反省から生まれたものだった。それまでのケインズ経済学の常識では「好景気＝インフレ」という図式があって，好景気の時には経済は大体インフレで，むしろ積極的に経済を軽いインフレ状態に持っていくと，景気は上向く，というのが経済世界全体の常識だった。

現在ではアベノミクスなどによって再びこの常識は甦りつつあるが，確かに常識的に考えても，社会が緩やかなインフレ状態にある時には，人々は手元の札束を後生大事に抱え込んでいたら値打ちが下がるので，さっさと使ってしまうことを考えるはずである。

また企業にとっても，もし将来物価が上がって，生産した製品が高い値段で売れるなら，物価や金利が安い今のうちに金を借りて仕入れや設備投資を行っておいた方が得で，その借金を返す際にも，将来インフレになれば実質的に返済金は少なくてすむ。

そのためインフレ状態のもとでは企業活動や消費が活発化して景気や雇用が上向くことになり，その相関を示すグラフは「フィリップス曲線」と呼ばれていた。つまりインフレ率をグラフの横軸にとり，景気・雇用を縦軸にとれば，今の話は右上がりの曲線として表現されることになり，それが大体どうなっているかを経験的に整理したものがこの曲線で，実際に60年代にはケインズ経済学はこれを政策現場で使って本当に効果を上げていたのである。

ところが70年代になると，この理論に疑問符をつけるような事態が起こってくる。この時期（米国ではベトナム反戦運動が吹き荒れていたころ）には，米国経済はインフレ率が極めて高いにもかかわらず不況のどん底にあるという二重苦にあえいでおり，この理論を全く否定するような現象が見られていたのである。そのため当時はインフレーションという言葉に「景気低迷＝スタグネーション」を組み合わせた造語として，「スタグフレーション」という言葉が毎日のように経済紙の紙面に登場していた。

　そして後になぜそうなるかの原因が徐々にわかってきたのであり，それは，フィリップス曲線では単純に「インフレ値」を横軸にとっていたが，本当に景気に影響を与えていたのは実はそのインフレ値の予想外の「変化率」だったということである（ここで読者は，先ほどのキーワードとつながることを推察されたと思うが，とりあえず先へ進もう）。

　そもそも先ほどの話をもう一度よく振り返ると，インフレが企業活動に与えるプラス効果というものは，実は企業家の「期待」，つまり「インフレ率が今より上がる」という予想に基づいて，周囲に先んじて行動することが本質になっており，しかもその予想が，周囲を出し抜いた形になっているときにその効果が発生する。

　大体，企業がインフレで得をするというのは，早い話，物が値上がりすることをまだ周囲が十分予想していない時期に商品や原料を先んじて仕入れ，実際に値上がりした時にそれを店頭に並べて高値で売るという，一種のタイムラグを応用することで，自分だけが得をする仕掛けになっている。

　逆に言えば，もし周囲の全員がその企業と同じぐらい正確

にそれを予想している場合，誰もが何らかの形で自分も損をしないような措置を講じるはずで，その企業一人だけが得をすることはできないことになる。

　しかし実際の社会を眺めると，その中には動きの速い部分と鈍重にしか動けない部分があり，末端の小売り商店などは情報にも疎くて，すぐにはリアルタイムでの対応はできず，たとえ物価が上がりそうだという予想が流れても，値札の貼り換えにも時間がかかる。

　つまり物価の動きはちょうど粘着性の流体のように，そういう鈍重な部門がべったり底に貼り付くようにして全体にブレーキをかけ，上の円滑な流れの部分との間でタイムラグを生じて，上の世界で動いている企業がそれを利用することができる仕掛けになっているのである。

「社会の慣れ」と「真の変化率」

　しかしそれでもインフレがあまりにも常態化し，物価の上昇があまりに同じ率で続いて誰もがそれを予想できるとなると，さすがにそういう鈍重な現場でも，それをあらかじめ織り込んだ形で行動する癖がついてしまう。そして社会の全ての部分が，それを「織り込み済み」として行動する習性がついてしまうと，インフレが企業活動に与えるプラス効果がだんだん相殺されてゼロになってしまうのである。

　そして70年代に起こってしまったことは，まさにそれだった。つまり当時はインフレがあまりに常態化してしまい，確かにインフレは起こっているのだが，それが例えば必ず3％の一定の割合で恒常的に上昇するということがあまりに続いたため，社会全体が当たり前のようにそれに対応し，誰も

がその上昇を織り込み済みとして行動する癖がついてしまった。そのためインフレが企業活動に与えるプラス効果は事実上消滅して，インフレと不況が同時進行してしまったわけである。

しかしこれが例えばインフレ率が予期せぬ変化を起こし，それまで恒常的に3％だったインフレ率が突然4％に変わったとなると，さすがに末端はそれを予想できない。この場合には，それを先んじて予想していた企業だけが得をして，その予想外の1％分だけが実質的に企業活動にプラスに作用することになる。

つまりこの1％分が真の意味での「変化率」で，実はこちらこそが本当の鍵だったのである。しかし先ほどのフィリップス曲線ではこの「社会の慣れ」は考慮されていなかったのであり，例えばグラフの横軸でインフレ率3％のところでは，それが指し示す曲線の値に応じて，どんな場合でも常にその3％に直接対応する形で経済が好景気になる，と解釈されていた。

つまりその1％分の「真の変化率」がない場合，だらだらと同じインフレ率で物価が惰性のように上がり続ける一方，インフレの景気浮揚効果は現れず，インフレと不況が同時進行する，というのがこの「スタグフレーション」だったのである。そしてその状況を説明して台頭したのが，シカゴ学派のフリードマンなどを筆頭とする「合理的期待形成仮説」などだったわけである。

そして続いて登場した「ルーカス批判」ではこの話が一般化され，この「期待と変化率」の話はインフレ現象だけでなく，経済社会のあらゆる部分で大なり小なり見られること

だ，という形に拡張されたのである。つまり自由競争の経済社会では，誰もが人より一歩先読みをして動こうとするため，期待や思惑の数字が人々を動かし，結局はその期待と現在の間のギャップの形で生じる「変化率」が重要なファクターとして，理論の根底部分を何らかの形で動かすことになるというわけである。

なお経済学の教科書では，一般にこのルーカス批判の話は「ミクロ的基礎づけ」と関連したもう少し深い話として解釈されているが，後に述べるように理系と文系の間に立って数学的部分を最も手早く理解するには，とりあえず上のような解釈で進めた方が遥かにわかりやすい。そのため普通の説明方法とは少し違うが，経済学部の読者にはしばらくこの解釈で話を進めることをお許し願いたい。

文系と理系の間に発生した意外な問題

ではここで再び理系側の話に戻って，両者の話を統合してみよう。まず先ほどの「最速降下線」をスコープに映し出す話を振り返ると，その2個のつまみに相当する2個の変数を「xと$\dot{x}$（ドット）」という形にしてそのペアで問題を記述すると，スマートに答えにたどり着けるということだった（それについての詳細は上級編で述べるが，とにかく問題がこういうペアで記述されている場合，そのことだけから条件式が1個出てきてくれて，それは「オイラー方程式」と呼ばれているが，とにかくそこから一直線に答えの曲線にたどり着けるのである）。

逆に言うと，この便利なツールを使おうとした時には，問題がちゃんとそういう2個の変数のペアで表現されているか

どうかが、隠れた重要な条件となっており、経済学の場合でもそれは同じである。

それでは問題の核心部分に迫り、このメソッドを経済学に適用しようとしたとき発生した、予想外の問題について述べてみよう。実はこの「2個の変数は一方がもう一方の『変化率』になっていなければならない」という条件は、本来なら多くの問題が、その条件をちゃんと満たすかどうかに悩まされてもよさそうなものだった。ところが物理学の世界では少なくとも解析力学の時代には、それ自体に悩むということがほとんど起こらなかったのである。

それというのも物理学の解析力学の世界では、以前に述べたように工学的というよりむしろ理学的な問い、つまり「神は一体何を最小化するよう、天体や物体の動きを定めているのか？」ということが問題意識の中心にあった。そして天体や物体の運動において「最小化されるべき量」として見つかったラグランジュアンは、まさしく宇宙を記述するツールとして神から与えられたもので、以後の解析力学はこれを唯一のラグランジュアンとしてその研究を行っていく。

そして、いわば神から与えられたこの「物理のラグランジュアン」は、運動エネルギーとポテンシャル・エネルギーから合成された量で、それは最初から先ほどの条件を満たす2個の変数で書かれていた。そのため物理学者たちはラグランジュアンとしてそれ以外のものは考える必要がなく、この条件が満たされるかどうかについて悩む必要自体が最初からなかったのである。

しかしこの状況は、次の「3代目」である最適制御理論の時代に、微妙な変化を来してくる。つまりこの時点で問題全

体の興味が，理学的なものから工学的なものへ移行し，問題の中心となる「最小化（最大化）すべき量」を，人間側が自分の要求や機械設計のスペックに合わせて勝手に設定できるようになったのである。そのため本来ならこの時点で，そのようにして人間が設定した量がちゃんとこの条件を満たすかどうかは重大問題となるはずだった。

しかし実際にはこの時点でもまだそれは大きな問題として表面化する事態にはならなかったのである。それというのも，工学の最適制御で扱う問題にしても，現実にはそれらはこの条件を満たしていることの方が多かったからである。

つまりそれらの工学的な問題の多く（ロケットの制御の問題など）は，やはり理系の力学の延長で制御対象を捉えているため，ロケットの位置，速度，加速度などという量を基本にして制御対象が記述されている。そしてこの場合，初級編の微積分の話（および第4章の微分方程式の話）などからもわかるように「位置の変化率」＝速度，「速度の変化率」＝加速度であるため，問題のほとんどはその条件を自然に満たす格好になっていたのである。

ところが次の4代目で経済学にこれが適用されるようになると，事態は一変する。例えばここで企業の経営者や政策担当者に「あなたが企業経営戦略や政策に関して最小化（最大化）したい量が何であるかを考えて，その量に一番影響を与える要因を2つ挙げてください」と頼んだとしよう。

物理学者の側としては，その2つの要因を文系側が伝えてくれれば，後はもうそれらを変数とする形で，企業などが経営戦略で最小化したいと思っている量を式として表現してしまえばよく，それだけで経済学版のラグランジュアンは作れ

るだろうと思っている。ところがその「経営に最も影響する2つの要因」として伝えられたものが何であるかを聞くと、しばしば頭を抱えてしまうことになる。

それというのも、「それはお天気のデータとアルミの市場価格だよ」などといきなり言われてしまったりして、それまでの解析力学の常識に慣れていた物理学者側は唖然としてしまうのである。この2つは全く脈絡がない変数で、一方がもう一方の変化率になっているなどという話は、完全にどこかへ飛んで行ってしまっている。

しかし企業経営者側としては逆にそんなことを言われても困るのであり、わが社の主力製品は農産物を出荷する際に用いる使い捨てアルミ容器なのだから、その売上利益の最大の不安要因は、農産物の天候不順による不作とアルミ市況の上昇で、最小にすべきリスクやロスはその2つの量で記述されるのだ、というわけで、確かにそう言われてしまうと、これはこれで筋の通った主張だと言わざるを得ない。

とにかく経済の場合には一事が万事そんな具合で、むしろこの条件を満たしている問題の方が稀であると言ってよく、経済学にこれを適用する場合には、理系の場合に比べるとそこが非常に大きなハードルとなりがちな傾向があったのである。実はこれはまさしく理系と文系のちょうどギャップとなる点に落ち込んでいる問題で、経済学だけの専門家と物理学だけの専門家ではなかなかずばり指摘されにくい性格のものだったと言える。とにかく以上でこの一連の疑問に関する上と下の顎が両方揃ったことになる。

ここがマクロ経済学に一種の革命をもたらした

　そしてこれを組み合わせることで,先ほどの疑問にも一挙に解答が与えられるのである。まず「なぜラムゼイ・モデルが数十年も前のケインズと同時代に生まれているのに当時なぜあまり評価を得られなかったのか」という疑問だが,その答えは何かというと,実はラムゼイ・モデルを物理や数学の観点から眺めた場合,このモデルは問題の性質がもともと良好で,物理側が要求する「問題が x と x ドット(変化率)で書かれる」という性質についてもちゃんと満たしていたのである。

　そのため当時この問題だけは例外的に,上のメソッドをそのまま応用して容易に消費行動のパスを求めることが可能だったのだが,逆に言えば他の一般的な問題はそんな好条件に恵まれておらず,これを直接応用することがすぐにはできなかった。そのためラムゼイ・モデルだけが孤島のように存在する形になって,経済学全体ではこの動的なメソッドを汎用ツールとして使うことができなかったのである。

　ところが「ルーカス批判」がこの状況を一変させる。つまり先ほどのインフレの話では,ケインズ経済学がスタグフレーションを説明できなかったのは,その本質が「変化率」にあることに気づいていなかったからだ,ということだった。そしてルーカス批判は,その話をさらに拡張する形でより一般に,経済社会そのものが「期待」で動かされる部分を強くもっている,つまりインフレ以外の経済政策の問題も,そのほとんどが期待や「変化率」で動かされる部分をどこかにもっているはずだ,というビジョンを出してきたのである。

　つまり経済社会では誰もが人より先読みをして動こうとす

るため，期待や思惑の部分が大きくなり，その期待と現在の間に生じる「変化率」が重要なファクターとなるというわけで，この話はインフレ以外の問題にも一般化できることになる。

　そうなれば，今までそういう変数のペアをもたず，この技法の適用ができなかった問題でも，ルーカス批判のフィルターを通して解釈すると，問題の中に常に2個の変数のペア（つまりある変数と「その変化率」で表現される変数の2つ）が，重要変数として隠されているという話になり，このラグランジュアンのツール一式が適用できる形になってしまうのである。

　つまりルーカス批判そのものがまるで魔法の杖のように，今まで性質が悪くてこの技法が使えなかった問題を，これがちゃんと使える形のものに変えてしまう能力を隠し持っていたわけである。そのためもし「経済のあらゆる問題はルーカス批判を考慮した形で定式化する必要がある」ということが一つの思想的ルールとして確立されたならば，ほとんどの問題がこのラグランジュアンを使った「動的均衡理論」を使えるようになってしまうのである。

　要するにこれが先ほどの「ルーカス批判の話がこの動的マクロ経済学と一体どう関係しているのか」の疑問の答えであり，とにかく理系の物理学側からの視点からすると，ルーカス批判の存在はこの意味においてこそ，まさに決定的だったといってよい。

ルーカス批判と「ミクロ的基礎づけ」

　ただし経済学の教科書では，ルーカス批判の話はもう少し

大きく解釈されており，それについても述べておこう。それは，一般に経済学理論による処方箋が政策として世の中に公表されると，人々の期待や思惑によって社会が動いてしまい，その処方箋が前提としていたデータが変わってしまうことがある，ということである。

言葉を換えると，経験論的に作られた理論が政府の経済政策で繰り返し使われて，それが人々の間で常識化し，そのためそれに基づいてどういう政策がとられるのかを皆が簡単に予想できるようになると，誰もがそれを「織り込み済み」として行動するようになるため，政策の効果が消失してしまう恐れがある，とも解釈しうる。

これは先ほどのインフレの話と似ており，その時には，経験的な形で作られたフィリップス曲線が昔は有効な景気浮揚策として使えたのだが，それが政策として多用されるようになると，人々がそれを織り込み済みとして行動するようになって，次第にフィリップス曲線自体が有効性を失っていったのである。

つまりその轍を踏まないためには，一般に経済政策理論は，その政策が周囲の期待や思惑を機動的に上回れるよう，変数の入れ替えだけで理論を迅速に修正できるようにしておいて，次々に新手の政策を繰り出すことで，人々の「政策への慣れ」に一歩先んじられる体勢を整えておく必要がある。

そのためには理論の中身をきちんとミクロ的な関数で表現して，変数の入れ換えだけで対応できるようにしておくという「ミクロ的基礎づけ」がどうしても必要だが，フィリップス曲線などは経験的に「大体そうなっている」という形で大まかに作られたものであるため，そういうことができない。

つまり従来の経験的なフィリップス曲線やケインズ理論のように「ミクロ的基礎づけのない理論」はもはや使い物にならない，というものである。

これはそれなりに説得力のある話だが，ただ理系の目から感想を言うと，さすがにそこまで拡大解釈することには多少強引な印象があり，そのためむしろ先ほどまでの話の方がメインだと考えた方が，全体の論理としては無理がないように感じられる。

それはともかく，この思想に適合する形で作られた最初の理論が先ほどの「リアル景気循環モデル（RBCモデル）」だったのである。このモデルは，先ほど問題になったタイムラグによる変化率を，もっと一般化した形で組み込んでパスを求める格好になっていたため，類似のどんな問題にも応用することができた。

つまり他の問題でも，とにかくルーカス批判の思想に沿う形で，期待や変化率を重要なファクターとして設定してしまえば，このモデルで確立された数学的メソッドを適用することで，どんな問題でも解やパスが描き出せるようになったのである。

そのため動的理論は，ラムゼイ・モデルの段階ではこれ一つだけにしか使えない孤立した理論だったのだが，これによって理論の量産化への道が拓かれたのであり，この理論が2004年のノーベル経済学賞をとったのはその意義に対してであるとみるのが，理系の目からは妥当のように思われる。

もっともこれに関する論文を生産している経済学者本人にとっては「量産化」という言葉はあまり気持ちの良いものではないかもしれないが，しかしおよそ学会というものの現実

を知っている人なら，理論や論文の量産化への道を拓くということが，どれほど巨大な意味をもっているかは，ご理解いただけることと思う。

むしろやや穿った見方をするならば，確かにルーカス批判それ自体は当初からそれなりの哲学的意味をもっていたのだが，経済学全体への影響ということからすると，むしろこの「動学的な理論の量産化」への道を拓いたことの方が大きく，そのことが結果的にルーカス批判自体の意義を巨大化させた，という見解も，純粋に理系の側から見ると十分に成り立つのである。

「科学になった」経済学とカリブレーション

そして理論の量産化への道が拓かれたことは，必ずしも粗製濫造というマイナス面だけでなく，むしろそのメリットを使った「カリブレーション」という新しい技法も経済学の世界にもたらすことになった。

これは，理系の世界では割合に古くから行われていたことで，最初の時点で何を本命の変数として選べばよいかがわからなかった場合，まず適当に変数を選んで理論を作り，その理論の結果として導かれる理論値がどうなるかをひとまず求めてしまい，それを実験データと照合する。

そしてもし両者が乖離していた場合，変数の選び方のどこを修正すればよいかを逆に推理して，その新しい変数で理論を作り直して，再度実験データとの照合を行う。この作業を繰り返して，徐々に結果の乖離を減らしていき，本命の重要変数が何であるかを突き止める，という手法である。

この作業は，理論を何度も作り直すことを短時間で行う必

要があるため,逆に言えば理論を量産する方法が確立されていないと,うまく行うことができない。しかし動的マクロ理論は,その理論の量産化が可能になったことで,このカリブレーションという新しい手法を使う能力を身につけたのである。つまり理論と現実のデータを近づけていくことに関して,今までとは違う次元で科学的な技法が使えるようになり,やや大げさに言えばこれによって「理論の科学的検証」が可能になったわけである(ただし物理の世界ではこの方法論自体を邪道と見る人も少なくないが)。

そしてRBCモデルがノーベル経済学賞をとったあたりが,ちょうどルーカス批判とラムゼイ・モデルからの手法がうまく融合して,こうした一連の技法が可能になった時期に相当し,そのため「これによってマクロ経済学は科学になった」と誇らしく宣言されたというわけである。もっともこの技法が本当にどの程度役に立つかは,現場ではいろいろ意見もあるようだが,確かにアカデミックな話として見る限り,そういう側面が存在することは否めないのである。

実のところラムゼイ・モデルの話やルーカス批判の思想的意義に関しては,経済学の中だけでの解釈というものがあるはずで,上の解釈はもっぱら物理のフィルターを通した理系寄りの解釈に過ぎない。確かに物理の側からそこまで踏み込むことは批判もあるかもしれず,筆者にとってもリスクがあるが,これは動的理論の思想面を手早く理解する手段としては極めて有効と思われる。

そしてこれは恐らく経済学部ではあまり聞けない貴重な情報であり,むしろそれを伝えることは筆者の義務であると思う。何よりも本書の役割は,経済学の独自解釈を打ち立てる

ことではなく，一人でも多くの経済学徒を数学的遭難から救出することである。

そのため読者はまず一旦，上の解釈を通して数学的部分を先に理解してしまい，そこを糸口に全体像が見えてきたならば，その時点でこの解釈を一度捨て，普通の経済学の教科書での文系側の標準的な解釈とを等分に視野に入れて，独自に解釈を打ち立てるのが良いだろう。恐らく真実は文系と理系の中間にあるものと思われ，それが最良のバランスをもった認識に読者を導くものと確信する。

理系の目から見た印象

ではここで少し理系の側から見た印象に関して，経済学部でも知っていると役立つと思われることについていくつか述べておこう。まずこの動的均衡理論の場合，根本が物理の側のメソッドである解析力学に大きく依存しているため，過去に物理の世界で解析力学がどう役に立ち，その限界がどこにあったのかを知ることは，この動的均衡理論の可能性を見極める上でも非常に有効である。

そこで物理の歴史を振り返ると，初級編でも少し述べたように，解析力学が確立されたからといっても，それで劇的に天体力学などの問題が解けるようになったわけではない。確かにこの理論は黎明期においては「最速降下線」などの難問を見事に解くなどの成果を上げたが，これがツールとして完成した後はむしろそうした劇的な成果にあまり恵まれず，どちらかといえばすでに解かれている問題を美しい体系に整備し直すことに役立ったに過ぎなかった。

確かにそのように，体系全体をたった一つの原理から演繹

的に導き出すことは,神の美しさを求める多くの科学者たちの心を捉えたが,その難しさゆえに現場では敬遠されてそこでは在来型のツールが主力となっており,解析力学はマニアの間で細々と生きているというのが実情だったのである。

ところが物理学の世界では20世紀になって思わぬ状況が訪れたことで,再びこの解析力学は表舞台に引っ張り出される。それは量子力学の出現である。原子核や素粒子を扱うこの理論では,粒子などが雲のように広がってぼんやりとした形で動いていくため,それまでの力学のように粒子の動きをミクロ的な天体のような「点」として扱うことができなかった。しかし解析力学は極度に抽象化されているため,記号をちょっと入れ替えるだけで,その雲のように広がった粒子の動きを記述できることがわかり,それまで一部のマニアの間でしか使われていなかった解析力学は,一躍寵児として現場で脚光を浴びるようになったのである。

その意味で,先ほどの系図では最適制御理論が3代目の位置にあったが,物理の世界ではむしろ量子力学こそが3代目なのである。つまり理系側から見ると,フェルマーの原理から始まる系図は3代目の時に本家と分家に分かれたのであり,本家筋の3代目が量子力学,分家筋の3代目が最適制御理論で,動的マクロ経済学は分家筋の4代目に当たる,というのが正しい系図だと言うべきだろう。

なお余談だが,量子力学との関連ということから言うと,理系側の人間には先ほどのルーカス批判での「理論の結論が政策として公表されてしまうと,それが理論の前提となるデータを変えてしまう」という話が,量子力学の「不確定性原理」での「観測が実験対象を変えてしまう」という話に何か

似ているという印象がある（これは、例えばコップのお湯の温度を温度計で測ろうとすると、冷たい温度計を突っ込んだことでお湯の温度が僅かに変わってしまい、結局正確な観測はできない、という話である）。そのため理系側がこの話を聞くと、何かルーカスがこの話に影響されて、少し強引に解釈の中に盛り込んだのではないか、とつい考えてしまうのである。

それはともかく、当時の解析力学がどこで壁にぶつかったかというと、それは初級編でもちょっとだけ述べたように、たとえ解析力学が整備されても「三体問題」にほとんど歯が立たなかったことである。つまり天体力学の場合、天体が2個までなら完全に解けるが、3個以上になると全く解くことができなくなってしまうのであり、解析力学といえどもこの壁は超えられず、多数の天体や粒子が互いに関連する問題では、さしたる威力を発揮できなかった。

そして経済学の場合も同様で、本来なら経済社会のメカニズムは多数の変数で成り立っており、理想を言えばこれらの変数を全部一括して扱って、そのメカニズム全体を解き明かしたいところである。しかしこれは動的均衡理論を使っても基本的には手に負えない。さらに言うと、動的均衡理論や変分法は、一見すると変数2個で問題を解いているように見えるが、これは正確に言えばむしろ基本となる1個の変数xに対して、その「変化率」を$\dot{x}$（ドット）という変数として新たに導入し、いわば変数を1個増設することによって、合計2個の変数でとにかく「曲線」を1本描き出している、というのが実際のところである。

そのため元となる問題の性格が、ある特定の1個の要素と

その「変化率」の関連が問題の最重要ファクターとなっていて，それがインフレ率などとの関連で問題の解となる曲線を決定している，という場合にのみ，これは有効な技法なのであり，その限界を超えて問題の重要ファクターの個数が増えて，それら多数の要素の関連で問題が決まる形になると，もう手に負えなくなる。つまり上の「ミクロ的基礎づけ」も，厳しく言えばそういう適度の範囲でのみ有効だということであり，その点は注意が必要である。

現代日本にとっての動的マクロ経済学を学ぶ意味

以上までを理解すれば，読者は動的マクロ理論の大まかな直観的理解に関して，すでに相当なレベルに達していると自信をもってよいだろう。そこで章の最後に，これを学ぶことの現在の日本にとっての意義について，あらためて整理してみたい。

まずこの動的理論を使うと，応用という面では，景気循環や将来のインフレ期待などでダイナミックに変動する経済環境のもとで，そのサイクルに合わせる形で経済政策を立案したり投資効率を最大化するなど，それまでの静的な理論ではできなかった問題を扱うことができるようになる。特にいわゆる「インフレ・ターゲット論」など，インフレ期待が重要なファクターとなっている問題に関しては，これは今のところ最も有効なツールで，そのため各国の中央銀行などでは不可欠なものとなっているわけである。

一方これは思想的には，米国の「ミクロ的原理でマクロ理論を制覇する」という教義と密接に結びついていて，そのため現在の経済学の世界では，この動的均衡論を使っていない

従来の手法による論文は，インフレ・ターゲットの話にも対応できないものとして，最初から受け付けてもらえない状況となっているようである。しかし上で述べたことを眺める限り，これは必ずしもどんな問題にも使えるオールマイティなツールとは言い難く，中央銀行以外の例えば一般の製造業の現場などでどれほど役に立つかと言われれば，疑問符をつけざるを得ず，米国でも批判する人は少なくないようである。

　ただこれについては初級編などでも述べたが，現在の国際社会では経済戦争の主力は「モノを作って売る」能力の強化よりも，むしろ「経済ルールを自側に都合のよいように制定して，資本や情報の流れを自側に有利なコースに誘導する」ことこそがメインとなっており，そのため経済学も後者の主導権を握るための武器としての意義が強くなってきている。

　ところが序文でも述べたように，日本はこの件に関して特殊な問題を抱えており，それは日本では現在，政策担当の中心になっている層が，大学時代にこれを学び損ねた世代にかかってしまっているということである。つまりこの理論が入ってきた当初，日本の経済学界では強い拒絶反応が示されたため，日本の大学ではこれを学び始めるのが大幅に遅れ，その後各国の中銀などで不可欠なツールとなっているのを見て，あわてて本格的な学習をスタートさせた，というのがどうやら実情である。そのため米国ではすでにこれを学んだ層が政策担当の中枢を占めているが，日本だけが世代的なブランクを生じることになり，そのギャップを埋めることは重要な課題となってしまっている。

　しかしそれらの枢要な立場にある人は，今さら時間をかけて難しい数学を学ぶだけの余裕がなかなかないのが実情であ

る。一方，現在大学の講義でこれを学んでいる学生の方も，理系側の部分の内容がわからないため，丸暗記で乗り切るしかない状態に陥っている場合がほとんどで，こちらはこちらで大きな脆弱性を抱え込んでいる。

　ここで経済学通の方ならば，ケインズの弟子のジョーン・ロビンソンの名言「経済学を学ぶ目的は，それを使って経済政策のあれこれの問題を解くことではなく，経済学者に騙されないようにするためだ」をご存じだろう。これは現在のわれわれにとっても恐らく真実と思われるが，しかしその観点からすると，他国の経済学を丸暗記の形だけで使えるようになっている状態は，むしろ一番危ないということになるのではあるまいか。実際こういう場合には，相手の解釈や思想を無防備にまるごと受容しやすいのであり，なまじ何も知らない状態よりも危険だということになりかねないのである。

　そして「経済学者に騙されないようにする」ためには，とにかくしっかりした教養として「これが一体何であり，どういう思想に基づいたものなのか」を知っておくことが何よりも重要である。しかしこの動的均衡理論は，従来の経済学に比べて数学や物理に依存する面が大きいため，どうしても理系と文系を等分に視野に入れて，今までとは違う特殊なやり方で解説する以外に手段がない。そのせいか，ケインズ時代には何十冊もあった新書版の解説書などが，これに関してはあまり見当たらないのだが，実は今までのような経済だけの話では，教養としての解説を行うこと自体ができなかったのである。

　しかし読者はこの中級編までの内容を読めば，とりあえずそれが可能になるはずである。また一般の読者にとっても，

「異時点間の均衡」などの概念は一般的な教養としてもそれなりに意義のあるもので,とにかく現代の経済学の世界では,そうしたものが何であるかを知っておくことで,相手を「呑んでかかる」ための自信をもつことが何より重要なのである。

　それを考えると,現在の日本で多くの人々がこれを,かつてのケインズ経済学のように教養として広く知って苦手意識を払拭したならば,むしろその勢いを駆って精神的な面から攻めに転じる力とすることも期待できるのであり,筆者にはそれこそが,これを学ぶことの最大の意義であるように思われるのである。

第 3 章

上級編

1
動的マクロ理論の各モデル

さて先ほどの中級編では,現在のマクロ経済学の「動的均衡理論」というものの思想的な源流が光に関する神秘的な「フェルマーの原理」にあり,そこから何代かを経てこの経済学理論が成立したことについて述べた。

そこで上級編では,この動的均衡理論がどういう系譜で発展してきたかということについて述べる。

具体的にそれは大まかに言えば1928年の「ラムゼイ・モデル」から始まっており,(1) ラムゼイ・モデル→ (2) RBCモデル→ (3) ニューIS-LMモデル→ (4) インフレ・ターゲット理論という4世代を経て,現在のDSGEモデルという体系が確立しており,これらについて順次述べていく。

一方数学的な面では,

Ⅰ「オイラー方程式」
Ⅱ「制約条件」
Ⅲ「ラグランジュ乗数」

の3つがこれを理解する上での重要ポイントで,そこが経済学部で大きな難所になっていると思われる。そのため,上級編ではこの3つを理解できるようにする。

これらの数学的側面の話は,一般教養としてはハードルが高くて一段上の話題だが,それでもこれらの概略を知ってしまえば,現代マクロ経済学の最難解部分は大体制覇できるこ

とになる。そしてこれに中級編の思想面の話を加えることで、読者は理系と文系にまたがる形で現代マクロ経済学の動的理論に関して、今まではほとんど不可能だった立体的な理解を、以下の僅か数十ページで得るという、やや夢のようなことが可能になるはずである。

(1) 経済成長理論としてのラムゼイ・モデル

ではまず第1世代モデルのラムゼイ・モデルについて見ていこう。中級編ではこれが動的な手法の嚆矢となったことの意義について述べたが、実はもともとこれは経済成長や貯蓄がどう増えるかを調べることを目的にした理論だった。

ラムゼイ自身も原論文の冒頭で「この論文は、国民の貯蓄はどこまで増やせるかを（数学的に）見ることにある」という意味のことを述べており、彼にとっては動的な解析などより、むしろ一種の経済成長モデルとしての関心が中心だったようである。

どういうことだかわかりにくかったと思うので、ここで中級編の話を振り返ってみよう。その時の議論では、フリー交通券を滞在期間中のどの時点で購入するかという形で「消費行動のパス」が定まり、その形を求めることが関心の中心だったが、実はその時には一つ、気づかなかったことがあったのである。それは、そうしたものの購入時期が後ろにずれて消費行動のパスが後方にシフトするほど、消費額自体が少し大きくなるということである。

それは簡単な理屈なのでちょっと考えればすぐわかる。つまりこの場合だと、交通券などはなるたけ早い時期（理想を言えば初日）に購入した方が得だが、高価な土産物などは最

終日に購入すればよい。そこで極端な話,持ってきた滞在費を全部前者のような形で初日に使う場合と,全部後者のような形で最終日に使う場合を考えて,両者の間で消費額を比較してみるとどうなるだろうか。

まず前者の場合は,持ってきた滞在費を全部初日に使うので,その額イコール全消費額である。ところが後者の場合,そのお金を最終日までずっと旅行者用貯金の口座に預けているので,その分の利子がつく。そのため最終日にそれを全部引き出して使う際には,その金額は「持ってきた滞在費＋利子」となって,この場合の全消費額は前者の時よりも大きくなるのである。

この話を一般化すると,消費行動のパスが後方にシフトした場合には,前方にシフトした時よりも消費額や貯蓄額が大きくなることがわかる。つまり先ほどのラムゼイの「国民の貯蓄がどこまで増やせるかを数学的に見る」という言葉は,その点に注目してのものだったわけである。

そしてそれは経済成長の話につながるため,ラムゼイ・モデル自体が一種の成長理論としての側面をもっていたのである（一方数学的な面では,先ほど挙げた3つの重要ポイントのうち,Ⅰの「オイラー方程式」が,このラムゼイ・モデルの段階で持ち込まれている）。

こうしてみると,ラムゼイ・モデルから始まるマクロ経済学の動的理論は,当初の関心は経済成長モデルを作ることだったのだが,その過程で中級編でも述べた「今日の我慢と明日の利益の均衡点」という形で,「異時点間の均衡」という新しい概念が持ち込まれた。そしてそれによって演繹的に曲線を描き出すことが可能になり,それが「ミクロ的原理でマ

クロ経済理論を制圧する」という結果をもたらして、特に米国の経済学にとってはむしろこの隠れたもう一つの目的の方がメインとなっていったわけである。

(2) RBC（リアル景気循環）モデル

では次の第2世代モデルであるRBCモデルだが、これはラムゼイ・モデルの発展形で、経済成長モデルとしてはそれにほんの僅かに手を加えたものである。

どこが違うかというと、ラムゼイ・モデルの場合、消費を我慢することの効用だけに注目したが、それに対してRBCモデルの場合、基本は同じなのだが、ただ人間は消費の量を増やしたいという欲求だけでなく、「仕事をさぼって遊びたい」という欲求も同じぐらい強く抱えており、最大化したいものはこの「消費」と「余暇」の両方なのだ、という形で変更が加えられている。

そしてこの場合、もし人々が将来の賃金や利子率の期待などを秤にかけて、余暇を後回しにして働く方が得だと判断して行動した場合、その選択は「労働供給力の増減」という形で景気循環に影響を与えることになる。つまりこれは単に経済成長モデルだけでなく、景気循環モデルとしても使えるため、その面で一歩前進だったわけである。

しかしこのRBCモデルの真の価値は、そのような経済成長モデルの改良というより、そのための数学的手法をステップアップしたことの意義の方が遥かに大きかったようである。実はラムゼイ・モデルの場合、問題自体がもともと良い性質をもっていたために簡単に解けたのだが、このRBCモデルでは先ほどのような変更を加えたためそれができなくな

ってしまった。そのためそういう場合でも使える手法を工夫する必要があり，数学の観点から見た場合，先ほどのⅡとⅢがこの時に持ち込まれたのである。

この一連のメソッドは後続のどんなモデルでも使うことができて，結果的に現在のマクロ経済学の重要メソッドの雛形となり，ノーベル経済学賞がこのRBCモデルに与えられた理由もそこにあったと言った方が正しいようである。

(3) ニューIS-LMモデル

そしてそのさらに発展形として次世代モデルとなったのが「ニューIS-LMモデル」である。これは，それまで帰納法的にしか与えられていなかったケインズ経済学のIS-LM曲線を，ミクロ的原理から演繹的に導き出すというもので，もし現代米国のマクロ経済学の目標の一つが「ミクロ理論でマクロ理論を制圧する」ことにあったのだとすれば，これによって米国の経済学はまさにその一応のゴールにたどり着いたことになるだろう。

しかしその中味を見てみると，これもやはりラムゼイ・モデルからの漸次的な発展形に過ぎない。つまり先ほどのRBCモデルはラムゼイ・モデルに「労働と余暇の選択」という要因を付け加えただけのものだったが，このニューIS-LMモデルは，そこにさらに「インフレ率」という要因を入れて，先ほどの2つのモデルでの利子率の部分が，その目減りの影響を受ける，という形に修正したものである。

そして「インフレ率」という要素が入り込んできたため，中級編でも述べた「期待と変化率」という問題が本格的に入り込んできて，「ルーカス批判」との関わりもまた密接なも

のとなっていくのである。そのためこの第3世代モデルあたりで，後の本格的な動的マクロ理論の雛形が完成したことになる。

もっとも，後に簡単に見るように数学的な手法という点では，その基本部分は先代のRBCモデルの段階で確立されたパターンをそのまま使っているだけで，特に新しいものはない。しかし米国の経済学にとっては，ケインズ経済学の中核であるIS-LM曲線にたどり着けたことの思想的意味は大きかったものと想像され，そしてこのあたりから関心の中心が，成長理論を作ることよりもむしろ「ミクロ理論でマクロ経済を制覇する」ことにシフトしていったように思われる。

(4) その後のDSGEモデル

そして一種の高揚感の中で，このメソッドがもっと広く経済成長モデル以外の問題に使えるという意識が広まり，その絶好の適用場所の一つとして存在していたのが，例えば中央銀行が扱う「インフレ・ターゲット」の問題，つまりインフレ率の将来期待をうまく設定することで，経済成長や均衡をどう達成するか，という問題である。

実のところ上の第3世代までは，必ずしも理論をそのような動的な形で作らねばならないという絶対的必然性はなかったとも言えるかもしれない。しかしこのインフレ・ターゲットなどではもともと「期待と変化率」が問題の中枢部にあり，その部分を動的に分析するためのメソッドとしては，確かにこれが内容的にもベストなものだったのである。

そのためこの中央銀行で使われているものあたりを第4世代モデルだとすると，このあたりでようやく動的理論は真の

意味で安定した地位を手にしたと言えるのではあるまいか。実際先ほどの第3世代モデルあたりまでは、どちらかといえば米国の「ミクロ理論でマクロ経済を制圧する」という動機が先に立っていて、必ずしもこの手法を使わずとも在来型のツールでそれなりに解析はできた。そのためそうした動機に関心の薄い日本などは、背を向けていても差し支えなかったのだが、この第4世代あたりで、世界中の中央銀行でこれがちゃんとツールとして使われるようになってくると、いわば世界の標準語としてそれが使えないと論文が書けないという状況になってしまったわけである。

そしてそれらの一般的な発展型が、広くDSGEモデルという名称で動的マクロ理論の代名詞となって、現在に至っており、以上がこれらの基本モデルの概略である。ではこれらの理論について、あらためて以下に順次述べていこう。

2

各モデルの具体的内容

（1）ラムゼイ・モデル

ラムゼイ・モデルの基本イメージ——夏と秋の旅行はどちらが楽しい

まずあらためてラムゼイ・モデルだが、実を言うと現在のマクロ経済学のメソッドでは、次の世代のRBCモデルの時

に確立されたものが主力となっていて，このラムゼイ・モデルのメソッド自体は，やや孤立した形になっている。そのため実用メソッドを学ぶという観点からは，現在これを学ぶ意味はあまり大きくない。

しかしそれでも，そういう思考方法を確立したという歴史的意義は大きく，そこで現在の読者に最も役立つ形にするため，ここでは次の2つに重点を置いた形で述べることにする。まず一つは，中級編ではラムゼイ自身の本来の意図であった「経済成長理論」としての側面についてはあまり述べなかったので，上級編ではその部分を補っておきたい。そしてもう一つは，マクロ経済学の重要な数学ツールである「オイラー方程式」について，ここで集中的に解説を行っておくことである。

ではその具体的な内容に入っていくが，まずここで最初に述べた「消費のパスが後ろに傾斜することが経済成長に影響する」という話を，次のような問題で考えよう。つまり例えば人間にはお金の使い方に関して，若くて何をやっても楽しい時期に使うか，あるいはそれを我慢してその資金を投資や貯蓄に回し，年をとって人生の秋が来たときにそれを引き出して趣味や遊びに使うか，という選択がある。そこでここではそれをさらに単純化して，ビーチ・リゾートへの旅行スケジュールを夏に組むかそれとも少し待って秋に行くかの選択，という問題で考えよう。

この場合，もし予算が同じなら当然，旅行はシーズン真っ只中の夏の時期に行った方が楽しいが，秋まで待ってその旅行資金を貯金しておけば，利子で増えた分も引き出して使うことで，ホテルの部屋やディナーのランクをもう一段上げら

れる。

　そして人間はこの両者の間で満足感が最大になるよう行動しているはずで、その均衡点に立って眺めると、本人の精神的な満足感そのものはどちらを選択しても同じなのだが、金銭的に見るならばその際の消費額は、後者をとった方が結果的にやや拡大しているわけである。

　つまり消費額がどれだけ大きくなるかは、夏と秋の間で消費がどれだけ後者にシフトするかで決まり、その傾斜がわかれば、それを中心に一種の経済成長理論を作ることができるというわけである。そしてラムゼイ・モデルの場合、中級編のフリー交通券の話より一歩進んで、その解を「曲線」の形で描き出せるという点が一歩前進で、現在のマクロ経済学の隠れた重要目的である「曲線をミクロ原理から演繹的に描き出してマクロ経済理論を制圧する」という観点からすると、その意義は大きかったわけである。

ラムゼイ・モデルの具体的な形

　そして上で述べた「消費が時間的に前後にどう傾斜するかが経済成長に影響する」ということを式の形で表したものは、ラムゼイ・モデルの一つの結論となっていて、経済学では「ケインズ・ラムゼイ・ルール」と呼ばれている。

　そこでそれを導く基本となっている式を先に具体的に示すと、その基本形は

$$\frac{\dot{c}}{c} = \frac{r - \rho}{\theta} \qquad (3\text{-}1)$$

というもので、ラムゼイ・モデルはこの式を解くことでその

結論が与えられている。そしてこの式自体を大まかに眺めるだけでも、モデル全体の性質が結構わかり、全体を理解するには効率が良いので、先にそこから見ていくことにしよう。

まずこの式の左辺を眺めると、実はこの量は消費の時間的な傾斜そのものである。この場合、単に$\dot{c}$（ドット）でも消費の傾きは示せるが、これをcで割って$\dfrac{\dot{c}}{c}$とした場合には、いわばそれを％表示にしたものになる。そのため左辺は、消費が何％の率で増加していくかを示すものとなって、経済成長を表現するものとして解釈できるわけである。

そしてそれが右辺とイコールで結ばれているのだが、その右辺の言わんとする意味も、直観的には簡単にわかる。まず先ほどの「旅行を賑やかな夏から寂しい秋に遅らせると精神的な満足感が低下する」という話をここでは単純に右下がりの直線と考えて、それが傾き$-\rho$で下がっていくとしよう。

一方、秋まで待つと利子のおかげで旅行予算が増えるという話の方も、やはり単純に傾きがrの右上がりの直線だと考える（なお式についているθは、単なる定数だと思って今は省いてしまおう）。

この場合、もし精神的な満足感が秋に向けて$-\rho$で大きく低下するなら、旅行は夏に行くことになって、お金はそこで使ってしまうため、消費$c(t)$は秋に向かって下降線を描くことになる。

一方これとは逆にrが大きくて、秋まで待てば利子のおかげで豪華な旅行プランを組めてそちらの方が魅力的だったとすれば、旅行は秋に行った方が得なので、消費$c(t)$のグラフは秋に向けて上昇線を描くことになる。

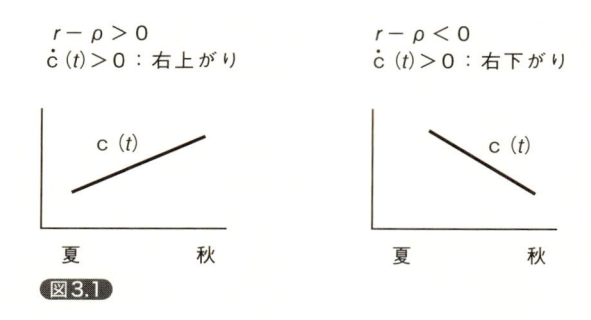

$r - \rho > 0$
$\dot{c}(t) > 0$：右上がり

$r - \rho < 0$
$\dot{c}(t) > 0$：右下がり

夏　　秋　　　　　　　夏　　秋

図3.1

　要するにρとrのどちらが大きいか（つまり「$r-\rho$」がプラスかマイナスか）で，前者か後者かが決まるわけで，それがマイナスなら前者となって消費cは下降線に，プラスなら後者でcは上昇線になる（これは中級編の話の拡張版で，中級編ではフリー交通券の効用逓減がρに，国内預金の金利がrに相当している）。

　そして消費cが単純な直線の場合，その直線の傾きが$\dot{c}$で，それが$r-\rho$のプラスマイナスを直接的に反映するというのだから，上の話は大まかには$\dot{c}=r-\rho$という式で書けることになり，この時点ですでに先ほどの式の基本部分とかなり似たものになっていることがわかる。

　つまり上の結果を一般化して解釈すると，$r>\rho$なら人間は消費を後方に傾斜させるため，その際に金利の力が大きく作用して消費額自体の増大がもたらされるため，経済成長を引き起こせるということになり，上級編ではラムゼイ・モデルをまずそういうイメージで捉えると良いだろう。

ラムゼイ・モデルの付随的な逓減要因

なお先ほどのラムゼイ・モデルの式には、$r-\rho$ の部分に θ というものがついていて、右辺が $\frac{r-\rho}{\theta}$ となっており、これが何であるかが気になった読者もあると思うので、簡単に説明しておこう。(ただしこの部分は本筋からはあまり重要でないので面倒なら飛ばしてもよい。)

これは「消費額の拡大による効用の逓減」を表すもので、これ自体はいろいろな経済モデルで一種、お約束事のように使われる定番的な想定である。

要するに早い話、一般に消費金額の水準が上がってぜいたくになっていくと、同じ消費1万円分の有難みが次第に薄くなっていくということであり、式の θ はその満足感の逓減率を示す数だと思えば良い。つまりこの θ が大きいほど、消費の金額を増やしても効用や満足度が増えにくくなるわけである。

そしてこの影響も加味した場合には、上の式の $r-\rho$ の部分が $\frac{r-\rho}{\theta}$ という形になって、θ が大きいほど右辺全体の影響力が弱まってしまうのであり、そのことは直観的にも理解できる。

つまり本来なら $r-\rho$ の値が大きいと、秋のお金をかけたサービスが有利になるため、人々はスケジュールの秋へのシフトに熱心になる。しかしこの逓減率 θ が大きくて、$\frac{r-\rho}{\theta}$ の値が小さく出ている状況下では、特に富裕層の旅行者ほど、秋の1万円を余計にかけた金銭的なサービスの力を大し

て魅力に感じなくなるため,「どちらでも大差ない」と思って秋へのシフト自体に不熱心になる。そのため結果的に,消費額の増大や経済成長も弱まってしまうわけである。

また逆にρが大きい場合(つまり$\rho>r$で$\dot{c}$がマイナスの場合)も見てみると,本来ならその場合には精神的に楽しい夏に旅行予算をシフトさせるため,ρが大きいほど消費cは秋に向けて大きく下降線を描くことになる。しかしθが大きくて金額を増やすことの効果が鈍い場合,夏の旅行は別に旅行予算を増やさず低予算でも楽しさに大して差はない。つまりその場合,夏の旅行には予算そのものはさほど投入されないので,結果として消費cは夏と秋でそう大きな違いは出なくなる。そのためこの場合もθが大きいと,$\dot{c}$の下降線の傾斜は,$\frac{r-\rho}{\theta}$という表現の通りに緩くなるわけである。

このように見ると,このθによる逓減メカニズムは一種の付け足し的な条件に見えるが,ただ後に見るように,これはラムゼイ・モデルでは式の答えを求める際に,意外に重要な役割を果たすことになるので,その話のためだけには一応覚えておくとよい。

ところで全般的なことについて注意を加えておくと,中級編の場合は一品目だけの消費を考えていたが,ラムゼイ・モデルではむしろ経済成長の観点から,それらを合計した全体としての社会の消費を考えて「消費や貯蓄がどこまで増えるか」を眺めるスタンスをとっている。そのため中級編とは問題の捉え方そのものが少し違っていて,ミクロなパスを描くこと自体は一番の関心ではなく,そこが中級編との一つの相違点である。

オイラー方程式とはどんなものか

それはともかく、この場合さらにもう一段話を進めて、先ほどの $\frac{\dot{c}}{c} = \frac{r-\rho}{\theta}$ という式を解いて「$c(t) = \cdots$」という形にすれば、消費 $c(t)$ がどういう曲線を描いて上昇するかを、具体的に関数の形で表現できることになる。そしてその視点から解釈した場合、この $\frac{\dot{c}}{c}$ に関する式は数学的には「オイラー方程式のパターンになっている」という言い方がなされることになるのである。つまり数学的な面ではこの段階で、先ほど3つ挙げたうちの「Ｉオイラー方程式」の話が出てきているわけであり、読者にとってはむしろその話がここでのメインである。

そしてここで読者は「オイラー方程式とは一言で言ってどういうもので、どんなものがそれに当たるのか」ということを、総合的な観点から知りたいと思われるので、まず理系側の歴史をひもといて、それがどういうものとして現れてきたかの本質を以下に述べてみよう。

これは物理においては解析力学、というよりその黎明期の「最速降下線」の時に現れてきたものである。これについては中級編でも述べたので、その話を振り返ると、この問題では最初にデータとして与えられているのは、ボールが滑り台を降りる時間 T を、いろいろなパスの場合で並べて示したチャートである。(次ページの図3.2)

そして解答として最終的に欲しいものは「滑り台の形状 $F(\ell)$」で、その形状グラフは横方向の距離を ℓ、滑り台の高さを $F(\ell)$ とする曲線で表現される。そのため前者の降下時

間Tのチャートから，後者の滑り台の形状曲線Fを一発で求める方法が求められ，そのための特殊なツールとして編み出されたのが「オイラーの微分方程式（略してオイラー方程式）」なのである。

滑り上の
高さ

滑り台の曲線
形状$F(\ell)$

降下時間

T

降下時間Tが
最小となる
極小点を求める

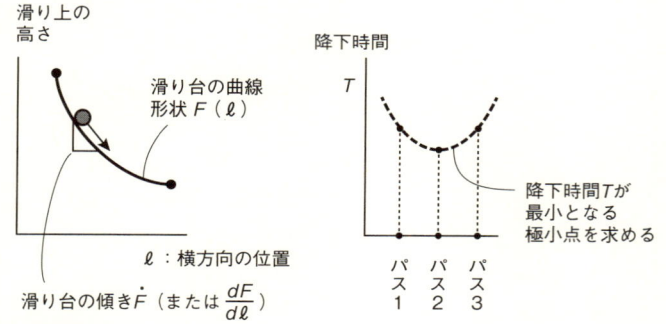

パス1　パス2　パス3

ℓ：横方向の位置

滑り台の傾き$\dot{F}$（または$\dfrac{dF}{d\ell}$）

図3.2

そしてこのオイラー方程式は，それまでの普通の微分方程式と比べると一つ顕著な特徴があり，それはこの方程式がFと$\dot{F}$（ドット）で書かれていたということである。その特性を活かすことで，このオイラー方程式は容易にこの問題の解にたどり着くことができた。そしてこれは解析力学でもそのまま使えたため，このオイラー方程式は，滑り台の形状$F(\ell)$のかわりに天体や粒子の位置$x(t)$で同じことを行えば，天体などの位置を求める，「最小化されるべき量」であるラグランジュアンLから一発で最終的な解答である天体や粒子の軌跡$x(t)$の曲線を導き出すための，決定版的なツールとなったのである。

　要するにそのポイントとなる要件を整理すると，

第**❸**章 上級編

要件1 オイラー方程式はラグランジュアンから導かれる微分方程式で，これを経由すれば一発で位置$x(t)$の時間的変化の曲線が求まる。
要件2 この方程式はxと$\dot{x}$の2つの変数で書かれている。

の2点で，これを両方満たすものを「オイラー方程式」と呼んでおり，経済学部ではそのように理解していてよい。

上の式はこの要件を満たすか

では上の話を念頭に，先ほどの$\dfrac{\dot{c}}{c} = \dfrac{r-\rho}{\theta}$の式を眺めてみよう。ただしその前に話の筋を見やすくするため式をいったん単純化して，右辺のr, ρ, θをいずれも定数としよう。その場合は右辺の$\dfrac{r-\rho}{\theta}$全体が時間的には一定となるので，今の場合に限って言えば，これ全体を一種の定数とみて，まとめてKなどと書いても差し支えない。その場合この式は

$$\frac{\dot{c}}{c} = K \quad (あるいは\dot{c} = Kc) \tag{3-2}$$

という形で$c(t)$を求める式に単純化され，これでも話の本質は十分に理解できるので，以下これを使って見ていくことにする。（この場合にはcや$\dot{c}$が先ほどのxや$\dot{x}$に相当する。）

まず先ほどのオイラー方程式の2つの要件のうち，後の「要件2」の特徴の方から見ていくと，この式はcと$\dot{c}$で書かれており，こちらを満たしていることは一目でわかる。

ではもう一方の「要件1」についてはどうだろう。まずそもそもこれが微分方程式であることは，理系の読者なら一目でわかるが，文系読者にはぴんと来ないかもしれないので，そういう読者は第4章の235ページの「天体力学の堂々巡り」という話を参照しながら読むとわかりやすいだろう。

 その話では，惑星の位置$x(t)$は，これを1回微分，2回微分するとそれぞれ惑星の速度，加速度が求まって$\dot{x}(t)$，$\ddot{x}(t)$となるから，これを逆にたどれば位置$x(t)$が求まる。ところが天体の場合，その「惑星の加速度（＝太陽からの引力）」が太陽からの距離，つまり最初の「位置$x(t)$」のデータがないとわからないため，一種の堂々巡りになるということだった。

 そして上の$\dot{c} = Kc$の式もそれと同様，やはり$\dot{c}$とcは「互いに相手がわからないと自分がわからない」という堂々巡りの関係にある。そして一般に微分方程式というものは，その堂々巡りを逆手にとって積極的に式として捉え，その関係式を満たすcをどこかから見つけてくることで，目的の解を得るという考え方である。そのためこの場合には「cを1回微分したものがKcに等しくなる」という性質をもっている関数$c(t)$をどこかから探してくればよい。これは第4章の話と全く同じで，そういうものはちょっと探せばすぐに見つかり，242ページと同様，$c(t) = e^{Kt}$という関数がちょうどそれに相当する。

 つまりこれこそが，求めたかった最終的な解答であり，Kの部分をちゃんと$\dfrac{r-\rho}{\theta}$と書くと，

$$c(t) = e^{\frac{(r-\rho)t}{\theta}} \qquad (3\text{-}3)$$

となって，消費cは時間的にこのようなカーブを描いていくことがわかるわけである。

こうして見ると，とにかく先ほどのオイラー方程式（オイラーの微分方程式）にまでたどり着ければ，後は一発で最終的な解である$c(t)$の時間的変化の曲線が求まることになり，先ほど述べた，オイラー方程式に関する2つの要件のうち，「要件1」の後半部分の要件が満たされることがわかる。

そして「要件1」の前半部分の「この式がラグランジュアンから求まる」という要件についても，問題を最初に設定する際に，何かある「最小化（最大化）すべき量」を考えて，それをラグランジュアンとして設定し，それを微分するなどしてこの式を導く，という形をとった場合，こちらの要件も満たすことになる。

ただしラムゼイ・モデルの場合，問題の性質が良いので，わざわざラグランジュアンを設定するなどという面倒なことをせずとも，もっと簡単に，効用の低下ρと利子による利益rなどの釣り合いだけからこの式を求めてしまうこともできる（実際にラムゼイの原論文では，どちらかといえばそのようなアプローチをとっており，そもそも原論文ではこの式も，オイラー方程式という名称で明確に書かれているわけではない）。

その場合には，これをオイラー方程式と呼ぶ必然性はやや乏しいことになるので，教科書ではむしろ話の整合性の観点から，わざわざ回り道をしてラグランジュアンを設定して，そこからこの式を導いている場合も少なくない。

実のところラムゼイ・モデルの場合，無理にラグランジュアンから出発すると，かえって話が難しくなってしまうような感がなくもないのだが，しかし後に述べるようにRBCモデルなど他の後続のモデルでは，いずれもラグランジュアンからこのパターンの式が生み出されており，それは問題をスマートに解くための最良の経路となっている。そのためそこでは，先ほどの「要件1」の条件は前半部も後半部も，共に文句なく満たされていると言える。

　とにかくマクロ経済学ではラグランジュアンから出発してこの式までたどり着けば，もうその後は直ちに最終的な解に到達できるため，多くの場合このオイラー方程式が，問題を解くための一里塚的な重要目標に設定されているわけである。

経済学部のオイラー方程式

　ところで読者の中には，教科書でこのオイラー方程式が出てきたとき，経済学の教科書だけではどうにもわからないので，物理の本を参照してみた人もあるかもしれない。ところが物理の本を開くとそこには「オイラー方程式とは $-\dfrac{d}{dt}\left(\dfrac{\partial L}{\partial \dot{x}}\right) - \dfrac{\partial L}{\partial x} = 0$ という式のことだ」と書かれているだけで，余計わからなくなることが多いのである。そこでどうしてそんなことになるのかの背景を一言述べておこう。

　それは物理の場合，中級編で述べたように，天体や粒子の動きを定めるラグランジュアンは，いわば天から定められた1通りのものだけなので，オイラー方程式もそれに対応する1種類のものだけを考えればよいからである。それがまさに

先ほどの式で,解析力学では普通これ以外のパターンは登場しない(これはラグランジュアン L が x と $\dot{x}$ の2つの変数で書かれていることから出てくる関係式で,その詳細は『物理数学の直観的方法』を参照されたい)。そのため物理では「オイラー方程式=この式 $\left(-\dfrac{d}{dt}\left(\dfrac{\partial L}{\partial \dot{x}}\right)-\dfrac{\partial L}{\partial x}=0\right)$」だと覚えればよく,わざわざ先ほどのように定義や性質を言葉で書いておく必要はないのである。

それに対して経済学部では,企業や政策当局が何を最小化したいのかに応じて,いろいろなパターンのラグランジュアンを考える必要がある。そのためむしろこちらの世界でこそ,一般的な定義や性質に関する説明が欲しいのだが,その話はしばしば理系と文系のギャップに落ち込んで,どの本にもちゃんと書かれていないということが起こりがちなのである。

またもう一つ,経済学部向けの話を付け加えておくと,上の話は「$c(t)$ や $\dot{c}(t)$」という連続関数の微分記号の形式で書かれているが,マクロ経済学ではむしろ「c_t および c_{t+1}」などのように差分形式が使われることの方が多い。そしてその場合は,先ほどの「c と $\dot{c}$ のペア」に相当するものが,差分形式では c_t と c_{t+1} のペアとなる。

そのように書き換えられる理由は簡単で,一般に差分と微分の関係は,差分が c_t,微分が $c(t)$ のときには $c_{t+1} - c_t = \dot{c}(t) \Delta t$ という式で書かれるのだから,一方のペアがあればそこからもう一方のペアを簡単に書き出せて,両者は情報という点で等価である。つまりオイラー方程式の基本的特性の「式が c と $\dot{c}$(ドット)で書かれる」という部分は,差分形式

の場合には「問題がc_tとc_{t+1}で書かれる」という形になるわけである。

とにかく経済学部では以上の知識が頭に入っていれば十分であり、これで読者はオイラー方程式の基本を知るという、マクロ経済学の数学面での最初の大きなハードルを超えることができたと言えるだろう。

直線から曲線へ——ラムゼイ・モデルのステップアップ

そのため動的均衡理論自体を学びたい読者は、もうこれ以上ラムゼイ・モデルに深入りせず、このあたりで次のRBCモデルの話に進んでしまった方がよいかもしれない。そのためそういう読者は、以下は飛ばして173ページにジャンプされたいが、やはりラムゼイ・モデル自体についても詳しく知りたいという読者もあると思われるので、そういう読者のためにここでそれについていくつかの要点を述べておくことにする。

まず先ほど、ラムゼイ・モデルは中級編のフリー交通券の話に比べて「直線から曲線へのステップアップ」がなされているという話があったが、これは後続の多くのモデルでも踏襲されている設定なので、それに慣れる意味でもここで見ておこう。

中級編のフリー交通券の場合を振り返ると、それは有効期限が明確に定められていて、ある時点で価値が完全にゼロになるため、その値打ちや効用は直線的に低下する形になっていた。しかし一般の場合には、むしろ物事の値打ちは曲線的に低下して、その価値の低下が時間と共に次第に緩やかになっていくのが普通である。

第**❸**章　上級編

　例えば一生ものの家具を買ったとき，その本人にとっての値打ちが年数の経過でどう低下するかを見てみると，こういう場合，例えば1年経つと値打ちが0.9倍に下がり，それが毎年繰り返されるので，結果的に1年ごとに0.9，0.81，0.729，…という具合に，その価値は曲線を描いてだんだん緩やかに低下することになり，それは式で書けば0.9^tとなる。

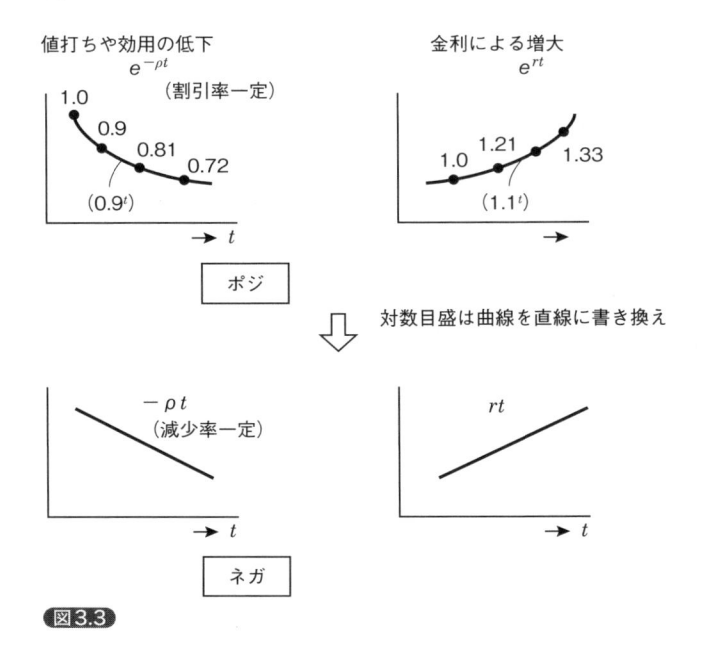

値打ちや効用の低下　　　　　　　　　金利による増大
$e^{-\rho t}$　　　　　　　　　　　　　e^{rt}
（割引率一定）

1.0
0.9
0.81　0.72　　　　　　1.0　1.21　　1.33
(0.9^t)　　　　　　　　　　　　(1.1^t)
→ t　　　　　　　　　　　　　　　→

ポジ

⇩　対数目盛は曲線を直線に書き換え

$-\rho t$　　　　　　　　　　　　　rt
（減少率一定）
→ t　　　　　　　　　　　　　　　→ t

ネガ

図3.3

　そして中級編の話のもう一方をなす「利子r」の部分も，一般には複利で例えば1ヵ月ごとに1.1倍されて，1.1，1.21，1.331，…のように雪だるま式に増加するのが普通であ

る。つまりこれらはいずれも 0.9^t, 1.1^t のような曲線となるわけで、両方とも指数関数の形で表現されることになる。

ただし初級編の58ページあたりの話を参照すればわかるように、これらは 0.9^t などのかわりに e^{at} などの形で書いても同じことである。そしてそのようにすると取り扱いが便利になるので、ラムゼイ・モデルでもこれらは $e^{-\rho t}$, e^{rt} という形で書かれている。

また、先ほど出てきた話の、消費額水準の上昇と共に消費意欲が θ で逓減する状況も、ここではやはり $c^{-\theta}$ という指数関数の形で表現されていて、問題の中に組み込まれている。そして先ほど「ラムゼイ・モデルは例外的に性質が良い」という話があったが、実はラムゼイ・モデルの場合、このように問題の基本部分が $e^{-\rho t}$, e^{rt} など、全てが同種というべき指数関数をベースとする量だけできれいに構成されている、というのが数学的には大きな特徴なのである。

対数を使ったネガとポジ

ではそのように、2つの同種の量だけで構成されていると何が良いのかというと、それはこういう場合、次のような一種の裏技を使って問題を簡単に解いてしまえるのである。その裏技とは何かというと、それは、これらの対数をとって単純な直線の問題に直してしまうことである。

つまりこの場合、問題全体でまるごと対数 log をとって、上の式の基本をなす2つの量をそれぞれ $\log e^{-\rho t}$, $\log e^{rt}$ とすれば、高校の教科書を参照すればわかるように、これらはそれぞれ $-\rho t$, rt となって、単なる直線に戻ってしまうのである。

第❸章　上級編

　このことは,ややこしい式が嫌いな文系読者でも,事務用品店で対数目盛りの方眼紙を買ってきて,普通の正方目盛りの方眼紙との間でグラフの書き換えを行ってみればわかる。例えば 0.9^t, 1.1^t などのグラフは,普通の正方目盛りの上に書けば曲線だが,これをそのまま対数目盛りの方眼紙の上に移すと,両方とも直線の形になってしまうのである。

　つまり先ほどの図3.3の全体的な構図のように,対数logを介して直線と曲線が「ネガとポジ」のような関係になっており,面倒な曲線の問題も一旦対数をとってネガにすれば単純な直線の問題に直すことができ,そこで簡単な直線の問題として楽に解いてしまった後で,その結果を再びポジに戻して最終的な答えを得る,という裏技が可能となる。

　そしてラムゼイ・モデルの場合,主要部が全てこういう同じ形の量で構成されているため,全体をまるごときれいにネガとポジで反転させることができ,それを使って問題を直線の形に直して簡単に解いてしまうことができるのである(もし読者がラムゼイ・モデルの解法を読んだときに,どこかで式全体の対数をとることが行われていたなら,その解法はこのメカニズムを何らかの形で使っていると思ってよい)。

　しかし後に見るように,他のモデルでは不純物が混じっていて全部をきれいに反転させることができず,この裏技が使えないため,もっと本格的にラグランジュアンからオイラー方程式を導いていく方法を工夫しなければならなかった。そのため皮肉なことに,ラムゼイ・モデルの側がかえって孤立したメソッドとなってしまって,それ自体を学ぶ意味がかなり薄れてしまったわけである。

曲線化の際に変数がcと$\dot{c}$になる

 ただしここで問題を曲線化する際に一つ重要なことが起こっており、それはそのようにネガとポジを反転させて直線を曲線に転換する際には、$\dot{c}$が$\dfrac{\dot{c}}{c}$に変わるということである。つまりこの段階でオイラー方程式の要件「式がxと$\dot{x}$で書かれる」を満たす格好になるというわけである。

 以前にはこの違いを、単純に「前者は『差』の表示、後者は『率』の表示」だと述べたが、これはもっと根本的に眺めると、実は足し算の世界と掛け算の世界の違いで、これらの世界では物事の変化を、前者では差（例えば「0.01大きい」など）、後者では率（例えば「1.01倍」など）の形で表現する。そのため全体の対数をとって足し算と掛け算の間でネガとポジを転換する際に、その部分も変更を受け、$\dot{c}$が$\dfrac{\dot{c}}{c}$に変わることになるのである（なお理系読者ならもっと厳密に、一般的な$\dfrac{d}{dt}(\log c(t)) = \dfrac{\dot{c}}{c(t)}$という関係式を念頭に置くと、「$c$を対数をとってから微分する$\left(=\dfrac{d}{dt}(\log c(t))\right)$」場合には、$\dot{c}$が$\dfrac{\dot{c}}{c}$に変わることはすぐわかると思う）。

 つまりラムゼイ・モデルの場合、この曲線化によって結果的にオイラー方程式の要件が満たされる格好になるのだが、後続のほとんどのモデルでは、後に194ページで見るように、問題にタイムラグ（「ルーカス批判」の思想によるもの）が組み込まれることによって、この要件が満たされてお

り，読者はそこに注目して比較すると，そのあたりの事情が立体的に理解できるのではないかと思う。

なお他の細かい修正だが，実際のラムゼイ・モデルでは，利子率rも固定値ではなく時間的に変化する$r(t)$という格好に修正され，さらにローマー『上級マクロ経済学』などの教科書では，この他にも付随的な量として，労働などの増大率gなどの影響も付け加えられて，式の格好が，

$$\frac{\dot{c}}{c} = \frac{r - \rho}{\theta} - g \tag{3-4}$$

という形で与えられている。しかしこれらはいずれもマイナー・チェンジに過ぎず，一番主要な部分は先ほどまでの話の中にあると思ってよいだろう。

ラムゼイ・モデルについてのいくつかの補足

ではこの部分の最後として，ラムゼイ・モデルの話で，中級編と違っているためわかりにくい点をもう一つ補っておこう。先ほども述べたように，ラムゼイ・モデルの場合「貯蓄や消費がどこまで増やせるか」ということが本来の関心で，消費のパスを求めること自体は一番の関心事ではなく，そのため中級編までのイメージでは捉えきれない部分が存在している。

何と言っても一番大きいのは，中級編では1品目だけの消費でパスを眺めていたので，消費cの傾斜$\dot{c}$は，単純に$r-\rho$だけで定まっていた。ところが先ほどから見ているように，もし消費が秋に大きくシフトした場合には一種の経済成長が引き起こされ，社会の消費水準全体が右肩上がりで増大して

しまう。つまり多品目の消費を全部合わせた、一種の流れとしての社会全体の消費cを考えた場合、その傾斜は先ほどの夏と秋のシフトによるものの他に、経済成長の右肩上がりの傾斜分も加わって、両者が混じったものになっているのである。

そしてラムゼイ・モデルではその社会全体の消費のカーブcを基に「消費や貯蓄がどこまで増えるか」を眺めており、そのため各時点での消費カーブの高さ(それは中級編ではあまり問題になっていなかった)も重要になってきて、その各時点での傾斜$\dot{c}$も、中級編とは少し異質な、一段複雑な未知量となっているのである。

そのため単にrとρの関係だけでは、その複雑化した未知量$\dot{c}$を割り出すことができず、特に問題のこの部分が中級編のイメージだけでは捉えきれないものとなっている。ただこの部分の具体的内容は、別にそれを知らなくても後の動的理論を学ぶ際にさほど困らないので、詳しいことは省いてしまうが、一応簡単にアウトラインだけを述べておくと、実はラムゼイ・モデルの場合、先ほどのθつまり富裕化に伴う消費効用の逓減率が、そこで意外に役に立って問題解決の鍵を提供している。

つまり今までの話では各時点での釣り合いは、効用の逓減ρと利子rで決まっていたが、この要素が加わることで、各時点ごとの釣り合いはρ, r, θの3つで決まることになり、そしてこの場合都合が良いのは、最後のθの部分は、富裕化の影響を受けるため、消費cの高さやその時の傾斜のデータを反映したものになっているということである。

つまりρとrだけの釣り合いだと、それらが消費水準とは

無関係な量であるため,その釣り合いからcや$\dot{c}$を逆算して割り出すこともできない。しかし釣り合いの式がそのようにθを含んでいる場合には,そのθの部分が,未知量のcの高さやその時点での$\dot{c}$に関連して定まるために,結果的にそれらのデータがそこに組み込まれていて,そこから逆算して$\dot{c}$などを割り出していくことができるのである。ラムゼイ・モデル自体の中身を詳しく学びたい読者は,上のことを頭に入れておくと話が分かり易くなるだろう。

ただしこういう解き方はラムゼイ・モデルの場合だけの特殊なもので,後続の他のモデルでは必ずしも登場しない。そもそもこれ以後のモデルはどれもラグランジュアンから出発する解き方をとっているため,この話自体が孤立したものになってしまっているのである。そのため動的均衡理論を学ぶという観点から眺めた場合には,読者はここにあまり深入りするのは得策でなく,こうした話は大まかに眺めるに留めて,次のRBCモデルに進んでしまった方がよいと思われる。

(2) RBCモデル

RBCモデルの基本スペック

では次に第2世代モデルというべき「リアル景気循環モデル＝RBCモデル」の話に進むが,動的マクロ経済学を学ぶ読者にとっては,むしろここからが本番である。実際にこの部分には,マクロ経済学の数学的道具立てが集約されているので,読者はここを集中的に学ぶことで,その中核部分を理解できるようになるはずである。

では早速その中身に入ろう。まずこの場合,何を最大化したいかが重要になるが,先ほどもちょっと述べたようにRBCモデルの場合には,人々は消費だけでなく余暇も増やしたがるので,両方を最大化するように行動する,という想定で改良を加えたものである。そのため人々が手持ち時間の何割を労働に割くかの率を「ℓ」(ただし$\ell \leq 1$)とすると,余暇の側はその残りの「$1-\ell$」ということになり,要するに経済社会は人々が「c = 消費」と「$1-\ell$ = 余暇」の両方を極大化するよう動いていると考えるわけである。

ただし両方を極大化するといっても,式で表現する場合には,消費金額cと余暇率$1-\ell$を単純に足して「$c+(1-\ell)$」としたのでは,状況を必ずしも適切に表現できない。それというのも,娯楽のための消費は余暇の時間に使ってこそ意味があるからである。

つまりたとえ消費できる金額を2倍に増やせても,全く休みをもらえず余暇率0%では意味がないわけで,こういう場合,人間はむしろ「消費金額×余暇率」の値を最大化したがる,という形で考えた方が状況をよく表現できると思われる。

つまりこの場合,両者の足し算ではなく掛け算で「$c(1-\ell)$」とするのが妥当であるわけで,要するにこれが「最大化したい量」である。

ただし表現形式が掛け算の形になっていると何かと面倒なので,ここでは対数を使って式の格好を,形式的に足し算の形に直しておこう。つまり上の最大化すべき量をまるごと対数をとって$\log c(1-\ell)$としておくのであり,このようにすると対数の演算規則で

$$\log c + \log(1 - \ell) \tag{3-5}$$

という形にできる。こうすると各項が一種のコンポーネントのように独立した形で表現されて、後でいろいろな項を増設していくことが容易になる。そのため以後はこれを「最大化すべき量」として、問題表現のベースとしていこう。

しかしこれだけではまだ手がかりが少なすぎて問題の解きようがない。ただこの場合には、他にも問題を設定する際に要求される条件がいくつかあり、それらを見ていくと、例えばまずそもそも消費のためにお金を使おうとしても、その額は労働で稼いだ量を超えることはできない。そして労働で稼げる金額は、要するに本来の月給や年収をwとすると、それに労働時間の率ℓをかけたものになるので、消費額cの上限$= w\ell$という制約が存在しているわけである。

つまりこの式を一種のコンポーネントとして先ほどの式に組み込むわけだが、このRBCモデルではこの部分にもう一段手の込んだ設定を入れて、「今日の余暇を楽しむのと、今日の余暇を我慢して得た余分の賃金を利子率rで増やすのとでは、どちらが得か」という話を問題の中心に据えており、それがモデルの最大の特徴となっている。

それをもう少し具体的に言うと、例えば今年は余暇を我慢して平年の2倍働いて、今年中に2年分の給料を稼いでしまうかわりに、来年はまるごと1年休暇をとるとする。そして今年稼いだそのお金を半分ずつ、今年と来年で使うとしたら、先ほどの$c = w\ell$という消費に関する制約の式はどう修正されるか、ということである。そしてその答えを先に言えば、今年の消費をc_1、来年度の消費をc_2として、ℓも今年を

l_1, 来年をl_2とすると, 先ほどの制約の式は

$$c_1 + \frac{c_2}{1+r} = w_1 l_1 + \frac{w_2 l_2}{1+r} \tag{3-6}$$

という形に修正されるのである。

 これは先ほどの$c = w\ell$という式と比べるとかなり長くなっているが, 実は後に述べるように, これらをコンポーネントとして組み込む場合には, 先ほどのような短い式は冗長度が低いという弱点があり, むしろこちらの長い式の方をコンポーネントとして採用した方が有利なのである。その話は後に182ページあたりで行うことになるが, ひとまず先にこの式の内容の方を, 簡単な例を使って見ておこう。

 例えば普通なら1年あたりで100万円を稼いでそれを消費するのだが, 今年はまとめて2年分働いて, 200万円を今年中に稼いでしまうとする。そして今年稼いだ200万円のうち, その半分の100万円は今年中に使ってしまうが, 残りの100万円は1年間預金しておいて来年に使うわけである。なおその際の預金金利は年2％としよう。

 その場合, 先ほどの式の左辺では, まず今年の消費額が$c_1 = 100$万であるのは当然だが, 来年の消費額c_2の方は, 今年1年間貯金しておいた100万についてくる利子も引き出して一緒に使うことができ, その利子が2万なので, $c_2 = 102$万ということになる。

 では右辺はどうかというと, w_1, w_2は今年と来年の賃金水準で, ここは今年も来年も変わらず共に年100万という値に設定されている。しかしl_1とl_2については設定がやや極端で, 今年はがむしゃらに2年分まとめて働いて200％の労働

を行うが，その分，来年は1年まるごと休暇をとって労働は0％にする．つまり $l_1 = 2$, $l_2 = 0$ である．

今年まとめて2年分稼ぐ

$w_1 l_1 = 200万$

半分は今年使う

残りの半分は貯金して来年に使う（利子で1.02倍）

$C_1 = 100万$ $C_2 = 102万$

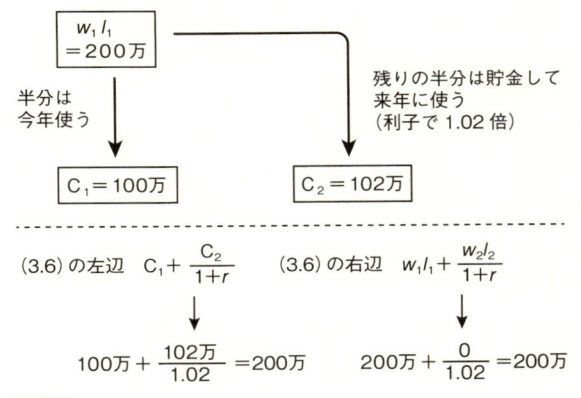

(3.6)の左辺 $C_1 + \dfrac{C_2}{1+r}$ (3.6)の右辺 $w_1 l_1 + \dfrac{w_2 l_2}{1+r}$

$100万 + \dfrac{102万}{1.02} = 200万$ $200万 + \dfrac{0}{1.02} = 200万$

図3.4

そのためこれを先ほどの式に代入して，成り立つかどうかを確認してみると，この場合，預金金利 r が年2％なので $1 + r = 1.02$ であり，そのため左辺は $100万 + \dfrac{102万}{1.02}$ となって200万である．一方右辺は，$100万 \times 2 + \dfrac{100万 \times 0}{1.02}$ なのでやはり200万となり，右辺と左辺は等しくなって，先ほどの式がちゃんと成り立っていることがわかる．以上で問題設定に必要な基本的条件は一通りリストアップされたことになる．

式を長くするテクニック＝「制約条件」

さて上でリストアップした条件を眺めると，とにかく最初に求めた「最大化すべき量」である $\log c + \log(1-\ell)$ の式が中心で，これを「最大化すべき量＝ラグランジュアン」として設定すれば良いことになる。ただこの場合それだけではまだ弱点があり，それはこの式の長さが短すぎるということである。

なぜかというと，そもそもラグランジュアンというものは基本的に「式の生成装置」なのであり，そこからいくつか式を引き出して，その生み出された式を組み合わせて問題を解く，というのが解法の流れになる。そしてそういう場合，むしろ生成装置であるラグランジュアンの式は，できるだけ冗長である方が望ましい。実際それが冗長であるほど，それをいろいろな角度からいじって何個もの式を生み出すことができるからである。

そして中級編でも眺めたように，一般に動的マクロ理論では「曲線」を出すことが重要目標である。それには横 x, 縦 y の2個のデータが必要になり，その情報を得るために式も2個以上必要になるのが普通である（読者は例えば高校の連立一次方程式の時などに，式の個数が変数の個数より少ない場合には，データ不足で問題の解きようがない，という経験をしたことがあると思うが，それと同じことである）。

そのため式の生成装置となるラグランジュアンも，できれば2個以上の式をひねり出せるだけの冗長さをもっていることが望ましいのだが，上の式を見ると，どうも今のままではそれだけの長さを備えているようには見えない。そのため故意に式を長くするテクニックが要求されるのだが，そこで関

心の中心となるのが「制約条件」を使うメソッドである。

これは歴史的には、物理の方では解析力学の黎明期の比較的早い時期に考えられたもので、以下の一連のメソッドもその時に確立されたものである。

これはどういうものかというと、例えば中級編の87ページの問題では光路やパスの経路の長さには特に制約はなく、前半部分の長さがxで後半部分の長さがyとするとき、両者を合計した$x+y$の長さはどんなものでも良かった。

しかしこの光路や経路がもし長さ一定の糸をぴんと張って作られているような場合、$x+y$の長さは常に一定不変である必要があり、問題の中に$x+y=A$（Aは糸の長さ）という条件が付け加わってしまう。要するにこれが「制約条件」である。

そして経済学の場合にはこのAは予算の制限額などに相当し、例えば「xとyの2つの製品を購入した総額が常にAになっている必要がある」などの形で、制約条件が持ち込まれることになる。ともあれこういう条件をうまく式の中に組み込んで、むしろ式の冗長度を上げることができるのであり、そして先ほど後の方でリストアップされた条件を、このような形で使うわけである。では以下にそれを見てみよう。

それを使って式の冗長度をどう増やすか

具体的に何を行うかというと、まず基本的な問題は先ほどのように「最大化・最小化すべき量」があって、それが最大化される点x_0を求める、というものだが、ここに上の

$$x + y = A \quad (Aは定数で常に一定:つまり糸の長さや予算の総額など)$$

という制約条件を組み込むわけである。しかしこれは意外に簡単な話で、要するにこの両者を足して、

$$最小化（最大化）すべき量 + A \qquad (1)$$

という形に修正すればよい。

つまりこのように修正した上で、前と同様にx_0を求める作業を行うわけだが、この場合、問題はAがあってもなくてもほとんど変わらないことがわかる。要するにこれは問題全体が定数Aだけ一律に底上げされたに過ぎず、いわばグラフ全体を上にAだけずらして同じことを行うため、x_0の位置などは全く変わらないのである。

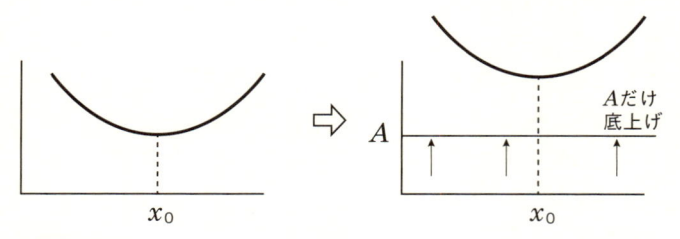

図3.5

そしてAは上のように定数でもOKだが、それがゼロであればさらに良く、上の式でAのかわりに0を付け加えても、問題が全く変化しないのは当然である。そこで上の式をもう一歩進めて、制約条件の式$x + y = A$を、$x + y - A = 0$とい

う形にしてやって，先ほどの式を，

　　（最小化・最大化すべき量）$+ x + y - A$

という形にすると，式にくっつけた後半部の「$x + y - A$」の部分が常にまるごと0になるから，先ほどのような底上げさえ考えなくてよくなる。つまり必ずゼロになる量を末尾につけることで，式に全く影響を及ぼすことなく式の長さを稼ぐことができるわけである。

　そしてさらに駄目押し的にもう少し長さを稼いでおくと，この$x + y - A = 0$の部分は，式全体に何かある数をかけてやっても0である。つまり例えばλという数をかけて$\lambda(x + y - A) = 0$という関係式に直しても全く同じことになり，そしてその場合のλはどんな数でもよい。そのため上の話は，

　　（最小化・最大化すべき量）$+ \lambda(x + y - A)$

という形にしてもよく，これによってさらにλの1文字分だけ式を長くすることができるわけである（これは今の段階では1文字分を稼いだだけの意味しかないが，このλは後に重要な目的に応用できることになる）。

　では早速これを先ほどのRBCモデルに応用してみよう。つまりそこでは最大化すべき基本的な量は$\log c + \log(1 - \ell)$だったが，この式を先ほどの制約条件を使って冗長度を増してやるわけである。そして先ほど調べた制約条件の中では，$c = w\ell$つまり「使えるお金の上限額＝賃金×労働時間」という条件式が一番単純でわかりやすいので，まずこれ

を使ってやってみよう。

　つまり上と全く同じ手順を踏んでひとまずこれを $w\ell - c = 0$ という形に直し，これをそのまま付け加えてやればよく，実際，

　　（最大化すべき量）$+ w\ell - c$

という形にしても，ゼロが加わるだけなので最大化の問題自体には全く影響がないことがわかる。つまり具体的にはこの部分は，

　　$\log c + \log(1 - \ell) + w\ell - c$

あるいは先ほどのようにλをつけて，

　　$\log c + \log(1 - \ell) + \lambda(w\ell - c)$

としてもよい。これがRBCモデルのラグランジュアンの最初の基本形となる。

　しかし先ほど176ページでも見たように，ここで制約条件として使った式 $c = w\ell$ は，シンプルでありすぎて冗長度が低いという弱点を抱えている。その観点からは，先ほどのタイムラグを考慮して c_1, c_2 で表現した形の $c_1 + \dfrac{c_2}{1+r} = w_1 l_1 + \dfrac{w_2 l_2}{1+r}$ という式を使った方が，式の冗長度を増すという観点からは有利であり，そのため後半部分のコンポーネントをこちらで入れ替えて，式を書き直してみよう。

第❸章　上級編

　この場合もやはり先ほどと同様に式を「= 0」の形に直して，$w_1 l_1 + \dfrac{w_2 l_2}{1+r} - \left(c_1 + \dfrac{c_2}{1+r}\right) = 0$ という形にし，さらに λ をつける手順も同様なので，先ほどの後半部の $\lambda(w\ell - c)$ の部分がまるごと $\lambda\left[w_1 l_1 + \dfrac{w_2 l_2}{1+r} - c_1 - \dfrac{c_2}{1+r}\right]$ という形に入れ替わる。これによって式を長くできると同時に，先ほどはなかった「利子 r」という量も式の中に組み込むことができたわけである。

前半部分も冗長化する

　そして話がこうなってくると，後半部だけでなく前半部も，タイムラグを考慮した形に書き換えてやることが必要になってくる。つまり全体の整合性をとるためには，前半部分の $\log c + \log(1 - \ell)$ も，やはりタイムラグを考慮して単に c と ℓ ではなく，c_1，c_2，l_1，l_2 などを使って書き直してやることが必要になってしまうのである。しかしそれは結果的にそこでも冗長性を稼げることになるので，むしろ有難い。

　その具体的な方法としては，以前と同様に，一般に経済学で定番として良く使われる設定「消費 c や余暇 $1 - \ell$ による満足・効用が，時間と共に一定率で逓減する」を使えば良い。つまりラムゼイ・モデルの時の設定では，消費は若くて元気な時に行った方が満足度や効用が大きく，それが1年ごとに一定率で低下していくという考え方を導入していたが，この場合も同様で，前半部全体が例えば1年ごとに0.9倍で低下していく，などと考えれば良いわけである。

　つまり初年度の消費と余暇による効用・満足度が，$\log c_1$

$+ \log(1 - l_1)$ で示されるとすれば，次年度は $0.9\{\log c_2 + \log(1 - l_2)\}$ に低下する。そのため問題を先ほどと同様に2年分の全体として眺めた場合には，消費や余暇の効用，満足度はこれらを足した，

$$\log c_1 + \log(1 - l_1) + 0.9\{\log c_2 + \log(1 - l_2)\}$$

となる。そしてこの0.9などの数字は一般化の際には a などの記号で書いても良いが，ラムゼイ・モデルの時には a という記号で書くより，むしろ数学的処理の便宜を考えて $e^{-\rho}$ という形で書いていた。まあそのことは大して重要でないが，一応ここでもそれにならって，先ほどの0.9の部分を $e^{-\rho}$ と書き直しておくと，上の式は，

$$\log c_1 + b\log(1 - l_1) + e^{-\rho}\{\log c_2 + b\log(1 - l_2)\} \tag{3-7}$$

という形になり，先ほどの前半部 $\log c + \log(1 - \ell)$ は，とりあえずこのように書き換えられるわけである。

RBCモデルのラグランジュアン

そのため最終的なラグランジュアン全体は，上の前半部と先ほどの後半部を合計した形になり，

$$L = \log c_1 + b\log(1 - l_1) + e^{-\rho}\{\log c_2 + b\log(1 - l_2)\} \\ + \lambda\left\{w_1 l_1 + \frac{w_2 l_2}{1+r} - c_1 - \frac{c_2}{1+r}\right\} \tag{3-8}$$

となる。普通なら式がこんなに長くなっては解くのは絶望的になるものだが、この場合はむしろその冗長性は有利に作用する。

ではここから先へどう進むかを一通り簡単に述べておこう。まず中級編の時から述べているように、この一連の理論では「曲線を描き出す」ことが重要な目標で、そして曲線を表現するには最低限、縦横つまりxy座標に相当する2個のデータが必要である。そのためその2個のデータに関する情報を得るために、それぞれ1個ずつ式が必要になり、まずその2個の式を「生成装置」であるラグランジュアンから引き出すことが、前半の手順のメインとなる。

この場合、式を引き出す手順自体は、高校の極値を求める問題の延長に過ぎず、それを解くには、最大化したい量や関数を微分してそれを0と置いた式を作れば、それを満たす点が極大点となる。そしてこの場合には、ラグランジュアンがその「最大化したい量」に相当しており、そう考えれば高校の極値の問題と基本的に同じで、その時と違っているのは、単に式の個数が2個に増えるという点だけである。

ただ無論それが2個になっているために、やはり余計な手間が生じることになり、この場合その手順を行って2個の式を出した段階では、縦のデータと横のデータがそれぞれ別個の式で与えられる格好になる。つまりそれらを縦横まとめて1枚の絵にするためには、結局この2個の式を1個に統合せねばならない。

そしてその際に使われるのが、後半部分で述べる「ラグランジュ乗数」のメソッドで、先ほど駄目押し的に1文字分、冗長度を増やすために書いておいたλがここで活きてくるの

であり、その話が後半の手順のメインである。

それはともかく、そのように式を1個にまとめることができれば、その式が以前に述べた「オイラー方程式」となって、そこから一挙に解の曲線を描き出すことができるというわけである。なおこの場合には出発点の式が差分形式で表現されているため、ゴールの式も差分形式になり、それゆえ先ほど述べたようにc_tとc_{t+1}の関係式（この場合にはc_1とc_2の関係式）が作られればよい。では以下にそれを見ていこう。

なぜtでない雑多な変数で微分するのか

ではまず手順の前半、つまり「生成装置」であるラグランジュアンから2個の式を引き出すということだが、その手順自体は簡単で、上のラグランジュアンをそれぞれc_1とc_2で微分すれば、式を1個ずつ得ることができるのである。

しかしこの「c_1とc_2で微分する」ということに一種の違和感を感じた人もあるかもしれない。それというのも通常は微分をする時には時間tなどの変数で微分するのが普通である。ところがこの場合のc_1やc_2は何かというと、これらは$c(t)$をそれぞれ$t=1$、$t=2$とした時の値に過ぎない。そのためこれらは変数と呼ぶこと自体に抵抗感があるほどのものであり、そんなもので微分をしてしまってよいのだろうか？

しかしそれはこの話の原点である「最速降下線」の話に立ち返ると納得できるだろう。中級編で出てきたこの問題は、要するに滑り台の形状を関数$F(x)$で表してそこにボールを転がしたとき、降下時間Tが滑り台の形状Fによってどう変化するかという話だった。そしてこういう場合、滑り台の形状Fの変更にはいろいろなパターンがあり、例えばx_1の位置

だけでほんの少し滑り台をコブのように上に膨らませる，という変形でもよい．

　無論実際には，もう少し全体を滑らかに整形した形にはなるだろうが，それはともかく，この場合に降下時間 $T(F)$ がどれだけ増えるかは，要するに x_1 の位置での滑り台の高さ $F(x_1)$ を F_1 と書いたとき，F_1 を微小に変化させると降下時間 T がどれだけ変化するかということなのだから，それは T を F_1 で微分した値によって表現される．同様に，x_2 の位置で滑り台を膨らませた場合も $F(x_2)$ を F_2 と書くと，その時の降下時間の変化は T を F_2 で微分した値となる．

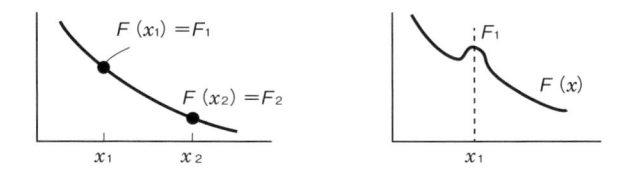

F_1 を微小変化させた時の降下時間 T の変化：T を F_1 で微分した $\dfrac{\partial T}{\partial F_1}$

図3.6

　つまり T が F_1 や F_2 で書かれていたならば，それらで微分することには十分な意味があるわけで，そしてこの時もし滑り台の形状がたまたま最速降下線にぴったり一致していたなら，滑り台の形状をどう微小に変えても T の値は動かない．つまり最速降下線の時には，x_1，x_2 どちらの点で微小変形を加えても，降下時間 T の変化量 $\dfrac{dT}{dF_1}$，$\dfrac{dT}{dF_2}$ $\Biggl($正しくは

$\left. \dfrac{\partial T}{\partial F_1},\ \dfrac{\partial T}{\partial F_2} \right)$ はいずれも0になるわけである。逆に言えば、これらの微分値が0になるという条件を手掛かりにすれば、最速降下線の形状を割り出せるというわけである。

そしてもうおわかりと思うが、先ほどの話は、それと同じことを「滑り台の形状F」のかわりに「消費パスの形状C」で行っているのである。つまりこちらの場合、パスのc_1とc_2の部分をそれぞれ僅かに出っ張らせて変形したとき、ラグランジュアンL（本来これを最大化したい）がそれぞれどのぐらい変化するかを見るわけである。

そして先ほどのラグランジュアンLはc_1とc_2を使って書かれているため、それらはLをc_1とc_2で微分した値で表現され、これらの微分値が共に0になるという条件を手掛かりに、消費パスCの形状を描き出せるというわけである。ここは経済学部ではいい加減な理解のまま先へ進んでしまうことが多いので、一応上のように納得しておくとよい。

具体的な式の生成方法

では話を元に戻して、この手順を実際に見てみよう。先ほどの最終的なラグランジュアンの式をもう一度書くと、それは

$$L = \underline{\log c_1}_{①} + b\log(1-l_1) + e^{-\rho}\left\{\underline{\log c_2}_{②} + b\log(1-l_2)\right\} \\ + \lambda\left\{w_1 l_1 + \dfrac{w_2 l_2}{1+r} - \underline{c_1}_{①} - \dfrac{c_2}{1+\underline{r}_{②}}\right\}$$

(3-9)

というものだった。そして上の話に従うと，これをc_1とc_2でそれぞれ微分して，それらを共に0とした2個の式を作れば良いことになる。

これは一見すると面倒な作業に思えるが，実は意外に簡単で，それというのもこの式を良く眺めると，c_1を含んでいる項は①の印がついているたった2個しかない。またc_2を含む項も②の印がついた2個だけで，微分を行う際にはこれらを含まない他の項は全てゼロになるため，問題とは無関係なものとして，最初から無視することができるのである。

そのためこの式をc_1で微分する際には，これら①の印のついた2個の項だけで行えばよく，それらは「$\log c_1$」の項の微分が$\dfrac{1}{c_1}$，「$-\lambda c_1$」の項の微分が$-\lambda$である。そしてこの式が0になるということなのだから，

$$\frac{1}{c_1} - \lambda = 0 \tag{3-10}$$

というものが，まず1個目の式として出てくることになる。

またc_2で微分する場合も同様であり，②のついた「$e^{-\rho}\log c_2$」の項を微分すると$\dfrac{e^{-\rho}}{c_2}$，「$-\lambda\dfrac{c_2}{1+r}$」の項を微分すると$-\dfrac{\lambda}{1+r}$で，これを合計したものが0なのだから，

$$\frac{e^{-\rho}}{c_2} - \frac{\lambda}{1+r} = 0 \tag{3-11}$$

という式が得られて，これが2個目の式となる。とにかくこ

のようにして、「式の生成装置」であるラグランジュアンから2個の式を引き出すことができ、前半の手順は完了である。

何個もの式をスマートに統合する方法＝ラグランジュ乗数

では次に手順の後半、つまりこの2個の式を1個にまとめて、その解を一枚の紙の上で曲線として表現する話に移ろう。しかしその基本原理は中学生でもわかる簡単な理屈で、要するにこういう場合、2個の式が何か共通した同じ数を1つ含んでおりさえすればよい。

例えばある問題で、2個の式をそれぞれ整理していった時に、一方が$2x + y - a = 0$、もう一方が$3y - a = 0$という形にすることができたとしよう。これらは共に「a」という数を含んでいるが、こういう場合、そのaを単純に右辺に移してしまえば、これらの式は$2x + y = a$, $3y = a$という形になる。そうなればこの2個の式は、共通のaを介してつなげてしまうことができ、

$2x + y = 3y$

という1つの式にまとめることができる。この過程でaそのものは消えてなくなってしまうが、とにかくこのように共通のaを介することで、式はxとyの関係を表す1個の式にできるわけであり、先ほどつけておいたλがまさにこのaの役割を果たすのである。

そこで早速、先ほどの場合にこれを応用してみよう。先ほど得られた2個の式を振り返ると、それら$\dfrac{1}{c_1} - \lambda = 0$およ

び $\dfrac{e^{-\rho}}{c_2} - \dfrac{\lambda}{1+r} = 0$ の2つの式は，いずれもλという数を共通して含んでおり，そのためこのλを先ほどのaと同じように使うことができる。そこで先ほどと同様にして「$\lambda = \cdots$」という形式に直せば，前者の式は，

$$\lambda = \dfrac{1}{c_1}$$

という形になり，後者の式も「$\lambda = \cdots$」の形にすれば

$$\lambda = \dfrac{e^{-\rho}(1+r)}{c_2}$$

である。そのためこの2個の式は，このλを介して簡単につなぐことができ，結局上の2つの式は，

$$\dfrac{1}{c_1} = \dfrac{e^{-\rho}(1+r)}{c_2} \tag{3-12}$$

という1個の式にまとめることができるわけである。

手順そのものはこれで完了だが，ここでλが何だったかを振り返ると，これは先ほど181ページでラグランジュアンの式を冗長化する際に，駄目押し的に一文字付け加えておいたものである。そして，これが2個の式をつなぐジョイントの役割を果たすが，その過程でこのλ自身は消えてしまう。要するにこのλは「何でも良い数値」としてほんの一瞬だけ仲介役として登場し，役割を果たしたら再び姿を消してしまうため，最初から最後まで値が未定のままであっても差し支えないわけである。

何だかトリックでも見せられているようで，読者は納得するには多少時間がかかるかもしれないが，とにかくこれは式をスマートにつなげるには有効な方法であり，そのためこういうテクニックを「ラグランジュの未定乗数法」と呼び，λのことは「ラグランジュ乗数」と呼んでいる（なおこれは「ラグランジュアン」とは全く別の概念なので混同しないよう注意されたい）。

RBCモデルのゴール

とにかくそのようにして上の（3-12）式のようにc_1とc_2の関係式が導かれたわけで，もっと一般化してc_1とc_2のかわりに，c_tとc_{t+1}の形で表現すれば

$$\frac{1}{c_t} = \frac{e^{-\rho}(1+r)}{c_{t+1}} \tag{3-13}$$

となる。そしてこれはc_tとc_{t+1}の関係を与える差分方程式の形になっており，$\frac{c_{t+1}}{c_t} = e^{-\rho}(1+r)$と書くこともできる。

ここで読者はこれを154ページのラムゼイ・モデルのオイラー方程式

$$\frac{\dot{c}}{c} = \frac{r-\rho}{\theta} \tag{3-14}$$

と見比べていただきたい。これは差分と微分という表現形式の違いはあるが，どこか似ていることがわかるだろう。実際この方程式までたどり着けば，c_tあるいは$c(t)$が時間的にどういうカーブを描いて増大していくかを一発で描き出すこ

とができる。そしてその解を大まかに眺めると、ラムゼイ・モデルの時と同様に、rが大きくてρが小さいほどc_tや$c(t)$が大きく増大していくことがわかる。

また差分形式の場合のオイラー方程式は、c_tとc_{t+1}で書かれていることが条件だったが、上の式はまさにこれを満たしており、そしてラグランジュアンから出発してこの式までたどり着けば、後は一発で本命の曲線を描き出せる。その意味でこの式はオイラー方程式の要件を2つとも満たしていて、経済成長モデルの式として解釈することもできるため、これがまさにRBCモデルでの一里塚的なゴールとなる式に相当するものであることがわかるだろう。

式から浮かび上がる動的均衡メソッドの本質

ここで上の手順を振り返ってみると、このメリットの本質が浮かび上がってきて興味深い。まず最初の問題設定を見ると、その際に176ページのように今年と来年を両方視野に入れて、それらをまたぐ形で式を作ったため、ラグランジュアンLの中にc_1の項とc_2の項がほぼ同数だけ入り込んでいることがわかる。そのためc_1で微分してもc_2で微分しても、同じような式（3.11）（3.12）がちゃんと現れていたのだが、実はこういうことは必ずしも普通ではないのであり、一般にはc_2で微分した時にまともな式が出て来ないことの方が多いのである。

実際もしLの冗長度がもっと低くて式がこれより短く、先ほどの式（3-9）でLの中の②の印をつけた2個の項のうちの一方が欠けていたら、c_2で微分してもまともな式が出て来ない。つまりそういう場合、c_2は「変数」としては役に立た

ないので到底そうは呼べず,その場合にはL自体も「c_1とc_2の2つの変数で書かれている」とは言えないことになる。

つまり問題をそのようにタイムラグを考慮してそれをまたいで書くということ自体が,オイラー方程式の「問題がc_tとc_{t+1}のペアで書かれる」という重要条件と,密接に結びついているのである。そしてさらに言うと,そのように今期と来期をまたいでc_1とc_2で表現するという考え方は,「『期待と変化率』が経済の重要な基本ファクターとしてあらゆる問題で考慮される必要がある」という思想に基づくもので,読者にはこれが中級編で述べた「ルーカス批判」の話と深く関連していることがおわかりだろう。要するに一見何のことやらわからない上の数学的手順は,そういう深い背景で「ルーカス批判」と結びついていたわけである。

そしてもう一つ,以前に疑問だった「なぜオリジナルであるラムゼイ・モデルより半世紀後のRBCモデルが寵児となったのか」についての答えも上の話の中にある。つまりラムゼイ・モデルの場合,先ほど168ページで見たように,問題全体の対数をとることで,ネガとポジのように曲線を直線に直して簡単に解くことができていた。ところがここでRBCモデルのラグランジュアンの基本形$\log c + \log(1 - \ell) + \lambda(w\ell - c)$を眺めると,この場合にはそれができないことがわかる。

つまりこの3つの項は,最初の2つの項は曲線なのだが,最後の3つ目の項はℓやcに対して直線であり,両者が混じった格好になっている。そしてこういう場合,全体をポジからネガに変えて全部を直線にしようとしても,前者2つは確かに曲線から直線に変換できるのだが,その際にはせっかく

直線だった3番目が曲線になってしまい、結局どうやっても必ずどちらかが曲線型になって残ってしまう。そのためこの場合にはラムゼイ・モデルのような簡単な解き方が使えないのである。

つまりRBCモデルの場合には、そのようにどんな不純物が混じっていても使える解き方を工夫せねばならなかったのだが、そのためかえってそこで確立されたメソッドは、後続のどんなモデルでも使える汎用性をもつことになった。一方皮肉なことに、逆にラムゼイ・モデルの側がそこでしか使えない孤立したメソッドとなってしまい、結果的にRBCモデルの側が後のマクロ経済学のメソッドの雛形となって、ノーベル経済学賞をとることにつながったわけである。

表記法に関するコメント

なおこういう形で問題を定式化するという思想が持ち込まれたことで、表記法の上にも一つ改良が加えられた。それは「期待」を示す表記が式の上につけられるようになったことである。

どういうことかというと、例えば先ほどの176ページの問題の場合、利子率rは来年度の利子率として期待される値である。しかし「期待」という要素が問題全体に広範に組み込まれていくと、その期待というものが一体どの時点から見たものかが問題になることがあり、「今年予想した来年度の利子率」や「来年度の時点で予想した3年後の利子率」などを区別する必要が出てくる。そこで問題の中でこれらを判別できるように、前者を$E^0 r_1$、後者を$E^1 r_3$などと書いておくのである。

この表記法もこのRBCモデルのあたりから見られるようになるが，ただこのE^0などの記号は，計算の際には直接中味に影響することはあまりないので，特に理系の読者はこれは単なる覚え書きのための記号だと考えてしまった方が良いかもしれない。

　とにかくマクロ経済学ではこのRBCモデルの時に，これらの手法がまとめて確立したため，この部分に重要部分が集約されており，実際読者は以上で数学的な面ではⅡ「制約条件」，Ⅲ「ラグランジュ乗数」の部分をクリヤーしたことになる。

別の角度からの応用「余暇と経済成長」

　そしてRBCモデルでは，ラグランジュアンがこのように冗長度の高い形で設定されているので，問題を他の角度から扱うことも可能となっており，例えば消費cのかわりに余暇率$1-\ell$が時間的にどう変動するかを知る，という問題にも転用することができる。

　これはもう少し詳しく言うと，賃金wが変化した場合や金利rの影響で，今期と来期の余暇率$1-l_1$，$1-l_2$がどのように推移するかを眺めるという問題である。これに関してはただ先ほどの手順を機械的に変更するだけでよく，要するに先ほどはラグランジュアンをc_1とc_2で微分していたが，この場合にはラグランジュアンをl_1とl_2で微分して，先ほどと全く同じことを行えばよい。

　つまり具体的にはまずラグランジュアンをl_1とl_2で微分して，それを0と置いた2個の式を出し，それらをλを介してつなげることで，1個の式の形にすればよいのである。それ

を行っていくと，まず2個の式が，

$$\frac{b}{1-l_1} = \lambda w_1 \tag{3-15}$$

$$e^{-\rho}\frac{b}{1-l_2} = \frac{\lambda w_2}{1+r} \tag{3-16}$$

という形で出てくることになる。そしてこれをλを介して1個につなげた式が，

$$\frac{1-l_1}{1-l_2} = \frac{1}{e^{-\rho}(1+r)}\frac{w_2}{w_1} \tag{3-17}$$

である。

この式では，左辺の$\frac{1-l_1}{1-l_2}$が1より大きければ，それは人々が今期に余暇$1-l_1$を前倒しの形で多くとることを意味するが，この式の右辺を見ると，例えば好景気で賃金が上昇傾向にあって$\frac{w_2}{w_1}$が1より大きい場合などにはそうなることがわかる。つまりそういう状況下では今期の労働力の供給が減るため，それが一つのブレーキ要因となって，好景気の中で経済を減速させていくわけである。

これは景気が循環するメカニズムとしても解釈でき，「リアル景気循環モデル」という名前の由来の一端もそこにあると言える。いずれにせよ読者が上までを理解できれば，もはや動的マクロ理論の最大の壁は超えたと言ってもよいのではないかと思われる。

（3）ニューIS-LMモデル

ニューIS-LMモデルの数学的概略

では早速その腕試しとして、次に第3世代モデルである「ニューIS-LMモデル」を眺めてみよう。これに関しては、そのニューIS-LM曲線の一方であるIS曲線そのものをラグランジュアンから導くという過程が、ちょうど上で学んだことの延長として理解でき、それは演習としても手頃なので、以下に行ってみることにする。

一般読者の場合は、経済的な意味にはあまり深入りせず、ただ単にニューIS-LMモデルとはそういうものだと思って、その曲線が上のメソッドを用いて演繹的に導き出せるということだけ見ていただければ、それで十分だと思われる（なおここではテキストとして、現在大学院でよく教科書として使われている『現代マクロ経済学講義』（加藤涼著、東洋経済新報社、54ページ）を用いたが、類似の内容であれば無論どの本を参照しても構わない）。

さてこの場合も、まずラグランジュアンの作り方は先ほどと全く同様で、この場合には最大化したい量が、

$$E_0 \sum_{t=0}^{\infty} \beta^t \left[\frac{c_t^{1-\theta}}{1-\theta} + \frac{m_t^{1-\mu}}{1-\mu} \right] \tag{3-18}$$

制約条件が、

$$(1 + \pi_t)(m_t + b_t + c_t) = (1 + i_{t-1})b_{t-1} + m_{t-1} \tag{3-19}$$

という形で与えられている。その経済学的な意味や内容にここで深入りするのは本書の役割ではないので詳しい説明は省くが、上の1番目の式、つまり最大化したい量は、基本的には今までのRBCモデルなどで設定されたのと同じものである。ただそれを多少改良したため、式の格好が若干違ったものになっていると思えば良い。

一方、2番目の制約条件の式だが、それぞれの記号は、i_tが利子率、π_tがインフレ率である。また、c_tが消費であるのは前と同じだが、b_tは債券などの資産、そしてm_tは現金の量を示しており、ここでわざわざ現金m_tを分けて別に書いてあるのは、初級編のIS-LM曲線の解説（66ページ）の際に、人々が資産を現金のままで保有することが問題になっていたことを思い出すと、読者はここでそう書くことの意義が何となく理解できるのではないかと思う。

しかしここで一番注目すべきことは、この制約条件の式の中に、インフレ率を意味するπ_tという量が入っていて、式全体が右辺と左辺にタイムラグを含む形で書かれているということである。

これこそが中級編で述べた「インフレと変化率」に関する部分で、それが式の中に組み込まれているのである。要するにこの式は、たとえ前期の資産b_{t-1}がせっかく利息（その時はi_{t-1}％）で$1 + i_{t-1}$倍になっていても、その名目的な金額が現在の手持ちのb_tをインフレで$(1 + \pi_t)$倍にしたものと事実上同じになってしまっている、要するにせっかくの利息がインフレで減殺されているということを言っているわけである。

では早速この基本設定に基づいて、それ以降の数学的な展

開を見ていこう。まずこの場合も先ほどのRBCモデルの時と全く同様に、制約条件の式を「= 0」のような形にしてここにλをつけ、また省略のため$a_t \equiv b_t + m_t$という記号で中を書き換えて、

$$E_0 \sum_{t=0}^{\infty} \beta^t \left[\frac{c_t^{1-\theta}}{1-\theta} + \frac{m_t^{1-\mu}}{1-\mu} + \lambda_t \left\{ (a_t + c_t) - \frac{1}{1+\pi_t} \left((1+i_{t-1})a_{t-1} - i_{t-1}m_{t-1} \right) \right\} \right]$$
(3-20)

としたものがラグランジュアンである。

そしてこれまた先ほどと同じように、これを2個の変数でそれぞれ微分して2個の式を引き出し、それをラグランジュ乗数λを使って1個の式にまとめる。つまり具体的にはc_tとa_tで微分してそれぞれを0と置くことで、2個の条件式を出すわけである(m_tで微分しても式を1個出せるが、c_tとa_tの2個だけで最終的な条件式を作れるので、それはここでは省略する)。

まず1個目のc_tで微分する方は簡単である。c_tは括弧の中の最初の項と3番目の項にしか含まれていないので、他の項は微分操作の際には無関係として無視してよく、また括弧の中の項だけで作った関係式を最後に0と置くので、括弧の外のβ^tなども無関係として省いてしまえる。そのためこちらの条件式は、

$$c_t^{-\theta} = \lambda_t \tag{3-21}$$

である。面倒なのはもう一つのa_tで微分する方で、そしてここで「期待と変化率」の話が出てくるのであり、少し式の内容そのものに立ち返ってみよう。

第❸章 上級編

　その詳しい意味はともかく、数学的にはこれをa_tで微分すると、もう一個式を導き出すことができる。ただこの部分の計算でまごつく場合が多いので、そこだけは詳しく見てみることにしよう（ただし「期待」を示すE^0などの記号は、先ほどの195ページでも述べたように純粋な数学の話では邪魔なので、ここでは省略する）。

　それというのもこういう場合「この式をa_tで微分して条件式を作りなさい」と言われると、単純にΣ記号を外してその中だけを微分し、それを0と置いて条件式の出来上がり、という具合に簡単に考えがちだが、タイムラグが織り込まれていると、そういうわけにはいかないのである。

　この式のΣ記号は日数合計のことで、効用などを全期間での合計値として求めるためにつけてあるものだが、確かにもし均衡条件が1日分だけでそれぞれ完結していたならば、Σを外して中味だけ、つまり同じ日の量同士でそれぞれ関係式を作ればよい。

　しかし1日分のタイムラグを挟んで、今日と明日の量の間をまたぐ形で関係式が成り立っている場合はそうはいかず、この式では後半のλがついた括弧の中がまさにそうなっている。そこでひとまずΣの中の$t=1$と$t=2$の式を書き出してみると、$t=1$の式が、

$$\beta\left[\frac{c_1^{1-\theta}}{1-\theta}+\frac{m_1^{1-\mu}}{1-\mu}+\lambda_1\left\{\underset{※}{(a_1}+c_1)-\frac{1}{1+\pi_1}\Big((1+i_0)a_0-i_0 m_0\Big)\right\}\right]$$

(3-22)

$t=2$の式が、

$$\beta^2\left[\frac{c_2^{1-\theta}}{1-\theta}+\frac{m_2^{1-\mu}}{1-\mu}+\lambda_2\left\{(a_2+c_2)-\frac{1}{1+\pi_2}\Big((1+i_1)\underline{a_1}_\ast-i_1m_1\Big)\right\}\right]$$

(3-23)

である。そしてこれらの式全部の合計を考えるわけだが,ここでもしこの中から「a_1」という量をピックアップする場合,2つの式の※で示した部分の番号が同じになって,これらが共にa_1となっていることがわかる。そのため,この2つをペアでピックアップして,これら2つの合計をa_1で微分する必要があるわけである。

そして一般のa_tの場合も,tと$t+1$の間でこうしたペアができるため,関係式を作る場合にはいずれもこれら2つをまたいでa_tで微分し,それを0と置くため

$$\lambda_1+\beta\lambda_2\frac{1+i_1}{1+\pi_2}=0 \quad \left(\lambda_t+\beta\lambda_{t+1}\frac{1+i_t}{1+\pi_{t+1}}=0\right)$$

という形でそれぞれ式が作られるわけである(この手順は意外に難所として,ここで遭難状態に陥る人が多い)。しかしここまで来ればもう話は簡単で,λ_tは先ほどの条件式$c_t^{-\theta}=\lambda_t$を用いてc_tに書き換えて,

$$c_t^{-\theta}=\beta\left(\frac{1+i_t}{1+\pi_{t+1}}\right)c_{t+1}^{-\theta}$$

(3-24)

となり,オイラー方程式にたどり着けるというわけである。

これがかつてのケインズ経済学のIS-LM分析のIS曲線に相当するものになる,というのは純粋に経済学的な話題なので,本来それについて述べることは本書の役割ではない。し

かし読者の中には，上の話を初級編で述べたIS曲線の話と照らし合わせた時に，どこがどう「ニュー」IS-LM曲線なのかがぴんと来ず，両者のつながりや全体像が見えにくいという方もあると思うので，そこだけは簡単に述べておこう。

これがなぜ「ニューIS曲線」か

そもそも上のニューIS曲線の導出過程を眺めると，これは単にラムゼイ・モデルやRBCモデルからの延長として，消費cの時間変動を描き出したものに過ぎず，初級編の64ページで述べたIS曲線とは少し別物のように見える。そもそも初級編のIS曲線の話を振り返ると，その一番の基本部分は投資と金利の関係から成っており，そのため今までの話を額面通りに受け取るなら，このニューIS曲線はその投資と金利グラフを何らかの形でミクロ原理から演繹的に描き出したものだということになる。

ところが良く考えると，現実には投資と金利の関係は，企業家心理や社会背景などにも複雑に影響されて決まるはずで，それをこの程度のことで演繹的に導けるとは考えにくいのである。また先ほど導いた式では消費cが式の主題になっているが，初級編のIS曲線では投資＝Investmentが話題の中心だったはずで，あまり同じものには見えないのである。

ではこれらの疑問点について見ていこう。まず後者の問題だが，ここで初級編のIS曲線の説明をもう一度振り返ると，確かにそれは投資の話から出発していたものの，最終的にはそのグラフは国民所得と金利の関係として描かれていた。そして一般にケインズ経済学のビジョンでは，国家経済のいろいろな要素を切り捨てて極限まで単純化すれば，特殊

な場合には「国民所得＝総消費」と考えることも一応可能だとされている。つまり上で導いた「消費c」に関するこの曲線は，その気になれば「国民所得」を示す曲線としても解釈できるわけである。

そしてさらに，上で導いた曲線は，式の中に利子率を含んでいる（上の式でのiがそれである）。そのためそこをクローズアップすれば，これは「利子率と国民所得の関係をミクロ原理から演繹的に導いたもの」と主張することも一応は不可能ではなく，そうなれば「IS曲線の一種」としての最低限の条件はクリアされるというわけである。

少し強引な印象がなくもないが，とにかくこれをIS曲線の仲間と見なしてよいとなれば，その導出に際して「インフレ期待やその変化率」が重要要素として考慮されていたことが，俄然（がぜん）大きな意味をもってくる。もっとも逆に厳しく言えばこの曲線の取り柄はその一点だけで，他の複雑な企業家心理などの要因には歯が立たないが，少なくとも現在の動的マクロ理論ではそれは最も重視されるべきポイントである。

つまりこのニューIS曲線は，その重要要素を中核に据えてミクロ原理から演繹的に，国民所得と利子率に関する曲線を描き出したことになり，確かに必ずしもあらゆる意味で従来のIS-LM曲線を凌駕（りょうが）するほど画期的なものとは言えないものの，動的マクロ理論の観点から見る限りにおいては，大きな意義をもつ有力ツールだということになり，実際に現場でも使われているとのことである。

なお後半のLM曲線の話も，多少これより複雑精巧だが，基本的な考え方やスタンスはこれと同様であり，とにかくこう考えれば初級編の話と一応つながるので，読者はひとまず

最初の段階ではそのように理解して先へ進んではどうだろう。

それはともかく、一応この部分までを理解すれば、現代マクロ経済学の隠れた最大目標、つまり「帰納法的だったケインズのマクロ経済学を、ミクロ原理から演繹的に制圧する」ことの領域に、少なくとも片足だけは踏み入れることができたことになる。

実際、ここから先は単なる技術的（経済学と数学での）な問題の話でしかないので、読者は一応最重要部分を俯瞰できたと言ってよいのではあるまいか。

（4）DSGEモデル

本格的なDSGEモデル（インフレ・ターゲット論）での使用法

そしてこれによって動的均衡理論は「ミクロ原理からマクロ理論を作る」という狙いを達成した後、現実にはむしろインフレ・ターゲット論などで有効な手法となっていったというわけだが、上のことを理解していれば、もう読者はそこへも斬り込んでいくことは十分可能となっている。

それらのインフレ・ターゲット論の場合も、式の形は複雑であるが、基本的には上の話と同じもので、まず「最小化したい量」を書き出す一方、インフレ状況下での人々の「期待感」を考慮して、タイムラグを挟む形での何らかの制約条件を想定する。

そしてそれらがあれば、やはりラグランジュ乗数を使ってそれらを合計した形でラグランジュアンを設定することがで

きる(なお制約条件が何個もある場合には,ラグランジュ乗数も複数個用意して,長いラグランジュアンを書くことができる)。

そしてそれらについて先ほどと同じ要領で,タイムラグを挟んだ形で微分してそれを0と置いた式を何個か作り,最後にそれらをラグランジュ乗数を介して1個の式にまとめれば,オイラー方程式にたどり着けるというわけである。

ここで実際にやっても良いのだが,ただそれらは多くの場合,制約条件を複数個組み込んだ式になるため,非常に長い式となって,追う手間だけは非常に面倒になるので,ここではそれは省略しよう。

ただ読者は,十分な忍耐力さえあれば,少なくとも純粋に数学的な面だけではそうした式でも追うことができるはずである。そしてその問題はすでにほぼ実戦レベルのものであるため,読者はこの段階でいつの間にかそのレベルに達していることになる。

なお現在の多くのDSGEモデルでは,上の話に加えて,確率過程の話を入れた解析も組み込んだものになっているが,それは大きく見れば枝葉的な修正に過ぎない。そしてそれに必要なランダム・ウォークの話については,本書の確率論とブラック・ショールズ理論に関する部分で述べてあるので,読者は特にその中級編を参考にすれば,必要な基本知識を得ることができるはずである。

ともあれ読者は上の話までが理解できれば,すでに「マクロ経済学の動的均衡理論がわからない人間」ではなくなっていると思って良いのである。

第❸章 上級編

3
ラグランジュ乗数とハミルトニアンの関連性

学部の「静的な」最適化問題で登場するラグランジュ乗数

ところで上で登場したラグランジュ乗数（ラグランジュの未定乗数法）の話は，学部レベルの静的な最適化問題でも登場し，学部では結構な難所になっているようなので，そういう読者のために，これについても以下に少し述べておこう。

そこで扱う問題とは，例えば「限られた予算内で，2種類の製品の生産割合を何対何に設定すれば，コスト効率が最大になるか」を求める，などというものだが，これは先ほどまでの動的理論の話が先に頭に入っていれば，それを一段簡略化した話として簡単に理解できる。

具体的な問題として，例えばそれらの生産量をそれぞれx, yとして，もしxとyの積が最大になっていれば，その時に生産効率がベストになるとしよう。

この場合には，まずxとyをかけた「xy」が「最大化すべき量」である。またそれぞれの1個あたりの生産コストをそれぞれp, qとして，予算の上限がIで，全体の生産コストをぴったりそれに収める形で行う必要があるとしたなら，この場合生産にかかる全体のコストは$px + qy$となるから，「$px + qy = I$」が制約条件だということになる。

もうここからは先ほどと全く同じである。つまりラグランジュアンLを

207

$$xy + \lambda(px + qy - I)$$

という形に設定し，これをxとyで微分してそれぞれ0と置いた2つの式を出せばよい。それらは，xで微分したものが$y + \lambda p = 0$，yで微分したものが$x + \lambda q = 0$となるから，先ほどと同様にこの2つの式を，λを介してつなげてしまえる。そして両者をつなげた式は$\dfrac{y}{p} = \dfrac{x}{q}$となるから，もし$x : y$が$q : p$ならこの式が満たされ，結局$x$と$y$の生産量を$q : p$に設定すればよい，ということになるわけである。

そしてこれはある意味で高校の極値を求める問題の拡張版なのであり，高校の極大化の問題では，基本的に製品などが1種類だけの問題で極大を考えていたが，この場合には2種類の製品x, yについて極大化を行っており，そこが大きな違いである（一方これに対して大学院の動的均衡の問題の場合，2種類の製品x, yのかわりに「今日と明日」の2つの間で極大化を行っており，それゆえに静的な問題が「動的」になっているのである）。

そもそもこの学部レベルの静的な話は，一応はラグランジュアン，制約条件，未定乗数法などの方法を全部使っているが，実はこの問題は高校の微積分の延長でも十分に解くことができ，どうしてもこのメソッドを使わなければ解けないというわけではない。確かにそれらを使えば機械的，自動的な手順で解けるというメリットはあるが，この種の静的な問題では，わざわざこのメソッドを使う必然性は先ほどの動的な問題に比べると，かなり乏しいとも言えるのである。

実際物理の側から眺めると，何かむしろ先ほどの大学院の

動的な問題でのメソッドが先にあって，それをスペックダウンする形で，こうした学部レベルの静的な問題にも使われるようになったような印象を受けるのである（そもそも物理の解析力学では，ここまでスペックダウンされたものを「ラグランジュアン」と呼ぶ習慣自体があまりない）。

　喩えて言えば，大学院の動的均衡の問題を，成層圏を超えて宇宙の玄関口まで行ける高性能機だとしよう。そしてこちらが先に開発されたのだが，機体の設計が良いので低空用にも使おうということで，各部を大幅にスペックダウンした安価な低空専用の機体がローカル路線用に作られ，それが学部レベルの静的な最適化問題のラグランジュアンだと考えると，妙にしっくり来るのである。

　確かにこのようにすると，両者の間で部品や整備の共通化ができ，パイロットも訓練の初等段階でまず低空機に慣れておいて，将来成層圏用の高級機に容易に乗り換えられるというメリットがある。しかしそういう場合，低空機には不必要な高級な設計が随所に残っていて，初めてこの機体に接する訓練生には，その理由がわからないことがしばしば習得の障害となりがちである。そのため訓練生は，機体設計のそういう背景だけは知っておく必要があり，その意味ではここでもそれと同様，学部生もむしろ上の話を知っていた方が，かえって理解が楽ではないかと思うのである。

ハミルトニアンとラグランジュ乗数

　そして経済学部の学生が，学部の静的な最適化問題と大学院の動的な最適化問題を比べたときに恐らくもう一つ悩む問題があり，それは大学院の動的均衡理論ではラグランジュア

ンと一緒に「ハミルトニアン」というものが出てくるが，これが一体何なのかさっぱりわからないということである。そしてまた学部レベルのラグランジュアンの話ではこれが登場せず，そのあたりの事情がどうなっているのかもわからない。そして経済学ではかなり上級レベルの参考書でも，それに関するきちんとした説明が与えられることは稀であるように見えるのである。

 ただ，実際のマクロ経済学ではラグランジュアンだけでほとんど話ができてしまい，ハミルトニアンについて知らなくても現場では大して困らないようである。しかしそれでも，これが何であるかがわからないことは全体の理解の上での大きな障害となるので，ここではそのイメージについて述べておこう（そのため読者は計算の詳細については理解できなくてもよい）。

 この「ハミルトニアン H」というものは，物理の解析力学でラグランジュアンの姉妹的な概念として登場したもので，実際に両者は公式によって互いに変換できるため，実質的に同じものが異なる表現形式をとっているだけとも言える。しかし経済学の世界ではラグランジュアンがメインのツールとなっているのに対し，物理の世界では逆にハミルトニアンがメインになっていて，そこではむしろラグランジュアンの側が，単にハミルトニアンに至るための過渡的なツールの立場に落ちており，両者での状況は著しい対照をなしている。

 では両者はどう違うのだろうか。それをまず思想の面から一言で言うと，ラグランジュアンは「何かを最小化する」という思想からスタートしているのに対し，ハミルトニアンは「何かを常に一定不変にする」という思想がベースとなって

いるということである。

　この話を難しく思った文系読者は，ここでジェットコースターを思い浮かべていただきたい。一般にジェットコースターは，上から降りてくるに伴ってスピードが増して，コースの最下点でその速度は最大となり，運動エネルギーもそこで最大になる。逆にコースの最頂点ではスピードを失って運動エネルギーの方は最小となるが，この時は高い位置にいるために，大きな「位置エネルギー」をもっており，それはこれから運動エネルギーに変えることができる。

　これは経済の話の場合だと，ちょうど消費と貯金の関係がややこれに似ている。つまり貯金を全部下ろして豪勢な消費を行っている状態が，先ほどのコースターが最下点で猛スピードで突進している状態に相当し，逆に消費を我慢してそれを銀行に貯金している状態が，コースの最頂点でスピードは失っているものの，位置エネルギーは多くもっている状況に相当する。この位置エネルギーは，より物理らしい用語で言えば「ポテンシャル・エネルギー」だが，とにかくこれが貯金に相当するわけである。

　そしてここで物理学の根本をなす重要な基本法則は，この両者を足した値が常に一定の大きさになるということである。つまりコースターがどの位置にあっても，これら運動エネルギーとポテンシャル・エネルギーの両者を合計した「全エネルギー」は，常に全く同じ値になってしまうのである。

　そしてハミルトニアン H の値はまさにこの「全エネルギー」を意味しており，特に物理の場合，天体などがこの「全エネルギー」を一定にする形で動いている，という話にこれがぴったりはまることになった。

要するに正しいパスの上ではHは常に一定値を保つというわけだが、これを一般化することで「天体や宇宙は、その全エネルギー（つまりH）が常に一定に維持されるようなコースを選んで動いている」という壮大な哲学的意味をもって解釈できることになったのである。

　実は物理学者たちは解析力学を作った時に、まさにこういうものをこそ求めていたのであり、ラグランジュアンの時にはLの値が具体的に何を意味するかの物理的なイメージは今一つクリヤーではなく、その点で不満の残るものだった。しかしHの値が意味する「全エネルギー」は物理的意味の明確さという点で文句のつけようがなく、その観点からはむしろこちらこそが探していた本命の量だったのである。

　そしてもう一つのメリットとして、Lの場合には今まで見てきたように、各パスの上でいちいち始点から終点までの合計値を求めて、どのパスでその合計値が最小になるかを比較する必要があった。しかしハミルトニアンの場合には単に、あるパスの上でHの値が一定値を保ち続けるかどうかを確かめるだけでよく、いちいち始点から終点までの合計値を求める必要がない（それは経済学部では次のことで実感できる。つまりLの式は全時点についてΣや$\int$で合計値を求める格好になっているのに対し、Hではその必要がないので式にΣや$\int$がついていないのである）。

　とにかく物理の世界ではこれらのメリットは圧倒的で、その結果ハミルトニアンの側がラグランジュアンを押しのけるようにして、主力ツールとなっていったのである（なお物理の世界のハミルトニアンについて詳しく知りたい読者は『物理数学の直観的方法』のその章を参照されたい）。

経済学でのハミルトニアンの使い方

では経済学ではHをどう使っているかを,思想的な面がわかりやすいように少しデフォルメした形で述べてみよう。

そこでラグランジュアンを作る場合の基本パターンを振り返ると,まず最大化(あるいは最小化)すべき量をWとして,そこに制約条件がつくとする。そして先ほどのジェットコースターの話では貯金のことが話題になっていたので,ここでもfを貯金や手持ち資産だと考えて,そこに制約条件がついていると考え,それが$f = I$のような形で与えられているとしよう。

この場合には以前のメソッドに従って,この部分を$f - I = 0$のように「= 0」の形に直して末尾につける。つまり,

$$L = \sum W + \lambda(f - I)$$

のような形でラグランジュアンを設定するというのが,標準的な方法である。この場合,制約条件がちゃんと守られている限りは,右辺の第二項は常にゼロになるのだから,λはどんな数でもよく,結局第一項のWの性質がそのまま式全体に反映されて,「L全体が最小化される」状態が維持されたまま冗長度を稼ぎ,「式の生成装置」としての能力を上げていたわけである。

それに対してハミルトニアンHの場合,まず式を,

$$H = W + \lambda f$$

のような形にして「このH全体を常に一定値に保っていく」ということが,むしろ基本思想となる。つまりもし第一項のWが増減したとき,第二項がそれを補って全体を一定

値に保つのであり、それは経済学部では次のように考えるとわかりやすい。つまり第一項のWが「消費による満足感」だとすると、第二項λfは「貯金通帳の数字を眺めることで得られる満足感」だと考えるのである。

　場合によっては貯蓄マニアの中には、むしろ後者の方が満足感が大きいという人もあるかもしれないが、とにかくこの場合には、両者を足した総和としての人間の満足感は常に一定値になり、たとえ手持ちのお金を消費に使おうと貯金しようと、その値は結局変わらないと考えるわけである。

　そしてこの場合、λの値を適切に調節することで、fがどんな値の量であっても全体を一定不変に保つことが可能となる。しかしそうなるとこの場合には、λはどうでもよい数というわけにはいかなくなり、さらに言えば単なる定数では不十分で、$\lambda(t)$のように時間的に微妙に変動する関数として、調整作業の重要部分を担う必要がある。

　そしてその場合には、λは何らかの経済的意味をもつことになるが、それをイメージすることは、このように第一項Wを「消費による満足感や効用」、第二項λfを「貯金のもつポテンシャル」だと考えて、先ほどのジェットコースターの話と同様に、両者が互いに横同士でスライド式に転換できると考えれば、さほど難しくない。つまりこの場合のλは、手持ちのf（貯金・資産）を消費に回した時に、それがどれだけの消費の満足感に変わるかを求めるための換算係数なのである。

　つまりこの場合、もし手持ちの資産fを全部消費に回した時、その消費の満足感Wの増加量がちょうどλfに等しかったとする。その際には、両者の合計値$W + \lambda f$は、たとえ第

二項λfの側が0になっても、その時にはWの側がぴったりその分だけ大きくなるので常に一定値になる。そしてその際に前者を後者に換算するための係数がλである。

ただ経済学の関心からは、単に個人の間で消費と貯蓄が横同士にスライドして行ったり来たりするだけの話では理論としての面白みがなく、応用価値も乏しい。しかし経済の場合には物理と違って、両者を合計した全資産・資本の大きさ（全エネルギーに相当する）は、経済成長によっていわば縦方向に拡大させることもでき、むしろそれは経済成長理論の観点から重要な話である。

そしてその縦方向の拡大に際しても、この換算係数λは同じものが使える。その場合このλは、資本・資産が（縦方向に）1単位増えたとき、それを消費に回したならどのぐらいの満足・効用となって現れるかを示す数値として解釈できる。そして経済学ではむしろλはこの意味で解釈されて「帰属価格（Imputed Price）」と呼ばれ、経済学上も重要な意味をもっている。

一方ここで比較のためラグランジュアンLの時を振り返ってみると、ラグランジュ乗数λの経済学的意味は（何しろ話の原点が「どうでもよい数」なので）、少なくとも当初の段階ではあまりはっきりせず、その意味はむしろハミルトニアンHの概念を一旦経由することで明確になっているというのが実情である。

学部レベルでのラグランジュ乗数

一方同じラグランジュアンでも、207ページで扱った学部レベルの静的な最適化問題と比較してみると、こちらはまた

話が違っており，そこには「何かを最大・最小にする」という思想があるだけで，「何かを常に一定値に保つ」という思想はない（強いて言えば，そういう量は制約条件の中に組み込まれていて，そこですでに完結している）。そのためそこではハミルトニアンの概念は特に形成されないのである。

ところがそれでもラグランジュ乗数λだけはそこにも登場しており，それがなぜかを見ておこう。以前に207ページで扱った問題を振り返ると，それは2つの製品xとyの最適な生産量を求める問題だったが，その時はその答えは「xとyの生産比率が$q:p$」という形で求まっていた。しかしこの問題ではさらに制約条件によって「両者の合計生産コストがI」と定められていたため，単なる比率からもう一歩進めて，xとyの生産量そのものを具体的に求めることができる。

そして中学や高校の数学でこういう時にどうしたかを思い出すと，xとyの生産比率は常に同じ$q:p$なのだから，それぞれの生産量は適当な比例定数aを設定することで$x = aq$，$y = ap$と書ける。そのためそれを予算制約の式（$px + qy = I$）のxとyの部分に代入すれば，$aqp + apq = I$より$a = \dfrac{I}{2pq}$となって，それを使えば具体的な生産量を求めることができる。つまり両者の生産量は最終的に$x = \dfrac{I}{2p}$，$y = \dfrac{I}{2q}$となるわけである。

実は学部レベルの最適化問題では，この比例定数aをラグランジュ乗数λと見なしているのであり，そのため結果的に式全体の格好が動的理論とやや似たものになるのである。そ

してこの比例定数aはその気になれば経済学的意味を考えることができ，その点ではこの学部レベルの問題ではラグランジュ乗数λは「どうでもよい数」ではなく，一応はちゃんとした経済的意味をもっている。

実際例えば，「xとyの比率を最適比率（つまり$q:p$）に保ったままで予算規模Iそのものを拡大していったとき，全体の効用水準がそれに比例してどれだけ増えるか」という問題の場合，その比例係数がこのλである。つまり予算Iを1単位（縦方向に）増やした時，その全体の効用がどれだけ増えるかの値がλだというわけである。

こうしてみると学部レベルの静的な最適化問題には，一応「縦方向への拡大」の話が入っており，そのため皮肉なことにラグランジュ乗数λの意味だけは，むしろ大学院の動的理論でのラグランジュアンの場合よりも明確になっているのである。ただし上の話からもわかるように，これら三者は出発点の思想において少しずつ異なっており，それを意識していた方が理解はスムーズに行くだろう。

とにかくこの一連の話は，この理系文系双方にまたがる錯綜した背景を知らないと，実は本当に理解するのはかなり難しかったのである。

物理と経済学のハミルトニアン

なおマクロ経済学のハミルトニアンが物理のそれとどう違うかを比べると，その使い方などがさらによくわかるので，ここで少し見ておこう。一般に物理の場合，先ほどから述べているように「この世界の全てを合計した全エネルギーは一定不変である」という基本思想に忠実，という特徴がある。

例えば次の図の左のように，衛星軌道などが段階的に上のレベルに移行していく場合，各軌道ごとに眺めると，その中ではHの値（運動エネルギーとポテンシャルエネルギーの和）はそれぞれ一定値が保たれている。逆に言うとそれを一定値に保つようなパスがそれぞれの楕円軌道である。

物理のハミルトニアン　　　　　経済のハミルトニアン

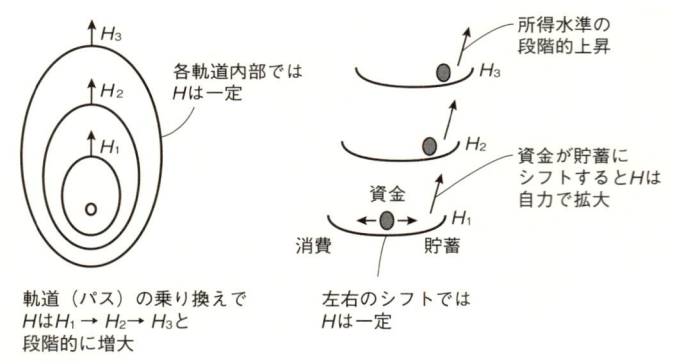

（図：左側は物理のハミルトニアンで、同心楕円軌道 H_1, H_2, H_3 が描かれ「各軌道内部ではHは一定」「軌道（パス）の乗り換えでHは$H_1 \to H_2 \to H_3$と段階的に増大」。右側は経済のハミルトニアンで、3つのお椀型ポテンシャル H_1, H_2, H_3 が段階的に上昇し、「所得水準の段階的上昇」「資金が貯蓄にシフトするとHは自力で拡大」「消費←→貯蓄」「左右のシフトではHは一定」）

図3.7

　そしてロケット燃料を吹かして次々に上の軌道に移行するに従って，その値はH_1, H_2, H_3のように大きくなっていく。つまりこれはいわば次々に上のパスへの乗り換えを行っているのだが，物理の習慣ではそれらは各軌道ごとにそれぞれ別の問題として扱われ，「Hは一定」という基本的な態度自体は，各軌道の内部で個々に維持される傾向が強い。

　一方経済の場合で上に似た問題を考えると，例えば図の右のように所得水準が段階的に上昇していく状態で，その各時点で資金を消費と貯蓄にどうシフトさせるか，などの問題が

それに相当する。

　ここでも各時点ごとに眺めると，その内部ではHの値（要するに消費の満足感と貯蓄の満足感の和）は，手元の資金をどちらにシフトさせても変わらず，それぞれ一定値が保たれる。そして所得水準の段階的な上昇が，先ほどと同様に上のパスへの乗り換えに相当し，その際にはやはりHの値は段階的に大きくなっていく。しかし経済学では物理のようにこれらを各パスごとにそれぞれ別の問題としては考えず，むしろこのパスの乗り換えをシームレスに捉えて，全体を一個の問題として考える傾向が強い。

　それは経済学の場合，この所得水準の上昇過程それ自体が，経済成長の観点から関心となるからであるが，さらにこの場合，もし各時点で資金が貯蓄の側に大きくシフトすると，金利の力で資金自体が拡大するため，自力で所得水準を上のレベルに移行させてしまうということが起こってくる。つまり物理の場合と違って，わざわざ故意に燃料などを噴射して外から力を加えずとも，自然に自身の内部からH自体の拡大がもたらされてしまうのであり，そのためこのような金利も含めた一連の動きを全体として捉える場合には，「Hが一定」という基本にこだわるのはあまり意味がないことになる。

　つまり第1段階で「資金が横方向にどうシフトするか」という局面ではHは確かに一定だが，その横へのシフトの結果，第2段階として縦方向へのパスの乗り換えが起こることになり，経済の場合にはこういう2段階のメカニズムとして眺めるとわかりやすいと思われる。

具体的なハミルトニアンの使い方

　思想的背景は以上で，普通は読者はここまでを理解すれば十分なのだが，大学院生でマクロ経済学でのハミルトニアンの具体的な使い方について知りたいという読者もあると思うので，そういう人のために，ハミルトニアンを使って表現した問題で，ラグランジュアンの時と同様にオイラー方程式にもっていくまでの過程を，一挙に見てしまうことにしよう。

　具体的な問題としては，先ほどの $H = W + \lambda f$ をもう少し肉付けしたものを用いる。この場合，第一項の最大化すべき量 W は「今月1ヵ月間の消費がもたらす満足感」だが，その中身はここでは大して重要でないので，以前にRBCモデルなどで使ったのと全く同じものをそのまま使って，ここを184ページのように $e^{-\rho}u(c)$，またはもっと簡単に $e^{-\rho} = \beta$ と置いて $\beta^t u(c)$ としておこう。要するに消費額 c がどれだけの満足感や効用になるかが基本的に $u(c)$ という関数で与えられ，それが1ヵ月ごとに β 倍に目減りしていくというわけである。

　一方第二項は「貯蓄がもたらす満足感」だが，これを具体的に設定する場合には，単純に通帳の中の預金総額として考えるより，むしろ「今月1ヵ月でいくらの金額を貯金できたか」つまり残高の1ヵ月間の増加分の値として考えた方が実態に即している。実際，預金通帳の底にベースとまとまって存在し続ける何百万円かの貯金は，慣れてしまって毎回新鮮な満足感の源泉となるわけではなく，むしろ貯金の1ヵ月間の新たな増加量がその都度，達成感の本体をなすと考えた方が良い。そしてその達成感を，先ほどの1ヵ月間の消費の満足感と足すと，その和が常に一定になるというわけである。

そのため具体的に第二項の中身を書くと、まず最初の手持ちの資産をk_tとしたとき、消費cを行った後の手元の資産は$k_t - c$で、これが利子率rで増えるので、1ヵ月の間にそれで増えた貯金残高の量は$r(k_t - c)$である。そしてこれに月末に外から振り込まれた給料yを足した$r(k_t - c) + y$が、この1ヵ月で通帳の中に加算された金額である。そのため一番簡単に考えれば、ハミルトニアンの具体的な形は、

$$H = \beta^t u(c) + \lambda(t)(r(k_t - c) + y)$$

となる。そしてこのλが、通帳の中の貯金額の数字を消費の満足感とつなぐ換算係数の役割を果たして、それらを互いに横同士に融通した際に、Hの大きさを一定に保つわけである。

そして一般にはハミルトニアンを設定した後は、定番的なメソッドとして、最適制御理論のツールであるポントリャーギンの「最大値原理」の公式、

$$\frac{\partial H}{\partial c} = 0$$

$$\frac{\partial H}{\partial k} = -\dot{\lambda}$$

を使うと、オイラー方程式が求められる(なおこの公式のイメージは、上の1番目の式が、先ほどの第1段階の消費と貯蓄の横同士の融通に対応し、下の2番目の式が、第2段階の所得水準の拡大の話にそれぞれ対応する、と思ってもそう間違いではない。実際上の1番目の式では、資金を消費cの方にシフトさせてもHに変化がないことが示されている)。

そこでまず最初の式 $\frac{\partial H}{\partial c} = 0$ にこの H を代入すると $\beta^t u'(c) - \lambda r = 0$ となる。一方2番目の式の $\frac{\partial H}{\partial k} = -\dot{\lambda}$ は、左辺に H を代入すれば λr、差分形式だと λ はむしろ1期後をとって $r\lambda_{t+1}$ である。一方右辺の $-\dot{\lambda}$ を差分形式で書けば $\lambda_t - \lambda_{t+1}$ だから、$r\lambda_{t+1} = \lambda_t - \lambda_{t+1}$、つまり $(1+r)\lambda_{t+1} = \lambda_t$ (あるいは $R \equiv 1+r$ と置けば $R\lambda_{t+1} = \lambda_t$) である。

そして式が2つあるのでこれを λ でつなげればオイラー方程式を作れるが、むしろこの場合には1番目の式を t と $t+1$ で書いて2個の式,

$$\beta^{t+1} u'(c_{t+1}) = r\lambda_{t+1}$$
$$\beta^t u'(c_t) = r\lambda_t$$

を作り、先ほどの2番目の式 $R\lambda_{t+1} = \lambda_t$ は、むしろそれらの右辺同士をつなげるために用いる。つまりそれを使えば、
$$R\beta u'(c_{t+1}) = u'(c_t)$$
となる。u' の形は、最初に与えられた $u(c)$ の式の微分として既にわかっており、そしてこれは c_{t+1} と c_t の関係式なので、オイラー方程式が得られたことになるわけである。

では比較のためこの同じ問題をラグランジュアンで書くとどうなるかを見てみよう。まず制約条件だが、ここで今月末 (または来月初め) の貯金残高 k_{t+1} がいくらになるかを式で表すと、利子が r の時は全体が $R \equiv (1+r)$ 倍に増えるので、$k_t - c$ が1ヵ月ごとに R 倍に拡大し、これに月末に振り

込まれる給料 y を足したものが月末の残高なのだから，$k_{t+1} = R(k_t - c) + y$ である。

そこでこれを一種の制約条件と解釈して，以前と同じパターンで $R(k_t - c) + y - k_{t+1} = 0$ の形にすれば，以前と同様にこれをラグランジュアンの第二項として採用でき，一方第一項の方は H の時と同じなので，ラグランジュアンの基本形は

$$L = \sum \beta^t u(c) + \lambda_t (R(k_t - c) + y - k_{t+1})$$

となる（なお先ほど，L の式には $\sum$ や $\int$ をつけねばならないが H にはその必要がない，と述べたが，実際に両者の式はそうなっていることがわかる。また表現の意味を厳密にするために，第二項のラグランジュ乗数を λ のかわりに μ という記号を使って，第一項の β^t の部分をあらかじめ組み込んだ形で $\beta^t \mu$ などと書いておく場合もある）。

そしてオイラー方程式を得るためにまずこの L を k_{t+1} で微分して0と置くと，$\lambda_{t+1} R = \lambda_t$ となり，H の時の2番目の式と同じものが出てくる。一方 L を c で微分して0と置いた式を，H の時と同様に t と $t+1$ の場合で書くと，それらは $\beta^t u'(c_t) - R\lambda_t = 0$ および $\beta^{t+1} u'(c_{t+1}) - R\lambda_{t+1} = 0$ である。そこでこれを先ほどの2番目の式でつなげると $R\beta u'(c_{t+1}) = u'(c_t)$ となって，全く同じオイラー方程式が得られることになり，H と L は最初の表現形式は違っているが，結局同じことを言っているわけである。

教養として動的マクロ経済学を知ることの意義

なお先ほどの2段階の拡大メカニズムだが，実はこれは経済学のオリジナルではなく，先代である最適制御理論の段階

で持ち込まれたもので、もっと広くいろいろな問題にも適用が可能である。例えば米や麦などの穀物を「今年食べてしまう分」と「来年まくために取っておく分」にどう分ければ将来的に豊かさ全体を向上させられるか、という最適化の問題としても考えることができる。

この場合は前者が消費、後者が貯蓄に相当し、それらの配分を横同士で融通し合うという話が第1段階である。そして前者つまり今年食べる量の割合を増やして一時的に食生活を充実させても、長期的に見るとそれは総合的な豊かさHの向上にはつながらない。

それに対して後者つまり来年まくためのストック量の割合を増やすと、長期的に穀物生産・消費量の向上につながるため、総合的な豊かさH全体が底上げされ、ストック量自体も年度ごとに増大することになる。

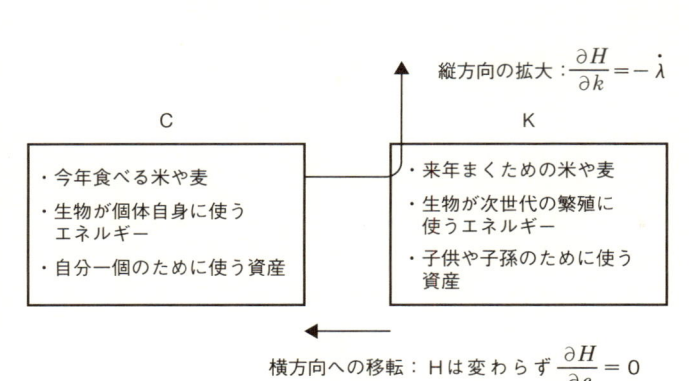

縦方向の拡大：$\dfrac{\partial H}{\partial k} = -\dot{\lambda}$

C
- 今年食べる米や麦
- 生物が個体自身に使うエネルギー
- 自分一個のために使う資産

K
- 来年まくための米や麦
- 生物が次世代の繁殖に使うエネルギー
- 子供や子孫のために使う資産

横方向への移転：Hは変わらず $\dfrac{\partial H}{\partial c} = 0$

図3.8

これはさらに理系的な話の形で一般化すると、生物全般の

繁殖の問題として捉えることもできる。その場合には上の話は，生物が周囲から得たエネルギーを，自身の個体一個の活動のために使うか，それとも次世代の繁殖のために使うかの話として読み替えられ，その割合をどう設定すると生物種全体の繁栄につながるか，という最適化の問題として考えることができるわけである。

そうなると今度は文系側がこれを再び社会問題にフィードバックして，例えば個人がもつ資源や収入を，自分一個の人生を充実させるために使うか，子供や子孫のために使うかの選択が，やはり上と同じパターンになる。つまりその割合や状況をどう設定すれば，社会全体の長期的な豊かさにつながるか，という問題として捉えられるわけである（これは，少子化問題などとも関連して眺めることもできるかもしれない）。

これらはいずれも数学的には最適制御の問題として，全く同じパターンを使うことができる。一方先ほど物理のハミルトニアンを経済などの場合と比較した時，物理の方が「合計値が常に一定」という思想に忠実であるため，こういうメカニズムを扱うだけの柔軟性が欠けているように見えたかもしれない。

しかしある意味で物理の方が思想的に一段深いのであり，例えばそのように経済成長などで全体の水準を底上げすることが可能になった時でも，視野をもっと広げると，どこかにその代償として減っている量が何かある，という深い哲学が根底にある。例えば一般に資本主義社会の経済成長は資源の消費で成り立っており，金銭的な富の代償として，広い意味での資源（地下資源だけでなく知的，社会的な資源も含めたも

の)が必ずどこかで減っていると見ることができる。そのためカメラを大きく引いてそこまでを視野に入れ、両者を足したものをハミルトニアンだと考えるなら、窮極的にはそれは一定値が保たれるという話になるだろう。

このように「一定で増えない量」を物理では「保存量」と呼んでおり、ハミルトニアンの場合、こういう量がどこかに設定されることになるが、ラグランジュアンの場合にはその必要がない。

つまりその単純さが好まれて、マクロ経済学ではラグランジュアンがメインに使われている、と見ることができる。

しかしもう少し穿った見方をするならば、ハミルトニアンの「保存量」のような考え方は、突き詰めれば「たとえ一見どこかで富が増えたとしても、どこかで何か他のものが減っていて、それらを合計すると結局は社会の総合的な富や豊かさは一定不変で増えない」という思想を持ってきてしまう。これは米国の資本主義社会の「社会はどこまでも豊かになりうる」という神話や教義と鋭く対立するため、そこが嫌われてあまり使われていない、と見ることもできなくはない。

しかし将来「持続可能な経済」という考え方が支配的になってきた場合には、むしろラグランジュアンよりハミルトニアンのこういう使い方の方が、マクロ経済学の主力になってくるかもしれない。そしてそうなった場合、このツールが経済学の世界ですでに国際標準として普及しているということが大きなメリットとなりうる。つまり現在、環境の経済学と国際金融ビジネスの経済学は、水と油で接点を見つけにくいのだが、これをうまく使えば現場で両者を融合させることが比較的容易にできるかもしれないということである。

これは物理屋ならではの指摘かもしれないが，しかしそこまでを視野に入れておくと，これを教養として頭に入れておくことの価値は馬鹿にならず，日本の経済学が将来「攻め」に転じる際に記憶のどこかに留めておくと良いと思われる。そのことも含めて，現在のマクロ経済学に関しては単に丸暗記でなく，背後の思想的背景から教養としてしっかり理解するということこそ，現在の日本に何よりも求められていると筆者は思うのである。

第 4 章

経済学部で知っておくべき微分方程式の基本思想

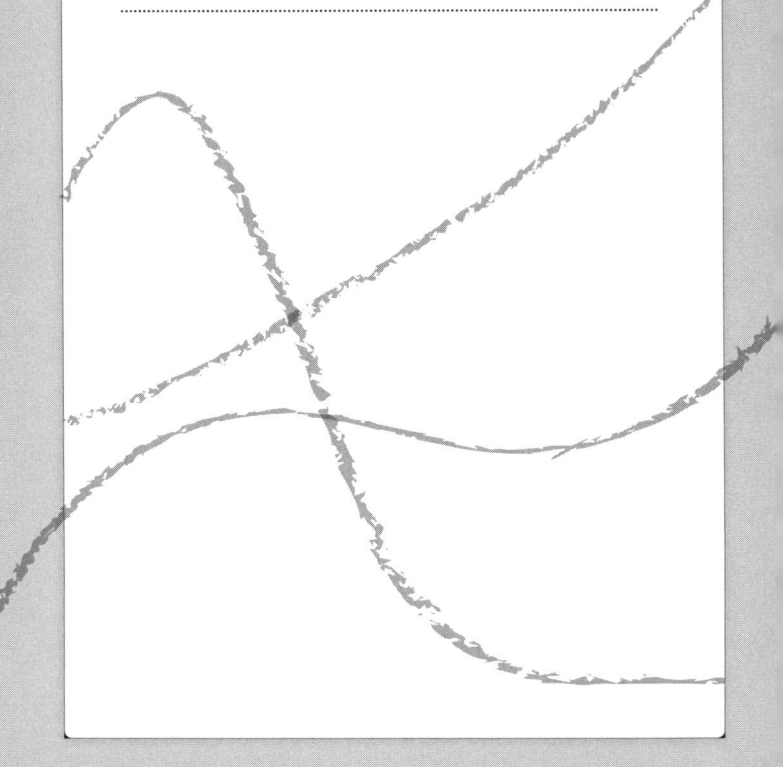

経済学部での特有の問題点

　微分方程式というものについては，初級編でもその意義の大きさなどについて簡単に述べたが，経済学部ではこの微分方程式については，きちんとした形で教わる機会が少ないようである。

　ただそれには一応の理由があり，初級編でも述べたように，ケインズ時代レベルまでの経済学では，ワルラスの一般均衡論にせよケインズ経済学にせよ，この微分方程式は本格的にはツールとして使われていなかった。そのため経済学部では，これは学部前期あたりまではさほど必要ではなく，「2大難解理論」に差し掛かったあたりで本格的に要求されてくる。実際に経済学部生が初めてこの微分方程式に接するのは，動的マクロ理論での「オイラーの微分方程式」や，ブラック・ショールズ理論での確率微分方程式の話の時だという場合も多いようである。

　ところがこれは学ぶ側の立場からすれば大問題で，理工学部では微分方程式は普通，簡単な力学の問題などで十分な時間をかけて習得してから，本格的に高度な理論での応用に進んでいく。ところが経済学部では，この「二大難解理論」に差し掛かったあたりで唐突に登場するので，ただでさえこれらの理論自体が難しいのに，その時に同時に微分方程式の習得も一挙に行わねばならない。その際には現場では，どうしても後者に十分な時間はかけられず，これを誰がいつ教えるのかの責任の所在も曖昧になりがちである。

　そのためほとんどの経済学徒が，この微分方程式というものの基本思想が何であるかがほとんど理解できていない状態のままで，表面的な応用を強いられており，「なぜ方程式の

中に微分が入ってくるのか」「そもそも今求めているものは一体何なのか」という一番基本的なことについてさえ，頭の中にイメージが描けていない場合が多いのである。

その意味ではむしろこれは経済学部では二大難解理論以上の隠れた難所であるかもしれず，そのため本書では上級編のこの短い章で，その基本思想の解説を最短距離で試み，一挙にその欠損部分を補っておこうと思う。現実にこういう視点から解説されたものは思いのほか少ないのであり，そのため以下の10数ページは経済学部生にとって極めて貴重なものとなるかもしれない。

初級編の話の整理

ではまず初級編の話をもう一度整理して詳しく復習しておこう。ここでもその思考の母胎となったのは天体力学だったが，まず占星術の時代以来，天体力学が目的として知りたいのは「天体の位置」である。その一方，リンゴの話の時以来，天体を動かす原動力としてその中心に据えられたのは「引力」であり，この両者をつなげば「天界の運行」がわかる，というのが基本的な構図である。

ところがこれらは30ページの彗星の話のように，いずれも刻々変動する量で，共に時間を横軸にとったグラフで表現されるため，従来までは，そのように刻々変動する連続的な量の相互関係を求めることは難しかった。ところがここで決定的な役割を果たしたのが微積分であり，これを使えば，位置のグラフから階段を2段下りるようにして，原動力となる引力・加速度のグラフに行き着くことができ，逆に後者から階段を2段上がれば前者のグラフにたどり着くことができ

る。

　なお初級編では省略していたが，この場合，その中間の階段1段分のところにあるのは「速度」のグラフで，それも含めて全体の状況をあらためて整理しておこう。まず例えばある天体の位置が1秒ごとに3kmずつずれていたとすれば，その「位置の変化率」が即ち速度で，この場合にはそれは秒速3kmである。そしてこの変化率を求める手法こそが「微分」であり，要するに位置のグラフに1回微分操作を施せば，速度が求まるというわけで，これが次の図の①である。

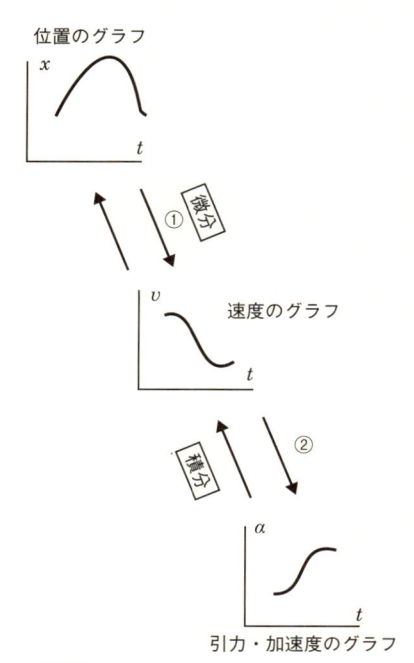

図4.1

第❹章　経済学部で知っておくべき微分方程式の基本思想

　一方この速度の方も刻々と変化しており，天体が外から太陽などの引力で加速されていると，軌道上でその速度はだんだん増していく。そのためこれもやはり上と同様のグラフで表現され，その「速度の変化率」が即ち「加速度」であり，これが図の②の微分操作である。

　そして一般に天体が受ける加速度は，太陽などからの引力に比例するので，この場合には加速度と引力は事実上イコールだと考えてよい。

　つまり「位置の変化率」→速度，「速度の変化率」→引力・加速度であり，そのように位置のグラフから出発して2回の微分操作を行えば，階段を2段下って，原動力である引力・加速度のグラフに行き着くことができる。

　そしてそれを逆方向にたどる操作が「積分」であり，先ほどとは逆に引力・加速度の時間変動グラフから出発して，積分操作を2回行えば，階段を2段上るようにして，目的だった天体の位置のグラフが手に入るというわけで，それが初級編の32ページでも行った話である。

　そのようにして，先ほどのグラフが互いに階段を上り下りするように簡単に行き来ができるようになったため，天体力学の最も重要な両端をなす「目的と原動力」が微積分という操作でつながることになり，そのため人間が両者の全体的な関連を視野に入れ，それを1個のメカニズムとして捉えることができるようになった，というのが，初級編で述べた話である。

立ち塞がった堂々巡りの構図

　ではそこから先の話だが，初級編ではここで話を打ち切っ

233

てそのまま先へ進んでしまったため,読者はその時にこれでもう問題解決と思っていたかもしれない。しかし実はそこには一つ重大な問題点が隠されており,その障壁ゆえにこれはまだ本当に使えるツールにはなっていなかったのである。

その障壁とは何かというと,そのようにして答えを求めようとした場合,実はその途中で問題が一種の堂々巡りに陥って解が求まらなくなってしまうということであり,その堂々巡りのループから抜け出せない限りは,ツールとして使い物にならないのである。

ではこれをもう少し詳しく見てみよう。初級編の彗星の話などでは「太陽からの引力は距離に応じて変化する」とさらりと述べていたが,これは一般論としてもう少し根本的に掘り下げて言うと,一般に2個の天体の間に働く引力の強さは,天体間の距離で決まるということである(なお具体的にはその引力の強さは距離の2乗に反比例して弱まっていく)。

そしてその天体間の距離は,要するにそれらの相互の位置関係で決まるのだから,結局その引力の強さを知るには,天体の位置情報が必要になる。ところがこれは実は上の話に照らすと大問題なのである。

それというのも先ほどの話からすると,引力・加速度のグラフが手元にあれば,そこから階段を2段上がることで,目的である位置のグラフにたどり着くことができ,それは図4.2では①の矢印である。ところがその肝心の引力・加速度のグラフは,天体の位置情報がなければ求まらない(図の②の矢印)。つまりこれでは話は完全な堂々巡りに陥ってしまうのである。

実際に図を眺めても,相互の関係がループ状になって,そ

第❹章 経済学部で知っておくべき微分方程式の基本思想

の糸が輪のように一巡して堂々巡りの構図を作っており、どちらからも答えが求まらない処置なしの状態に落ち込んでいることがわかる。

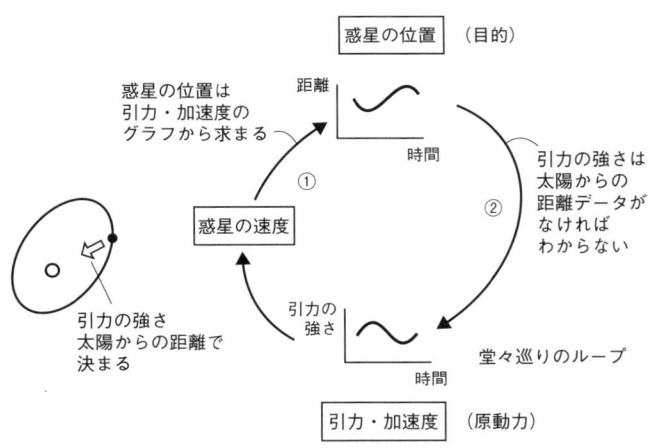

図4.2

要するに問題の根本部分がそういう堂々巡りを抱えているわけで、これではツールとして全く用をなさないと言われても仕方がないのである。

そしてさらに天体力学以外の、地上にある他のいろいろな問題も調べてみると、実は非常に広範な問題がこういう堂々巡りの構造をもっていることが判明した。実際次のような一見かなり身近な問題でも、それを抱えていたのである。

例えばここで、水槽の底の穴から水が流出して水位が下がっていくという問題を考えよう。具体的に言うと、水を満た

235

した水槽の一番下に横向きに排水口がついていて、そこから水が横に噴出して水位がだんだん下がっていくのである。

そして水槽が満タンで水位が高い時には、底での水圧も高いので水は勢いよく横に飛び出して、水位はかなりの速さで下がっていく。しかし水位がだんだん下がって底での水圧が弱まると、横に飛び出す水もチョロチョロした流れになって、水位の低下自体もゆっくりしたものになる。

ではこの状態で、最初の水位が20cmだったとしたなら、それが半分の10cmまで下がるのは何秒後か？

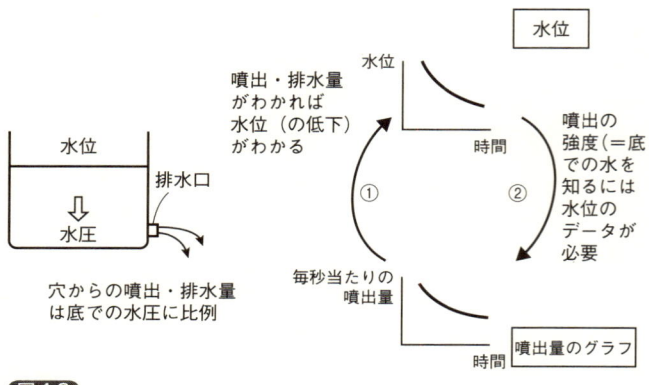

図4.3

これは一見すると簡単な問題ですぐ解けそうに見えるが、実はこの問題も基本部分に先ほどと同様の堂々巡りを抱えている。つまりこの場合、目的として知りたいものは、刻々下がっていく水位のグラフだが、その水位の変化を作り出すものは、底の穴からの水の流出で、その噴出・排水量も刻々変化するグラフで表現される。

第❹章　経済学部で知っておくべき微分方程式の基本思想

つまりその刻々変化する噴出量のグラフがあれば、先ほどと同じ要領で、目的である水位のグラフが得られる（次の図の①）。ところがその肝心の水の噴出・排水量が底での水圧に比例しているため、結局その噴出量を知るには、図の②のように本来なら最初の目的だったはずの水位グラフの情報が必要になってしまうのである。

そのためやはり先ほどと同様、この問題もやはり堂々巡りの中に陥ってしまい、こんな一見単純な問題でさえも容易には解けないのである。そしてわれわれの身の回りの非常に多くの問題がそうであったため、実は人類はこれまでそうしたメカニズムを抱えたものは扱えず、それを応用した機械の設計などもできなかったのである。

そこから抜け出す画期的方法

ところがここでニュートンらは一つ大きな発想の転換を図り、こうした堂々巡りを逆手にとって、そこから抜け出す画期的な方法を編み出した。

ここで先ほどの235ページの天体の場合の図4.2を少し見方を変えて、このループの糸を次の図4.4の左のように、真ん中で切って2つに切り分けてみよう。そして矢印を両方とも下向きにすることで、左右2本の矢印が別々のルートで下へ向かう形に直して、図の上と下にある「位置」と「引力・加速度」がそれぞれ2種類の異なる経路で別個に結ばれる、という構図に書き直したらどうだろうか。

もう少し詳しく言うと、図の一番上にある「目的としての位置のデータ」をx（今はまだ未知量）として、そのグラフが$x(t)$である場合、まず先ほども述べたように、この位置

237

$x(t)$ のグラフを2回微分して階段を2段下れば、引力・加速度のグラフにたどり着くことができる。これが図4.4の右の図では、左側のルートを通って下に向かう矢印①である。

一方この一番下の引力・加速度のグラフは、それとは別の経路で、物理の「万有引力の公式」に天体の位置を代入しても求めることができる。つまり一般に引力が距離の2乗に反比例して弱まっていくという法則を基に、距離（位置）のデータからその大きさを求めることができるわけで、それが図の右側のルートを通って下に向かう矢印②である。

堂々巡りを逆手にとった方程式

図4.2のループ

矢印の向きを反対に

ループの糸を
2本に切り分ける

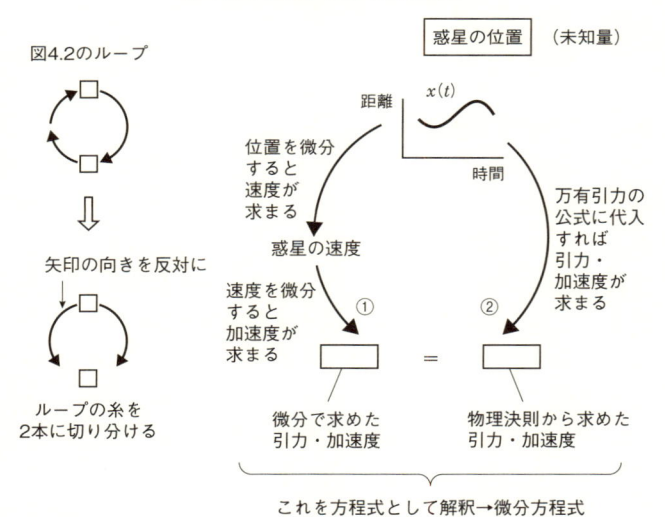

惑星の位置 （未知量）

距離 $x(t)$

時間

位置を微分すると速度が求まる

惑星の速度

速度を微分すると加速度が求まる

万有引力の公式に代入すれば引力・加速度が求まる

① ＝ ②

微分で求めた引力・加速度

物理法則から求めた引力・加速度

これを方程式として解釈→微分方程式

図4.4

要するに引力・加速度のグラフは、位置 $x(t)$ のデータを元に、それぞれ2種類の異なるルートで求めることができる

わけである。そこで，とりあえず$x(t)$は未知量のままで良いから，一番下の左右にある２つの量（xで表現したもの）をイコールでつないで，１つの式の格好にしてみたらどうだろう？

要するに先ほどの左側のルートを通る「位置$x(t)$を２回微分して求めた加速度」を左辺に置き，もう一方の右側のルートを通る「万有引力の公式に位置$x(t)$を代入して求めた加速度」を右辺に置くわけで，この場合左辺と右辺は，求め方や式の表現は違うが，同じ引力・加速度の値なのだから，当然両者はイコールで結ばれる。

つまり全体として眺めると，これは$x(t)$を未知量とする一種の方程式になっていることがわかるだろう。ただこれまでわれわれが馴染んできた普通の方程式と違うのは，従来の常識的な方程式の場合，例えば二次方程式なら左辺が「xの２乗」などの形になっていて，その未知量xを求める形になっていたのに対し，この場合にはそこが「$x(t)$を２回微分したもの（二階微分）」などの形になっていて，その$x(t)$をまるごと関数の形で求める格好になっていることである。

しかしその点が違うことを除けば，これは十分に一種の方程式と見なすことができる。そしてもし，この関係式を満たす$x(t)$をどこかから見つけてくることができさえすれば，それこそが欲しかった目的の量，つまり天体の位置を時間ごとに表現した曲線なのである。

つまり難物だった堂々巡りの存在を逆手にとって，むしろ積極的に天体が描く曲線を一挙に割り出してしまえるわけで，これがいわゆる「微分方程式」の発想である。これは全く画期的な手法で，人類が物事の「未来位置」を知る本格的

な能力を手に入れたのは、まさにこの時だったのである。

その具体的方法

では具体的なやり方も見てみるが、それには天体よりもむしろ先ほどの水槽の話の方がわかりやすいだろう（こちらの方が話全体が単純で、天体の時は階段を2段上り下りせねばならなかったが、この場合には1段の上り下りだけですむからである）。

さてこの水槽の話の場合も最終的に欲しいものは、水槽の水位が何秒後に何cmであるかの情報で、その曲線グラフを求めることがこの問題の目的である。つまりその水位を$x$cmとして、その時間変化のグラフ$x(t)$が求まれば良いわけである。

一方その水位が毎秒あたり何mm低下するかがその「変化率」で、これは先ほどの水位のグラフ$x(t)$の微分に相当しており、微分の記号で書けばそれは$\dot{x}(t)$（もしくは$\dfrac{dx}{dt}$）となる。

ただしこの場合の変化は、水位を「減らす」方向の変化を意味するため、変化率にはマイナス符号をつけておく必要があり、式の上では$-\dot{x}(t)$という形になる。そしてこの場合、底の穴からの水の噴出量が水位の低下率と実質的に同じことを意味しており、そのため先ほどの堂々巡りの図のように、噴出量のグラフを下に置けば、これが次の図4.5では、2本の矢印のうちの左側を通る経路①に相当する。

一方この噴出量は、底からの噴出量が結局は水位に比例するということを利用して、別の経路からも求められる。この

場合，水の噴出量は底での水圧に比例し，その水圧は水槽の水位に比例するという具合に，いくつかの比例関係が数珠つなぎになっている。そのため，それらの比例定数を1個にまとめてaと書けば，噴出量は単純に水位xに比例する$ax(t)$という形で表せるだろう。そして堂々巡りの図では，これは右側の矢印の経路②に相当する。

そして先ほどと同様に，右と左の一番下にある2つの量同士をイコールで結ぶと，基本的に$-\dot{x}(t) = ax(t)$という関係式が得られることになる。つまりこういう関係式を満たす関数をどこかから探してくれば，それが水槽の水位が各時点で何cmかを正確に表現しているはずなのであり，要するにこの関係式が，この水槽の問題の微分方程式なのである。

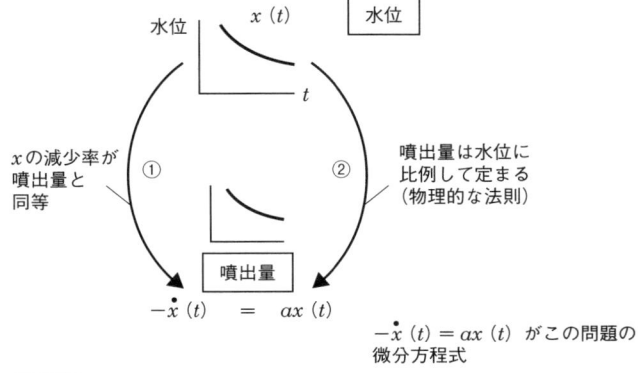

図4.5

そこで次のステップとして，この関係式を満たすような関数を探すわけだが，ここで上級編でも登場していたe^tという関数に注目しよう。このe^tの最大の特徴は「1回微分しても

同じe^tが出てくる」ということだったが、そのユニークな性質がまさにここで活きてくることがわかる。

それを具体的に見てみるが、今のままでは問題にマイナス符号やaなどがついていて話が面倒なので、問題を一旦思い切り単純化してこれらを全部省き、$\dot{x}(t) = x(t)$ という単純な式で考えてみよう。

この場合どういうものならこの関係式が満たされるかといえば、それは要するに「自分を1回微分しても同じになる」という性質をもつ関数である。ところが先ほどのe^tはまさにそういうもので、そのためこの問題の場合は$x(t)$としてこのe^tを採用すれば、この関係式が満たされることになる。

そして元の水槽の問題ではそれをもう一段発展させればよい。そしてここで再びe^tの公式を参照し、そのバリエーションであるe^{at}やe^{-t}などの性質を眺めると、それらを微分したものは、それぞれ前者がae^{at}、後者が$-e^{-t}$などとなっている。そのため両者を組み合わせればe^{-at}の微分が$-ae^{-at}$ということになり、これを見ると、まさしくこのe^{-at}が、ずばり先ほどの水槽の問題の式$\dot{x}(t) = -ax(t)$を満たしていて、その解として使えることがわかる。

実際にこの関数e^{-at}（つまり$\dfrac{1}{e^{at}}$）がちゃんとこの問題の解になっていることは、この関数のグラフを大まかに眺めただけでもある程度推察がつく。つまりこの関数は、時間tでだんだん減少する関数なので、このグラフの高さを水位の値と考えれば、これは水槽の水位がだんだん低下していく様子を表現するグラフだと解釈できるわけである。

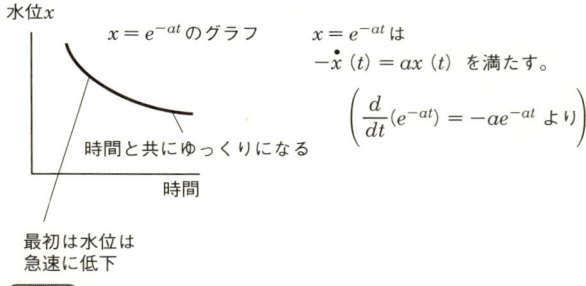

図 4.6

水位 x 軸、時間軸のグラフ。$x = e^{-at}$ のグラフ。

$x = e^{-at}$ は $\dot{x}(t) = -ax(t)$ を満たす。

$$\left(\frac{d}{dt}(e^{-at}) = -ae^{-at} \text{ より}\right)$$

- 最初は水位は急速に低下
- 時間と共にゆっくりになる

さらに詳しく見ると、この関数のグラフは最初の時点では急速に減少するが、t が大きくなるとその傾斜は緩やかになる。一方実際の水位の低下を想像すると、最初の時点では水位の低下スピードは早いが、時間が経つにつれてそれがだんだんゆっくりしたものになるはずで、その点でもこれが問題の解をよく表現していることがわかるだろう。

そして最後の仕上げとして、途中で出てくる定数などを適切に設定して問題の条件に合わせていけば、最終的に完全な形の解になる。しかし読者は上のことまでが理解できれば、そうした細かいことは普通に教科書で理解できるはずである。そして最初の問い、つまりいつ水位が10cmになるのかは、この解として求まった e^{-at}（に係数などがついたもの）の値がちょうど10となるような t を、電卓か数表で逆算して求めれば良いというわけである。

要するにこれが微分方程式というもののあらましで、天体などの場合も基本的にそれと同様である。

ところで読者がこれまで中学や高校で学んだいろいろなタ

イプの方程式では，多くの場合，解として求まるものは単なる数値であるのが普通だった。しかし微分方程式の場合，解そのものが1個の関数の形で，まとまった一つのパターンとして与えられるということが大きな特徴である。つまりこの場合，解として求まった関数のtのところに望みの時刻を代入すれば，その時の位置を与えてくれるというわけである。

そのように関数まるごと1個が「解」として求まるというのは，やや奇異に感じられるかもしれないが，実はここに大きな進歩が隠されている。つまり前者のように解が単なる数値で与えられる場合，求まるものは特定の静的な一時点の位置だけである。それに対して後者の場合，解として得られるものが「$x(t)$」であるため，そこに本来の時刻tを代入することで，何万年先のどんな未来位置でも連続的に求めていくことができる。

つまり解がそのように関数の形で与えられていることで，天体の位置などを動的な「線」の形で，何万年後の先までも知ることができるわけである。初級編では「物事の未来位置を知る」ということの重要な意義について述べたが，それを可能にしたものこそが，この微分方程式のメソッドだったのである。

経済学部での対応

ともあれこのようにして，堂々巡りを抱えた問題をむしろ積極的に扱えるようになるわけだが，実は経済の世界を眺めても，こうした堂々巡りの構図はいろいろなところに入り込んでいる。例えば「社会の貯蓄の総量は金利によってだんだん増大するが，その金利の水準は貯蓄総量の大小で決まる」

第❹章　経済学部で知っておくべき微分方程式の基本思想

などという問題を考えると，これはまさに一種の堂々巡りで，問題の中にそのようなループの構造が組み込まれていることがわかるだろう。

そのためこういう問題では微分方程式が使われることになり，そしてその際にもやはり一番単純で基本的な問題では，解がe^tやその組み合わせで表現されることが多い。それゆえ経済学でも上級レベルになるほど，問題の中にこのe^tが登場することが多くなっていくのである。

しかし先ほども述べたように，経済学部では十分な準備なしに唐突にこれが登場するため，しばしば話を根本的に錯覚して，何かそれまで扱ってきた二次方程式のようなものの中に，微分の項が混ざっているというイメージで捉えてしまうことが多い。

そうなると「なぜ方程式の中に微分が入っているのか？」「そもそもこの方程式は一体何を求めたがっているのか？」などのことが根本的に理解できなくなるのだが，上の話を読まれた読者は，根本的な思想からしてそんなものとは全然違うものであることがおわかりだろう。

そしてまた読者は先ほどの水槽の問題などを眺めていて，一般に微分方程式というものには，何かそれを解くための統一的なメソッドがあると思ったかもしれない。実際過去に学んだ話を参考にすると，例えば中学の二次方程式などの場合には「解の公式」というものがあって，それを覚えてしまえさえすれば解を求めることができた。そのためこの微分方程式にもそのようなものがないかというわけである。

しかし微分方程式の場合，実際にはごく限定されたいくつかの例外的に性質のよい特殊なパターンの問題にだけ，それ

ぞれに特化した形の解法があって，それぞれが個別に存在しているだけなのである。そのためそれ以外のものには一般的な解法はなく，むしろ全般的な話としては，当てずっぽうにそこらに目につく限りの関数を片っ端から微分してみて，与えられた関係式を満たすものがどこかにないかを探していくしかない，と言った方が遥かに実情に近いのである。

　そのようにせっかくの微分方程式もすぐには解けないものが多いため，そういう場合には近似で乗り切るしかない。そして初級編でも述べたように，そのためのツールとして，テイラー展開などの近似メソッドが重宝されることが多いのであり，それは物理でも経済学でも同じである。

　ともあれ経済学部では，以上のようなことを頭に入れておけば，微分方程式に関する大きな理解のギャップを何とか埋めることができるはずである。そして読者は，もしマクロ経済学などの問題に微分方程式が出てきて，途中で一体何をやっているのかわからなくなって方位を見失ってしまったら，とにかく238ページの図4.4に立ち返ればよい。そして「問題のどこに堂々巡りの構図があるのか」を探せば，最短距離で体勢を立て直して，自分がどこへ向かっているかの大まかな方位がわかるようになるはずであり，特に経済学部生はそれさえ覚えておけば，微分方程式の困難はとりあえず乗り切れると思われる。

第5章

固有値の意味

記号の簡略化こそ数学発展の原動力

　経済数学では，線形代数に関連して固有値というものが十分な説明なしに登場することが多く，マクロ経済学でも不可解な形で突然登場したりして，隠れた難所となっているケースが意外に多いようである。

　大体この固有値というものは，一見簡単そうな外見の割にはそのイメージがつかみにくく，そして高校の線形代数との間にギャップが大きい。そこが特に経済学部の学生にとっては，大きな障害となっているように思われる。

　そして経済学部の学生にとっての根深い疑問といえば，そもそも線形代数というもの自体が，一見すると単に中学の連立一次方程式をわざわざ行列という形式に書き換えたに過ぎないもののように見えることである。そのため，そのようにして単なる記号の書き換えを行うことに一体どういう意義があるのだろう，という疑問をもつ人が少なくないのではあるまいか。

　しかしその疑問は意外に深い部分から発したもので，数学というよりもっと大きく，学問というものの本質に関連した問題なのである。それというのも，数学の発展の歴史を見ると，そこには一つの興味深い法則を見て取ることができる。それは，数学が大きく発展する時というのは，それに先立って必ずと言っていいほど，記号の簡略化ということが行われているということである。

　というより，さらに深い洞察をもってその状況を眺めると，素人目には「何か新しい定理を発見した」とか「難しい方程式を解いた」とかいうことが数学の「発展」なのだと思えるのだが，実は玄人目からすると，実はそれに先立って行

われた記号の簡略化こそが数学の前進にとって決定的に重要なのだということである。

というより極論すれば，むしろ記号の簡略化こそが「数学の発展」そのものであって，それに比べると，その記号の簡略化の恩恵で方程式が解けるようになったことなどは，むしろ単にその結果でしかない，ということさえ言えなくもないのである。

天才と能才はどう違う

一般に共通した真理として言えることなのだが，芸術であれ学問であれ，一見単純に見えるものほどそれを作り出すには大きな才能を必要とするのに対し，複雑で難しいものはむしろ手間さえかければ容易に作れるものであり，その道に熟達した人ほどそういう実感をもつものらしい。

そして古くからの話題として，過去のいろいろな思想家が「天才とは何か」の定義について論じてきたが，その中の一つに軍事思想家のクラウゼヴィッツの「知識を単純化した人を天才と言う」というものがある。

上の話からするとこれは非常に妥当なものだと言えるのだが，素人目には複雑で難解なものの方が人を驚かせやすいので，一般に世間ではそちらを天才と呼んでしまいがちである。しかし，実はそれは大秀才，あるいは「能才」とでも呼ぶべき才人に過ぎず，天才とは別の存在だというのが，芸術や学問の世界で割合と広く受け入れられている見解である。（ちなみに物理の世界では，前者と後者に関して，天才の代表がアインシュタイン，「天才ではない極限的な大秀才」の代表がフォン・ノイマンだという見解が，筆者の学生時代に

は一般的だったように思われる。そして安易にフォン・ノイマンを天才と呼ぶと「わかってない奴」と言われる傾向があって，筆者もその中で育った記憶がある。)

そしてその錯覚は，大衆社会だけでなく学会の中にも存在するもので，いたずらに難解複雑化に走った理論が，その難解さゆえに一見凄そうに見えて，一時崇拝の対象となったりすることがある。しかしそうしたものはたいていは数十年もすれば廃れてしまい，所詮(しょせん)は単なる才人・能才の産物に過ぎなかったということが，後になってしばしば発覚するものである。そしてむしろ当時その単純さ故に注目を浴びなかった基本的なものこそが，真の天才的業績として後世に残る，という場合の方が圧倒的に多いのである。

和算はなぜ生き残れなかったか

そして過去には，そこにはまり込んでしまって，そこからうまく脱却できなかった学問の代表例が，初級編の冒頭でも取り上げた日本の和算だった。その際にも述べたように，当時の和算というのはわれわれの想像以上に高いレベルに達しており，そのためこれが幕末から明治にかけて西洋の代数学と接触をしたときどんなことが起こったかは，世界史的に見ても文明の事例として貴重なものである。

さて当時の和算家たちが幕末期に西洋代数学に接触した時，どんな反応を示したかというと，意外なことに彼らは西洋代数学に圧倒されることはなく，それどころか「負けた」という意識をもった和算家はほとんどいなかったという。それは，別に劣等感の裏返しとして意地を張ったというわけではなくて，本当に彼らの目には西洋代数学は大したものには

第❺章　固有値の意味

見えていなかったようなのである。

　だが実はそれは十分に理由のあることで，それというのも当時の西洋代数学と和算を比べても，ほとんどの問題は和算でもちゃんと解くことができ，「西洋代数学なら解けるが和算では解けない」という問題はほとんどなかったからである。

　しかし和算には一つ重大な弱点があった。それは「簡略化」ということが十分になされておらず，この点で西洋代数学に大きく劣っていたということである。例えば和算の場合，「鶴亀算」とか「植木算」とかいうものが，別々に存在していたが，西洋代数学の場合にはこれが抽象的な記号で簡略化され，たった1種類の「連立一次方程式」という体系にまとめられている。

　つまり西洋代数学ならそれ1個を覚えれば良いのだが，和算の場合，鶴亀算や植木算などをそれぞれ別の理論としていちいち覚えねばならず，簡略化ということが不十分にしか行われていなかったのである。

　もっとも西洋代数学の方でも，その簡略化はずいぶん長い時間をかけて行われたようで，例えば現在の中学の数学に出てくる代数の数ページ分の内容が，中世には10冊分ぐらいの分厚いものだったという話を聞いたことがある。しかしそのように簡略化が行われたことで，かえって素人目にはあまり高級な学問には見えなくなってしまうという，ある意味で皮肉な現象も同時に生じてしまうのである。

　ともあれそのような理由で，和算家たちは西洋代数学をむしろ自分たちの高尚な体系より下のものだと見下してしまうことすらあり，ましてそれを学んで採りいれようという意識

は全く見られなかった。しかし現実に数学を文明社会の道具として使うためには、簡略化が不十分ということは致命的な弱点で、これはむしろ当時の明治政府の方が正しく認識していた。そのためいつまでたっても和算にしがみつく和算家たちは大きな障害となり、ついに明治政府は和算そのものを切り捨てることを決断する。

　これは決して浅薄な西欧追従主義ではなく、むしろ学問というものの本質的な病を洞察した英断だったとの評価が一般的で、筆者も同感である。そして和算家たちは最後まで、自分たちがなぜ文明の流れに乗れなかったのかを理解できず、歴史の中に消えていったのである。

和算に欠けていた「思考経済」の概念

　そして読者は、ここで先ほど述べた疑問つまり「単に記号を簡略化しただけの線形代数の、一体どこが偉いのだろう」が、かつての和算家たちが抱いていた意識と一脈通じるものだったことに気づかれたのではないかと思う。

　つまり恐らく読者の場合も、最初に線形代数というものを教わったとき、これが要するに普通の連立一次方程式を単に形式的にこのような形に書き直したものにすぎないことを理解されたろう。そして、確かに表記上は一応簡略化された形になるが、別にそれで何か今まで解けなかった問題が解けるようになるわけでもなく、そんなことをやる意味がよくわからない、という感想を抱いたと想像される。

　しかし「記号の簡略化は、時に難しい方程式を解くより大きく数学を発展させることがある」という今までの話からすれば、それは無意味どころの話ではないということになるの

第❺章　固有値の意味

である。

　さらに言えば，このことはもっと根本的な問題に関連しており「人類にとっての学問や理論というものの本質は何か」という根本的な問題とも密接に関連している。

　そもそも人類が何を目的に学問や理論を作るかというと，それは「最小の知識で最大限の事象を理解する」ことにあるとされ，その一種の効率比のことを哲学では「思考経済」と呼んでいる。「経済」という言葉が使われてはいるものの，これは特に経済学と関係しているわけではなく，この言葉は正確にはドイツの哲学者のマッハ（音速のマッハは彼の名をとったものである）が作った言葉で，アインシュタインなども大きな影響を受けたと言われる。

　しかしその思想の起源はもっと古く，西欧ではその源流はスコラ哲学者のオッカムがこれについて述べたことが「オッカムの剃刀」つまり剃刀で無駄な部分を切り落とすという話として伝えられたことが最初とされる。

　それはともかく，数学などにおいては，全ての理論が結局は，この効率を最大化する形で作られていることはよくわかる。そしてクラウゼヴィッツの「知識を単純化した人を天才と言う」の定義が，この思考経済という概念とよく一致しており，逆に言うとやたらに難解な理論があって，それで1つか2つぐらいの現象だけは統合できるが，その理論を学ぶのに何十年もかかるようでは，この理論の思考経済の効率はマイナスで，むしろこの理論の存在が人類の認識能力を全体として低下させるとさえ言えることもある。

　しかし学問の世界ではそれがしばしば忘れられやすいのであり，難解な理論を作ることイコール真実の追求だと錯覚さ

れてしまうと，学問としての意義が失われかねない。そして和算はそこに関する認識がやや欠けていたため，学問として生き残ることができなかったのである。

行列の「足し算」の世界から「掛け算」の世界へ

ともあれこれを見ると，単に連立方程式を簡略化した形に書いただけの「行列」というものが，数学の歴史の中でどんな意義をもっていたのかはおわかりいただけたことと思う。そこで，話を次のステップに進めよう。それは読者が線形代数を学んでいく過程で，最初のうちは先ほどのような疑問を感じつつ，一応その内容は把握できていたと思う。しかしそこに「固有値」というものが現れた途端，何か高校の線形代数とは断絶したようにわかりにくいものになってしまう，という経験をした人が多かったのではあるまいか。

ではどうしてそういうことになるのか，というのがここからの問題であるが，ここでは答えの方を先に言ってしまおう。その答えを一言で言えば，高校までの線形代数は行列の「足し算」の世界の話だったのだが，固有値というものは行列の「掛け算」の世界の話だということであり，読者が感じたそのギャップは，実は足し算と掛け算の間に横たわるものであった可能性が高いということである。

この場合，高校の線形代数が行列同士の足し算や引き算の世界にある，というのは別に難しい話ではなく，連立一次方程式の話の延長として眺めると，読者にも大まかには理解できるものと思う。つまり「行列同士を足す」という操作の意味は何かというと，それはある連立方程式を他の連立方程式と混ぜて足し合わせることに相当しており，そういう手順を

第❺章 固有値の意味

コンパクトに表現したい場合,「行列」という形式が割合に便利であることは,細かい点を抜きにしても大まかなところは十分に理解できるだろう。

しかしその理解の延長として,今度は「行列同士の掛け算」という操作があったとき,それは一体何を意味するのかと問われると,それはとっさに答えられない人が多いのではあるまいか。特に文系読者の場合,この時点ではそのイメージが頭の中にないことが多く,そこがこのギャップを超えることを困難にしているのではないかと思われる。

行列同士の「掛け算」の実例

では理系の場合,最初に「行列の掛け算」という概念に遭遇するのはいつかというと,それは恐らく座標の回転変換の練習をさせられる時ではあるまいかと思われる。

それは,平面の上に描かれた座標を回転させるとき,その回転を「行列をかける」ことで表現せよという話で,その簡単なものは文系でもやらされるのではないかと思う。ただ理系の場合,とにかく座標の回転変換というのは日常的に必要になるので,文系よりも遥かに徹底して叩きこまれる。そしてこの場合,何回か続けてこの回転操作を行うときに,掛け算の操作が現れてくるのである。

そのため,この概念を理解するには,その原点に立ち返って実際に簡単な計算操作をやってみるのが一番早いので,以下に少しやってみよう。これは通読するには多少面倒だが,大して難しい計算ではないし,固有値の概念がイメージできずに何ヵ月も無駄にするよりは,ここで簡単な計算をやって確かめてしまった方が遥かに効率的に頭に入る。これは計算

が嫌いな読者の場合,トレーシングペーパーの方眼紙を用意して,それを別の方眼紙に重ねてやるという「実験」で確かめることもできる。

そこで次のような例を考えよう。まず右ページの図5.1のように方眼紙のどこか1点をxy座標で表現し,ここでは例えば(3, 1)という点を選んで印をつけておこう。そして座標系を30度回転させたいという時には,用意しておいた別のトレーシングペーパー方眼紙を30度傾けてその上に置き,下の方眼紙の印をつけた点の位置をそのままなぞって,トレーシングペーパー上に鉛筆で印をつける。そしてその点の座標を,上のトレーシングペーパーの座標目盛りで読み取れば,それがちょうど座標系を30度回転させた時の新しい座標系を示すことになる。

この場合,上側のトレーシングペーパー方眼紙の目盛りで,下の方眼紙の(3, 1)をプロットした点の座標を読むと,それは大体(3.1, −0.63)ぐらいになる。(図の中段)

しかし実はこれは行列を1回かける操作でも求めることができるのである。教科書に載っている公式をそのまま書くと,一般に平面を角度θだけ座標を回転させたとき,それは$\begin{pmatrix} \cos\theta & -\sin\theta \\ \sin\theta & \cos\theta \end{pmatrix}$という行列を,先ほどの点の座標を列ベクトルで表したものにかけることで表される。

なお,この際の角度θは,左回りを+,右回りを−で書く決まりとなっているが,今の場合,下側の座標が上側のトレーシングペーパーに対して相対的に時計回りに回転している。つまり上側のトレーシングペーパーを左に30度傾けているため,下の座標は反対の右回りに回転しており,「$\theta =$

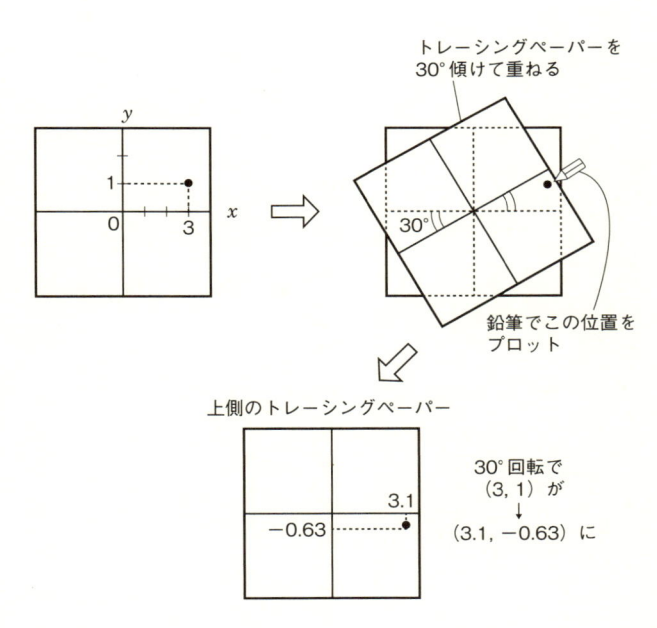

トレーシングペーパーを
30°傾けて重ねる

鉛筆でこの位置を
プロット

上側のトレーシングペーパー

30°回転で
(3, 1) が
↓
(3.1, −0.63) に

- -

60°回転
（あるいは30°回転を2回）

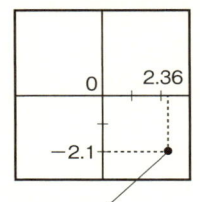

60°傾けた
トレーシングペーパー上の
プロット位置

90°回転
（あるいは30°回転を3回）

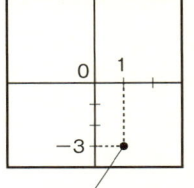

90°傾けた
トレーシングペーパー上の
プロット位置
（この場合はx座標とy座標が
逆転して入れ替わる）

図5.1

−30°」をこの公式に代入することになる。

この場合 $\cos\theta = \dfrac{\sqrt{3}}{2}$, $\sin\theta = -\dfrac{1}{2}$ となるから,この行列は,

$$\begin{bmatrix} \dfrac{\sqrt{3}}{2} & \dfrac{1}{2} \\ -\dfrac{1}{2} & \dfrac{\sqrt{3}}{2} \end{bmatrix}$$

となり,そしてこれを列ベクトル(3.1)にかけてみると,

$$\begin{bmatrix} \dfrac{\sqrt{3}}{2} & \dfrac{1}{2} \\ -\dfrac{1}{2} & \dfrac{\sqrt{3}}{2} \end{bmatrix} \begin{bmatrix} 3 \\ 1 \end{bmatrix} = \begin{bmatrix} \dfrac{1+3\sqrt{3}}{2} \\ \dfrac{-3+\sqrt{3}}{2} \end{bmatrix} \left(\fallingdotseq \begin{bmatrix} 3.1 \\ -0.63 \end{bmatrix} \right)$$

となって,先ほどトレーシングペーパー上で求めた $x = 3.1$, $y = -0.63$ がちゃんと現れることがわかる。

ではこれを2回繰り返したらどうなるだろう? それは60度回転させた場合と同じことになり,また3回繰り返すと,90度回転,つまりちょうど x 座標と y 座標がそのまま入れ替わるような格好になる。つまりこの場合,途中の計算は少し面倒になるが,とにかく3回繰り返した時には,ちょうど x 座標と y 座標が入れ替わった(1, −3)という値になるわけで,それは,図5.1の下半分のようにトレーシングペーパーを使って簡単にわかり,それが確認できれば一応これは頭に入ったと思って差し支えないだろう。

第 ❺ 章　固有値の意味

　では早速それをやってみると，先ほど見たように30度回転させた後の値は，$\left(\dfrac{1+3\sqrt{3}}{2},\ \dfrac{-3+\sqrt{3}}{2}\right)$ なのだから，これに30度回転の行列

$$\begin{bmatrix} \dfrac{\sqrt{3}}{2} & \dfrac{1}{2} \\ -\dfrac{1}{2} & \dfrac{\sqrt{3}}{2} \end{bmatrix}$$

を再びかければ60度回転させた値が求まる。そのようにして求めた値は，

$$\begin{bmatrix} \dfrac{\sqrt{3}}{2} & \dfrac{1}{2} \\ -\dfrac{1}{2} & \dfrac{\sqrt{3}}{2} \end{bmatrix}\begin{bmatrix} \dfrac{1+3\sqrt{3}}{2} \\ \dfrac{-3+\sqrt{3}}{2} \end{bmatrix}=\begin{bmatrix} \dfrac{3+\sqrt{3}}{2} \\ \dfrac{1-3\sqrt{3}}{2} \end{bmatrix}$$

で，具体的には $(2.36,\ -2.1)$ ぐらいの値になり，トレーシングペーパー上で確認しても大体そのぐらいの値になる。それではもう一回同じ行列をかけて，90度回転させた値を求めてみればどうかというと，その値は

$$\begin{bmatrix} \dfrac{\sqrt{3}}{2} & \dfrac{1}{2} \\ -\dfrac{1}{2} & \dfrac{\sqrt{3}}{2} \end{bmatrix}\begin{bmatrix} \dfrac{3+\sqrt{3}}{2} \\ \dfrac{1-3\sqrt{3}}{2} \end{bmatrix}=\begin{bmatrix} 1 \\ -3 \end{bmatrix}$$

となり，見事に x 座標と y 座標が入れ替わることが確認できる。そして同時に，これが「行列を何回もかける」という掛け算の最も初歩的な例であるということも，半ば復習のよう

な形ではあるが,あらためて納得できたことと思う。

ところでこの場合,行列を何回もかける操作の部分だけを独立させて,行列を2回,3回かける操作だけを先に行ってしまい,後で座標を示す列ベクトル $\begin{pmatrix} 3 \\ 1 \end{pmatrix}$ をかけてやる,という形にしても答えは同じである。

つまりこの場合,この行列の2乗,3乗がそれぞれ60度,90度の座標回転を行ったことに相当するわけである。

そこで実際にこの2乗,3乗を計算してやると

$$\begin{bmatrix} \frac{\sqrt{3}}{2} & \frac{1}{2} \\ -\frac{1}{2} & \frac{\sqrt{3}}{2} \end{bmatrix} \begin{bmatrix} \frac{\sqrt{3}}{2} & \frac{1}{2} \\ -\frac{1}{2} & \frac{\sqrt{3}}{2} \end{bmatrix} = \begin{bmatrix} \frac{1}{2} & \frac{\sqrt{3}}{2} \\ -\frac{\sqrt{3}}{2} & \frac{1}{2} \end{bmatrix} \quad (60°の回転行列)$$

$$\begin{bmatrix} \frac{\sqrt{3}}{2} & \frac{1}{2} \\ -\frac{1}{2} & \frac{\sqrt{3}}{2} \end{bmatrix}^3 = \begin{bmatrix} 0 & 1 \\ -1 & 0 \end{bmatrix} \quad (90°の回転行列)$$

となり,それらに列ベクトル (3, 1) をかけてやると,

$$\begin{bmatrix} \frac{1}{2} & \frac{\sqrt{3}}{2} \\ -\frac{\sqrt{3}}{2} & \frac{1}{2} \end{bmatrix} \begin{bmatrix} 3 \\ 1 \end{bmatrix} = \begin{bmatrix} \frac{3+\sqrt{3}}{2} \\ \frac{1-3\sqrt{3}}{2} \end{bmatrix}$$

$$\begin{bmatrix} 0 & 1 \\ -1 & 0 \end{bmatrix} \begin{bmatrix} 3 \\ 1 \end{bmatrix} = \begin{bmatrix} 1 \\ -3 \end{bmatrix}$$

となる。この場合もやはり最後の90度回転,つまり3乗し

たものが，ちょうどx座標とy座標を入れ替えるような形になることもわかるだろう。

要するに以上が，行列のn乗の一番初歩的な事例なのであり，特にこの最初の3乗がちゃんと90度回転になっていることを確かめた読者は，それが納得できたことと思う。

対角化の概念

つまりこのようにして，回転変換などを何度も行う操作を，行列を何回かかける操作で置き換えてやることで，確かに記号の簡略化を行って「思考経済」の効率を上げることができたわけである。

ところがそれでは現実に話が簡単になったかというと，実はこの話には大きな落とし穴がある。それというのも行列の掛け算を何度も行うと，計算の手間が非常に増えてしまうのであり，そのためにかえって手間が面倒になってしまうことがあるからである。

これは2行2列の行列の掛け算ぐらいだと，まだそれほどのことはないが，3行3列となると相当に厄介になり，サイズの大きな行列を3回も4回もかけるとなると，その計算だけでノートのページが埋まってしまうほどの非常に面倒な手間になってしまう。これは一度でもやってみればすぐわかり，とにかくこれでは本当に効率が上がったのかどうか疑わしくなるほどである。

しかしここに，救世主のようにその手間を大幅に簡略化してくれるテクニックが存在しているのであり，それは線形代数の場合，基本的に「対角化」という操作が可能だということである。

そして実はここに固有値という概念が関わっているのであり、普通の教科書とは説明の順序が逆になってしまうが、ここではこの「対角化」という概念から話を進めていくことにしよう。

では早速その対角化とは何かということだが、行列の分類の話でその特殊パターンの一つに「対角行列」というものがある。これは要するに行列の左上から右下への対角線上の一列だけに行列の成分（ゼロでないもの）が並んでいて、この一列以外の成分が全てゼロである、というような行列である。

こういう行列の場合、掛け算などの手間は非常に楽になり、例えば、

$$\begin{bmatrix} x_1 & & 0 \\ & x_2 & \\ 0 & & x_3 \end{bmatrix} \begin{bmatrix} y_1 & & 0 \\ & y_2 & \\ 0 & & y_3 \end{bmatrix} = \begin{bmatrix} x_1 y_1 & & 0 \\ & x_2 y_2 & \\ 0 & & x_3 y_3 \end{bmatrix}$$

のように単に中身同士をかけるだけで2つの行列の掛け算が出来てしまい、一般の場合とは比較にならないほど手間が簡単になる。そのため一般の行列でも何かこういう具合に掛け算を簡単に行う方法があればどんなに良いか、とは誰もが思うところだろう。

しかしここで線形代数の場合、次のような重要な性質があって、それはほとんどの行列が一種、因数分解を思わせるような形で、こういう対角行列と何か別のもう一つの行列との掛け算に分解して書けるということである。

具体的には、もとの行列をAとして、Λをこのような対角行列とした場合、何かある行列Pを使って、

$$A = P\Lambda P^{-1}$$

という形に書けるということである。

対角化で劇的に簡略化される行列の乗算

このPは、Λと一緒に求まるもので、逆に言えばこの対角化を行う作業では、ΛとPを一緒に求めねばならないのだが、ここで重要なのは、Λの左と右にかかるPとP^{-1}が、互いに逆行列の関係になっていて、隣同士でくっついている場合に限り、両者をかけると、PP^{-1}あるいは$P^{-1}P$はいずれもキャンセルされる形になり、共に単なる「1」に相当する単位行列になってしまうということである。

そしてこのことは、Aを何回もかける掛け算において決定的な意味をもつ。つまり一般にAのn乗は、これをそのまま書くと

$$A^n = P\Lambda P^{-1} \cdot P\Lambda P^{-1} \cdot P\Lambda P^{-1} \cdot P\Lambda P^{-1} \cdot \cdots \cdot P\Lambda P^{-1}$$

という形になる。そして行列の計算の場合、一般に順序の入れ替えができないという掟がある(行列の掛け算では一般に$AB \neq BA$である)ため、PとP^{-1}が離れた位置にあると、入れ替えによる移動ができない。ところがこの場合、PとP^{-1}が常に隣り合わせになっているという、驚くべき好条件が生まれていて、ΛとΛの間に挟まっているPP^{-1}が、全てキャンセルされて消えてしまうのである。そのためPとP^{-1}は最初と最後に1個ずつ残るだけで、式全体が

$$A^n = P\Lambda^n P^{-1}$$

という形になり、その、中核部分はΛのn乗という形で表現できてしまう。そして一般に対角行列Λのn乗は、中身だけ

を別個にn乗できるため

$$\Lambda = \begin{bmatrix} \lambda_1 & 0 \\ 0 & \lambda_2 \end{bmatrix}$$

の場合は,そのn乗は,

$$\Lambda^n = \begin{bmatrix} \lambda_1^n & 0 \\ 0 & \lambda_2^n \end{bmatrix}$$

となって,簡単に求まってしまう。そして実はこの場合,この対角線上にずらりと並ぶλが「固有値」なのである。

固有値の本来の起源

ただし「これが固有値の定義なのだ」と思われてしまうと,それは本筋とはちょっと違う。それというのも,歴史的には固有値というものはこういう動機で導入されたものではなく,もともとは物理の「固有値問題」という話からスタートしたもので,上の話はむしろその過程で結果的に出てきたものだからである。

参考までにその固有値問題というものについて述べておくと,それはある行列に対して,次のような等式

$$\begin{pmatrix} a & b \\ c & d \end{pmatrix} \begin{pmatrix} x \\ y \end{pmatrix} = \lambda \begin{pmatrix} x \\ y \end{pmatrix}$$

が成り立つような,列ベクトル(x, y)とλの組み合わせはどこかにないかを探してみよう,という問題である。これを見ると,列ベクトル(x, y)に対して,左辺では行列がかかっているが,右辺では単なる数値がかかっており,にもかか

わらず λ と (x, y) の組み合わせを適切に選べば、その場合に限っては本来異質な右辺と左辺が同じものになってしまうという、一種奇妙な話である。

こういう問題は物理の方では、特に量子力学においては理論の基礎をなす非常に重要な問題として要求されており、要するに固有値問題とは、このような列ベクトルと数値 λ の組み合わせを求める問題で、この λ が「固有値」なのである（なお先ほどの行列 P は、この列ベクトルの方から求められている）。

しかし経済学では物理に比べると、この固有値問題自体が議論の中心課題となるケースは稀と思われ、そのため経済学部ではいっそ話を逆転させて、先ほどの話を出発点に置いてしまった方が、理解は早いのではあるまいか。

確かにその場合には「固有値はどうやって求めるか」の話が後回しになって、その説明もやや天下り的になってしまう難点はあるが、しかし出発点から結論にたどり着くまでがあまり長くては、息切れして理解そのものができなくなる。そのためここでは、とにかく経済学部での「目的」の方を先に理解するため、このまま話を進めたい。

回転の計算は固有値で簡単になるか

さて先ほどの30度の回転変換を表す行列

$$A = \begin{bmatrix} \dfrac{\sqrt{3}}{2} & \dfrac{1}{2} \\ -\dfrac{1}{2} & \dfrac{\sqrt{3}}{2} \end{bmatrix}$$

だが、これも無論対角化することができる。

この場合、λやPをどうやって求めるかの方法そのものは、どの教科書にも載っていて、それはオリジナルの行列から二次方程式を作ってそれを解くと、そこで出てくる2個の解がそれぞれ固有値となる、という形になっている（そしてさらにその2個の固有値を対角線上に並べたものがΛである）。そしてそれに従って対角化した値は、Λが

$$\Lambda = \begin{bmatrix} \dfrac{\sqrt{3}+i}{2} & 0 \\ 0 & \dfrac{\sqrt{3}-i}{2} \end{bmatrix}$$

でPおよびP^{-1}がそれぞれ

$$P = \begin{bmatrix} 1 & 1 \\ i & -i \end{bmatrix} \quad P^{-1} = \begin{bmatrix} \dfrac{1}{2} & \dfrac{-i}{2} \\ \dfrac{1}{2} & \dfrac{i}{2} \end{bmatrix}$$

で、そのため

$$\begin{bmatrix} \dfrac{\sqrt{3}}{2} & \dfrac{1}{2} \\ -\dfrac{1}{2} & \dfrac{\sqrt{3}}{2} \end{bmatrix} = \begin{bmatrix} 1 & 1 \\ i & -i \end{bmatrix} \begin{bmatrix} \dfrac{\sqrt{3}+i}{2} & 0 \\ 0 & \dfrac{\sqrt{3}-i}{2} \end{bmatrix} \begin{bmatrix} \dfrac{1}{2} & \dfrac{-i}{2} \\ \dfrac{1}{2} & \dfrac{i}{2} \end{bmatrix}$$

つまり$A = P\Lambda P^{-1}$となることがわかる。

なお固有値などをここで先ほどの手順通りに求めるのは面倒なので、読者はただ上の式が成り立っていることだけを、検算して確かめればそれでよい。

第 **5** 章　固有値の意味

むしろこの場合，これを2乗，3乗したもの（つまり60度回転および90度回転）が，ちゃんと上のΛの部分を2乗，3乗したものに一致するかを確かめることが一番重要である。

そこで早速それをやってみると，

$$P\Lambda^2 P^{-1} = \begin{bmatrix} 1 & 1 \\ i & -i \end{bmatrix} \begin{bmatrix} \left(\dfrac{\sqrt{3}+i}{2}\right)^2 & 0 \\ 0 & \left(\dfrac{\sqrt{3}-i}{2}\right)^2 \end{bmatrix} \begin{bmatrix} \dfrac{1}{2} & -\dfrac{i}{2} \\ \dfrac{1}{2} & \dfrac{i}{2} \end{bmatrix} = \begin{bmatrix} \dfrac{1}{2} & \dfrac{\sqrt{3}}{2} \\ -\dfrac{\sqrt{3}}{2} & \dfrac{1}{2} \end{bmatrix} = A^2$$

$$P\Lambda^3 P^{-1} = \begin{bmatrix} 1 & 1 \\ i & -i \end{bmatrix} \begin{bmatrix} \left(\dfrac{\sqrt{3}+i}{2}\right)^3 & 0 \\ 0 & \left(\dfrac{\sqrt{3}-i}{2}\right)^3 \end{bmatrix} \begin{bmatrix} \dfrac{1}{2} & -\dfrac{i}{2} \\ \dfrac{1}{2} & \dfrac{i}{2} \end{bmatrix} = \begin{bmatrix} 0 & 1 \\ -1 & 0 \end{bmatrix} = A^3$$

となって，驚いたことに先ほどの260ページの行列にちゃんと一致していることがわかる。まあ2乗や3乗ぐらいでは，わざわざ固有値などという手間を経由しなくても，直接計算しても手間はそれほど違わない。しかしこれが数十乗，つまり何十回も回転変換を繰り返すとなると，その手間は到底比較にならず，その際にはこの対角化というメソッドの威力というものは，どうしようもなく表面化してくることになるのである。

ところで話が前後するが，λやPを求めるための一見よくわからない手順は，先ほど述べた「固有値問題」と関連しているのであり，先ほどの式がちゃんと成立するための条件は何か，という話からλが割り出されているのである。実際にその関連を見るために，例えば先ほどの

267

$$\begin{pmatrix} a & b \\ c & d \end{pmatrix} \begin{pmatrix} x \\ y \end{pmatrix} = \lambda \begin{pmatrix} x \\ y \end{pmatrix}$$

の左辺の行列が，上の30度回転の行列だった場合で眺めてみよう。この時には，もし列ベクトルの成分x, yがそれぞれ$\frac{1}{2}$, $\frac{i}{2}$で，λが$\frac{\sqrt{3}+i}{2}$ならば

$$\begin{pmatrix} \frac{\sqrt{3}}{2} & \frac{1}{2} \\ -\frac{1}{2} & \frac{\sqrt{3}}{2} \end{pmatrix} \begin{pmatrix} \frac{1}{2} \\ \frac{i}{2} \end{pmatrix} = \frac{\sqrt{3}+i}{2} \begin{pmatrix} \frac{1}{2} \\ \frac{i}{2} \end{pmatrix}$$

という等式が成り立ち，先ほどの固有値問題がちゃんと成立していることがわかる。これは別にもう1組，λが$\frac{\sqrt{3}-i}{2}$で，x, yが$\frac{1}{2}$, $-\frac{i}{2}$だった場合にも同様の式が成り立つ。そしてそれら2つの列ベクトルを並べたものがPなのであり，そのため先ほどの等式は行列の掛け算の形で

$$AP = \Lambda P$$

とも表現できる。この場合，右辺はΛが対角行列なので$\Lambda P = P\Lambda$である。そのため$AP = P\Lambda$の両辺に右からP^{-1}をかければ，$A = P\Lambda P^{-1}$となって，先ほどの対角化の式が出てくるわけである。

「半径」が1より大きいか小さいか

そしてこの話の場合，もう一つ注目すべき点があり，それ

はこの30度回転の行列の場合，3回で90度回転になるのだから，それをもっと続けていって，12回繰り返せば360度回転して元へ戻ってしまうということである。そしてそこから再びこのサイクルを繰り返すことになり，結局何十回この行列をかけても同じ半径でぐるぐる回転を続けることになるわけである。

つまりこの行列の場合，何回かけてもその半径が変わらないのだが，そしてここで注目すべき重要なことは何かというと，それはこの行列の2個の固有値は，共にその大きさ（絶対値）が1になっているということである。

もっとも複素数に慣れていない文系読者の場合，ここで一瞬戸惑いを覚えたかもしれない。それというのも先ほどの固有値は $\dfrac{\sqrt{3}+i}{2}$, $\dfrac{\sqrt{3}-i}{2}$ などでこれは一見「1」には見えない。しかし「複素数の絶対値」という視点からすると，これらは共に1なのである。実際それは教科書の「複素数の絶対値の求め方」を参照して計算すれば，

$$\left|\dfrac{\sqrt{3}+i}{2}\right| = \sqrt{\dfrac{\sqrt{3}+i}{2} \cdot \dfrac{\sqrt{3}-i}{2}} = 1$$

$$\left|\dfrac{\sqrt{3}-i}{2}\right| = \sqrt{\dfrac{\sqrt{3}-i}{2} \cdot \dfrac{\sqrt{3}+i}{2}} = 1$$

となる。そしてそのように絶対値が1であるからこそ，この行列を何十乗しても，1の何十乗＝1で，半径の値は変わらずにずっと同じ値を保ち続けるのである。

これがもし1よりほんの僅かでも大きければ，たとえその値が1.1ぐらいの大きさでも，何十乗かする間に1.1，

1.21，・・・という具合にどんどん大きな値に成長し，外向きにらせん状に半径をどんどん拡大しながら回り続けることになる。逆に1より僅かでも小さければ，今度は0.9ぐらいでも何十乗かする間に，0.9，0.81，・・・という具合に逆に半径をどんどん縮小させながら，内向きのらせんを描いて半径ゼロの原点にまで向かっていくことになるだろう。

　つまりこれを何十乗もしていった時に全体の振る舞いがどうなるかを，固有値が「1より大きいか」「1より小さいか」あるいは「1そのものか」によって，パターン分類できることになり，いわば固有値そのものが，それを判別するバロメーターとなりうるわけである。

　そして経済学，特にマクロ経済学などで，固有値が重要になるという場合には，主としてこの性質がクローズアップされることが多く，その点が，経済学部での理解のカギになるので，もう少し見てみよう。

イメージの例＝固有値が1より大きいと「交渉決裂」

　ところで経済学の中で行列の掛け算が登場する場合，それは必ずしも「座標回転」ということと関連しておらず，例えば経済的な出来事を座標系に描いてそれを回転させる，などという発想に基づくものではない。

　そのため先ほどの「座標回転」というイメージをあまり引きずっていると，経済学の中でのその意味が理解しにくいかもしれない。そこで，経済学での行列の掛け算については，次のようなイメージで捉えてみては如何だろう。

　それは例えば，2人（あるいは2国）の間で何らかの経済的・政治的交渉が行われているとしたとき，行列を1回かけ

第5章　固有値の意味

ることが交渉を1回行うことに相当する，と考えるのである。

つまり2人（2国）の状態を列ベクトルで縦に並べて書いたとき，そこに2行2列の行列を1回かけると，交渉を1回行った結果が求められる，とするわけである。そしてここで先ほどの座標の半径のイメージを少し借りて，半径が1より大きい場合，それが大きければ大きいほど双方の態度が強硬になり，逆に半径が1より小さければ小さいほど双方が譲歩的な態度をとる，と考えよう。

つまりこの場合，もしらせん状にどんどん半径が大きくなっていって，それが無限大に拡大したとすれば，交渉を繰り返すごとに双方の怒りが増幅して強硬策がエスカレートし，ついに交渉決裂に至る，ということとして解釈されるわけである。

そしてこの場合，後に見るように，固有値が「1」の時には半径が拡大せず，交渉決裂が起こらないのである。

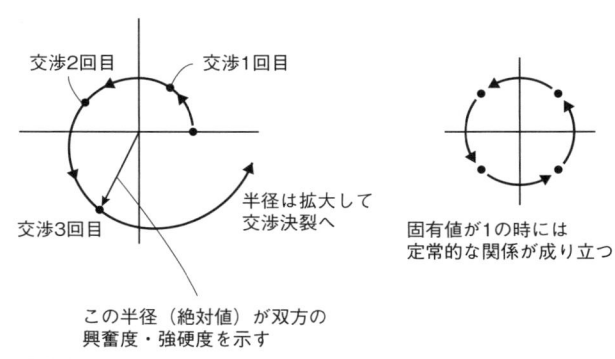

図5.2

これはいきなりの話で多少唐突感があったと思われるので、あらためて最初から述べていこう。そもそも一般に行列を1回かけると、その内部でどういうことが起こっているかというと、それは2つの量（列ベクトルのそれぞれの成分）に何らかの操作を加え、それをシャッフルしてそこから再び双方が自分の分を取り分ける、という動作が基本となっている。

他ならぬ座標回転の場合がそれで、ある点の座標がx成分とy成分の2つの量で与えられていたとき、それを30度座標回転させた新しい座標データのx成分は、良く見ると古い座標のx成分とy成分のデータを元に、それをある割合でミックスしたものになっている。つまり「2つの量をシャッフルしてそこから自分が必要とする分を取り分ける」ことを行っているわけである。

そう考えると、交渉事の際の怒りや興奮による強硬さの度合いというのも、多分に自分と相手の両方の感情をミックスした形で生まれているものである。つまりこの場合も先ほどの「x成分とy成分をある割合でミックスする」というのと同様、交渉のテーブルについた時点での自分自身の興奮度と相手の興奮度をある割合でミックスしたものが、自分の反応となって現れる、という形で問題を捉えることができる。

つまり自分のこのときの興奮度をx_1、相手の興奮度をy_1としたとき、それを$a:b$の割合でミックスしたものが、交渉後の次の自分側の興奮度・強硬度「x_2」となって現れるとするのである（つまり$x_2 = ax_1 + by_1$である）。

そして相手側もこれと同様、$c:d$の割合で両者をミックスしたものが、交渉における相手側の返答および興奮度・強

硬度になるとするなら、第1回目の交渉の結果としての次の回での両者のx_2, y_2は、次の図のように行列の形で書くことができる。

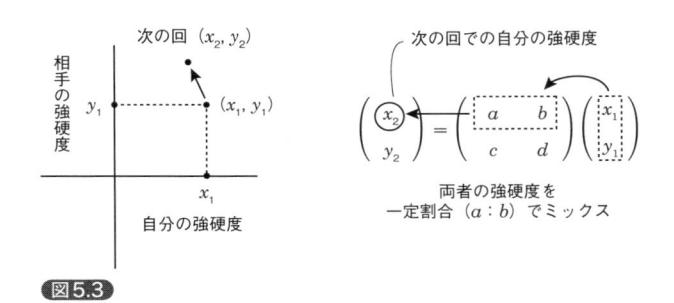

図5.3

そしてここでもし、この行列を1回かけたことでx_2やy_2が大きくなっていたとすれば、それは交渉を1回行ったことで互いに相手の強硬策に怒りを募らせ、双方がもっと強硬さのボルテージを上げてしまった状態に相当する。

そしてこれを繰り返せば、先ほどのようにらせん状に半径が拡大して半径が無限大になっていく場合と同様、双方がどんどん強硬さをエスカレートさせて、ついに交渉決裂に至る場合に相当することになる。

そして実はそういう場合、この行列の固有値を求めてみると、その絶対値としての大きさは1より大きくなっていることがわかるはずである。逆に、この行列がもっと性質の穏やかなもので、例えば上の行列成分のbなどの値が小さい形になっており、そのためたとえ相手が強硬な態度をとってyの値が大きくなっていても、byが小さいためそれほど大きくらせん状に拡大はしないとすれば、それはいわば冷静な対応

の場合に相当する。

　実際双方または一方に大変に度量があるか,あるいは奇妙な自虐的本能があって,ここが1より小さければ,この行列の固有値は1より小さくなって,逆に原点のゼロ方向にらせん状に縮小していく,つまり相手がいくら強硬策を言ってきても譲歩を続け,交渉そのものは決裂しないことになる。

マクロ経済学への応用イメージ

　おわかりと思うが,経済学の現場を眺めれば,いろいろな現象がこの種の交渉事の一種のバリエーションとして捉えられることがわかる。そもそも自由市場では消費行動そのものが,ある意味で企業と消費者の間での一種の駆け引きであり,広い意味での交渉であると言えなくもない。

　つまりその「交渉」が決裂してしまうと,消費者はそれを購入するという行動を起こさない,という解釈も十分可能で,その場合には「安定した消費行動が成り立つかどうか」という問題に,上の話をそのまま当てはめることができる。

　つまり企業側が自分にとって可能な範囲で価格や条件を設定して,ある商品を市場に送り出し,消費者がその商品の価格などに対してどういうレスポンスを行うか,ということが,この場合行列を1回かける「交渉」に相当することになる。そしてその結果が再度フィードバックされる形で2回目の「交渉」が行われ,経済社会ではこのように相手の反応を見ながら価格などが一定値に落ち着いていくことが多い。

　無論この話では先ほどと違って,双方が強硬策をエスカレートするということは起こらず,むしろ企業側が時に自虐的な譲歩を見せてすり寄っていく（つまり先ほどの例だと,ち

ょうどbの大きさが1より小さい場合に相当する）のが普通である。

つまりその過程を行列で表現した場合，固有値は1より小さいのが普通で，それが1より大きい交渉決裂パターンになっていることはまずない，ということが言えることになる。逆に言えば，もしその際に固有値が1より大きかったとすれば，少なくともそれは安定した経済状態を記述したものにはなっていない，ということになるだろう。

そして現在のマクロ経済学では，このことが便利な判定ツールとして応用されており，読者がマクロ経済学に突然固有値というものが登場して面食らったとき，実はそれを意図して導入されていることが多いのである。

カリブレーションでの使い方

また現在のマクロ経済学では，2章で述べたように「カリブレーション」という理系起源の技法が頻繁に用いられている。これはどういうものだったかというと状況を支配する変数が何であるかが良くわからないとき，まず適当に変数を選んで，当てずっぽうに理論を作ってそれが現実とどの程度一致するかを手早く調べる。そしてそれをフィードバックする形で，変数などを変えた修正版の理論を作り，それを何度も繰り返して本物に近づけていく，というメソッドだが，その際にこの固有値による判定法は，理論がどの程度正しいかを迅速に判定する手段として有効なのである。

つまりそのようにして理論を作ってみて，もしその中に行列の掛け算の部分が存在していたならば，とりあえずその行列を抽出して，その固有値が1より大きいかどうかを見てや

ればよい。もしこの場合，本来ならモデルは安定した経済状態を記述したものになっているはずなのに，その固有値が1より大きかったとすれば，それはどこかが間違っていることになる。

そのためカリブレーションにおいては，その固有値が1より大きくならないようにする，ということを判定条件の一つとして修正作業を行い，次の修正理論を作ってやればよい。これは比較的容易に検証ができるため，迅速な判定法として非常に便利なのである（なおこれと固有値の関連についてもっと哲学的に深い理解を得たい読者は，拙著『物理数学の直観的方法』の第11章——ブルーバックス普及版では後記に収録——を参照されると，上の話の背景がより根本的なレベルから理解できるのではないかと思う）。

本書での説明は，普通とは少し順序の違ったものになっているが，正統的なルートで固有値の計算法から順を追って述べていっても，短時間でこの核心部分にたどり着くことは難しい。

そのため読者は，マクロ経済学の中に唐突に固有値というものが登場して困惑したならば，それがこういう目的で導入されていることが多いのだ，ということを先に知識として知っていると，恐らく最も楽にその全体像を把握できるだろう。

実際，読者はとにかく先ほどの258ページあたりの計算を手を動かして実行することさえ行えば，必ずこれを理解できるはずである。

第6章

位相・関数解析

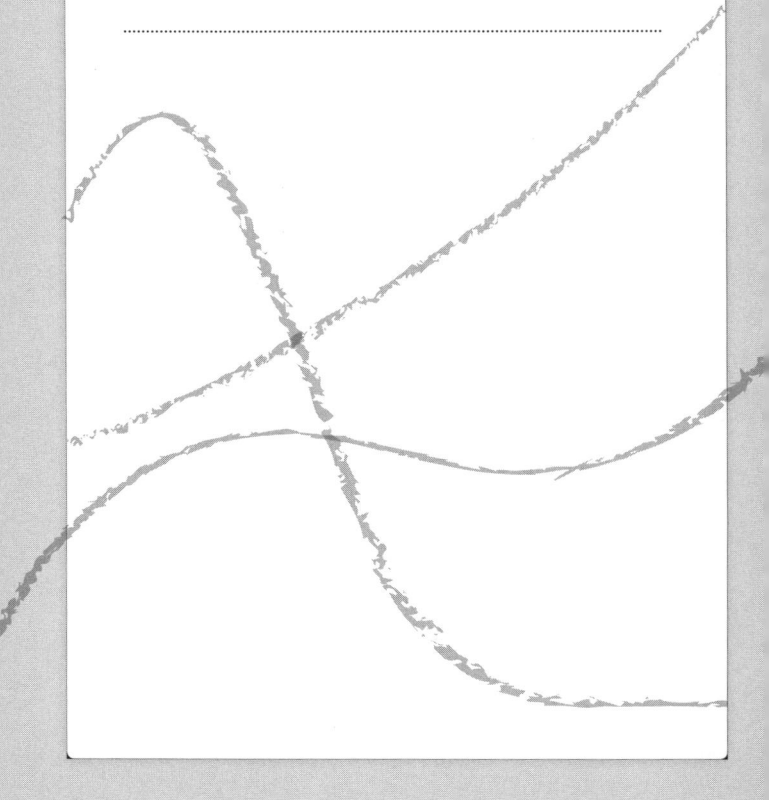

この章では「位相」や「関数解析」の概念について，経済学部で必要となる部分を最小の手間で述べてみたい。これらは理系にとってさえ相当に高度なツールだが，最近では経済学部でも，ちょっと専門性のレベルを上げると比較的すぐに遭遇することが多く，文系の経済学部生にとってはしばしば余りに大きな負担となっているようである。

　しかしその割には，経済学部向けに親身な解説がまとまって提供されることが極めて少なく，そのためここでそれをまとめて引き受けておきたい。以下の部分では，本来なら数百ページほどの分厚い内容を30ページほどに凝縮して，最重要なエッセンスが述べられており，これは恐らく経済学を学ぶ人にとって極めて貴重なものとなるはずである。

不連続量を扱うための数学

　ではまずそもそもこれらの概念がどういう理由で生まれたのかということから述べていくが，そのためここで一旦18世紀以来の古典的な物理の世界と経済の世界を比べてみると，両者が根本的なところで大きく違っていることがわかる。それは，物理の世界では天体や粒子の動きを表現するに際して，滑らかに変化するいわゆる連続関数が用いられており，それらは基本的にアナログ量で表現されている。それに対して経済の世界では，抽象的な言葉で物事が表現されており，その基本は「買う＝1」「買わない＝0」という一種の不連続なデジタル量で成り立っている。

　要するにこれが両者の大きな違いであり，確かに経済統計などは表面的には滑らかなグラフで表されているが，実はこれはそれらのデジタル量をたくさん集めて金銭という数値に

直すことで，表面上は連続的なアナログ量のように見せているに過ぎないと言える（なおここでの「アナログ・デジタル」はITやコンピューター科学のそれとは基本的に別の話である）。

そして物理や数学の世界では，過去にそうした滑らかな連続関数を使って多大な成果を上げてきたが，それをほぼやり尽くした時，それまで手をつけずにきた不連続な関数，つまり突然ある点で0から1に階段上にジャンプしたりするような，デジタル的な関数の領域に進出せねばならなくなった。そしてさらに，扱う量自体が抽象的な言葉でしか表現できないような世界でも，過去の栄光を再現したくなったのであり，その際に導入されたのが，これら位相や関数解析などの一連のツールなのである。

言葉を換えると，位相空間などの概念は，昔の物理がアナログ的な連続関数の世界で成し遂げた偉大な成果を，不連続な世界でも再現できるようにするための一種の変換器として要請されたのであり，それに伴って関数解析，測度論などの数学が作られたのである。

逆に言うとこれらのツールは，連続的なアナログ量だけを扱う際にはさほど必要ではないのであり，そのために一種の皮肉な状況が生じることになった。それというのも物理や機械工学などの理系の現場では，アナログ量の連続関数だけでほとんどのことが出来てしまうため，位相空間などを使わねばならない状況は滅多にない。ところが文系世界は不連続な言葉の世界であるため，本来数学が不得手な文系側の方が，かえって難しい位相空間論が必要になってしまうという，何とも皮肉な状況が生じてしまっているのである。

関数解析の基本的な考え方

そして位相空間の話が出てくる時には、一緒に「関数解析」という学問の話が出てくるが、これは理系にとっても相当な難物で、文系読者にはしばしば全く歯が立たず、そもそも一体何がやりたいのかすらわからないという代物である。そのため、まずこれがどういう動機で始まった学問なのかということをずばり述べてみよう。

実はそれこそが先ほど述べたことであり、18世紀以来の数学が滑らかな連続関数の世界で仕事をあらかたやり尽くして、今まで扱ってこなかった不連続で折れ線のような関数の世界に進出する際に、それらを扱うためのツールとして導入されたのが、この関数解析である。

ただし一つ注意しておくと、こういう場合「不連続な関数を解析する」といっても、直接問題を解いて具体的にその関数の値を求める、ということは最初からほとんど期待されていない。実を言えば滑らかな連続関数の世界でも、19世紀ごろには大半の問題が解けない状態に陥っており、そのため当時はそれらを直接解くことは諦めて、その関数がどういう性質をもっているか（例えば「ある区間でその関数やそれを微分したものが有限値に収まるか」など）を間接的な方法で調べる、ということが主流となっていたのである。

そして関数解析もそういう時代に生まれていたため、やはり直接問題を解いて関数の具体的な形を求めることは最初から目的とはされず、そのようにとにかく関数の性質さえ調べられればよい、という考えで学問が作られている。ただそれにしてもやはり当時は不連続な問題は雲をつかむようなもので、そのギャップを埋めるための手法が要求されたのであ

る。

ではそのためにどんな方法をとったかというと、もしある不連続な関数がどういう性質をもっているかがわからず、どう攻略して良いかもわからない時には、まずそれに似た連続関数で、すでに性質がわかっているものをいくつか用意するのである。そしてそれらを並べてだんだん近づけていくことで、未知の不連続関数を攻略するというアプローチをとるのであり、この考え方が基本となっているのである。

例えばそのような不連続な関数として、0から1の区間で次のfのようなものを考えよう。これは図のように、原点からしばらくの間はずっと$f(x) = 0$という値が続くが、$x = 1$の点で突然$f(x) = 1$にジャンプして、この点で不連続になっているというものである。そして先ほど述べたように、関数の性質を調べる際には何らかの形でその微分が問題になるが、この不連続関数fは$x = 1$の点では微分できないため、性質などを調べることができなくなっている。

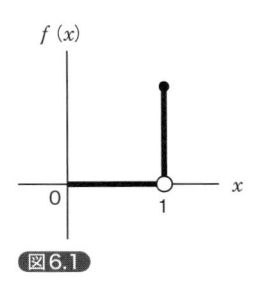

図6.1

しかしここでわれわれが知っている連続関数として、例えば$f_n(x) = x^n$というグループを考え、それら$f_1(x) = x$, $f_2(x)$

$= x^2$, $f_3(x) = x^3$ などの関数のグラフを順に並べてみよう。そしてその0から1までの区間部分を比較してみると、x^nのnが大きくなるほどシャープに折れ曲がっていって、$n \to \infty$としていけば、何だか問題のfのグラフにそっくりな形になりそうである。

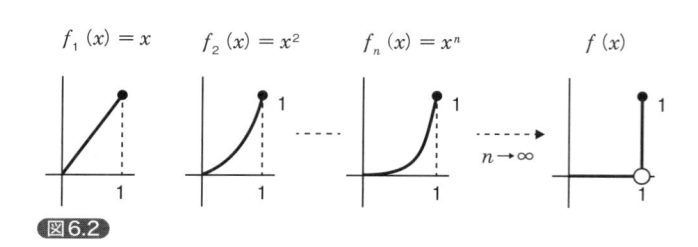

図6.2

実際にもし$n \to \infty$としたときに、それがこの区間で本当にfに一致したとすれば、それは「$f_1, f_2 \cdots$が$n \to \infty$でfに一致していく」と考えることができる。そしてもしこれらのf_1, $f_2 \cdots$が全て何か同じような共通した性質をもっていて、$n \to \infty$でもその性質が維持されるとしたならば、fもそういう性質をもっていると判断しても良いだろう、というのが関数解析の考えなのである。

つまりこうすれば、fがたとえ不連続な関数でもその性質を知ることができるのであり、こういうアプローチで、それまで扱えなかった滑らかでない不連続関数を扱うというのが、関数解析の基本的な考え方である。

「空間」を使って$f = g$を言う

では次のステップに進もう。この「近づけていった極限で

f_n と f が一致する」という話だが、この時に「イコール」を表現する方法として、関数解析では一つのユニークな考え方が導入された。それは「A と B が等しい」ということを言いたいとき、それを「A と B との間の仮想的な距離が0である」というイメージで捉えようということである。

いきなりの話で面食らった読者もあるかもしれないが、これはひとまず A と B を一次元の数直線の点だと考えれば、容易に理解できるだろう。例えば図の A と B は $|A - B| = 0$ なら $A = B$ である。そしてこのときの絶対値記号 $|\cdot|$ は、数値として解釈すれば「$A - B$ の絶対値」であるが、幾何的に眺めれば「2点 A と B の距離」としても解釈できる。

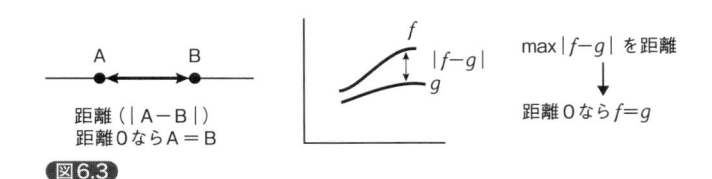

図6.3

つまり一次元の数直線の場合「AB 間の距離が0なら $A = B$」だということになるだろう。これは話を平面や空間など二次元以上に拡張しても同じ考えが成り立ち、こういう場合は数学記号として $|\cdot|$ のかわりに $\|\cdot\|$ などが「2点間の距離」を表すものとして用いられる。ともあれこのようにした上で、先ほどのように $\|f - f_n\|$ のような量を考えてやるわけで、この状態で $n \to \infty$ とした時にこの f と f_n の仮想的な距離の値が0になったならば、その時は事実上 $f_n = f$ だと考えてよい、というわけである。

では最後の課題として，2つの関数fとgの仮想的な距離というものをどう考えれば良いのだろうか。実はこれはいろいろな方法を考えることができ，その一番単純な例を示すと，例えば2つの関数の差$|f(x) - g(x)|$について，その全区間を通じての最大値$\max|f(x) - g(x)|$を考えて，その値をこの2つの関数の「距離」だとしてもよい。

　この場合もしその値が0だったとしたら，その時は全区間を通じて$f = g$だとしか考えられず，「仮想的な距離が0なら$f = g$」という形になるからである。

　別の方法としては例えば，全区間での$\max$のかわりに「$f(x) - g(x)$」を全区間で積分した値を求めて，その$\int |f(x) - g(x)| dx$が0かどうかを眺める，という形でも同じようなことができる。この場合もその値が0なら$f = g$で，とにかくそういう発想で「距離」を導入して$\|f - f_n\|$というアプローチをとることで，性質のよくわからないfの性質を調べようというわけである。

　そのため関数解析の本を開くと，そこには「関数空間」という用語が登場し，一体関数が空間とどう関係しているのかさっぱりわからないことが多いが，ともかく以上の話で，「関数の性質を調べる」ことが「空間」というイメージとどう結びつくかの話の原点はご理解いただけたことと思う。

位相空間とはどんなものか

　では次に位相空間の話に移ろう。この位相空間というものは今の話をもう少し発展させて，「集合」の概念を使うことで，もっと抽象的なデジタル量でも表現できるようにしたも

のである。ではそれはどんなものかというと、実は数学者たちの頭の中には次のような常識があり、それは「集合というものは、その各要素間の『距離』を与えてやれば『空間』になる」ということである。

わかりにくければ次のようなことを考えてみよう。ここに、学校で連絡網に使うような名簿があって、そこにはそのクラスに属する生徒全員の氏名と自宅の住所がずらりと載っている。いわばこの名簿は、数学的に言えば一種の「集合」で、その集合の各要素が、A君の氏名住所、B君の氏名住所などである。しかし逆に言えばこの名簿はただクラスメートの氏名住所が集まっているだけのただの「集合」で、どこから見ても空間などでは全くない。

ところがこの名簿にはもう一つデータが載っていて、A君宅とB君宅との距離が何m、A君宅とC君宅との距離が何mという具合に、クラスメート全員について相互の家の距離が全部記載されていたとする。

このデータがあれば、後は適当なパソコンソフトでも使ってこのデータを入力してやれば、各家がどの位置にあるかを作図して描き出してくれるだろう。要するにこのデータが記載された名簿は一種の空間地図そのものであって、単なる氏名だけの名簿＝「集合」は、距離というものを導入したことで「空間」になったわけである。

だとすれば、ここでの話の鍵が何であるかは明らかだろう。要するに「距離」を何らかの形で定義すれば「空間」が定義できるわけで、先ほどの話もこういう観点から解釈することが可能となる。つまり先ほどは2個の関数fとgの距離を$\|f-g\|$などで表して、fとgがどのぐらい「近い」かを

見たが、この場合の距離にはいろいろな導入方法があって、それによっていろいろな空間を定義できる。

そしてここで数学者たちはもう一つユニークなアイデアを導入した。それは、普通なら2点間の距離を測るには、何か物差しのようなものを考えるのが常識だが、ここでは「集合の包含関係」というものを利用して距離を定義するのである。

例えばテーブルの上に10個ほどの小石がばらまかれるように置かれていて、相互の距離や位置関係を求めたいのだが、あいにく手元に物差しがないとする。そこで輪投げの輪のようなものを、直径サイズが小から大まで何十種類も用意して、これを物差しのかわりに用いることを考えるのである。

この場合、一番直径の小さな輪だと、どういう置き方をしても輪の中に小石は1個しか入らないが、もう少し大きな輪を使えば、輪の中に2個の小石を同時に入れられる場合があり、輪のサイズを大きくしていくと、同時に入る小石の数は増えていく。そして例えば2番目の小さい輪には小石AとBは同時に入るが、小石Cはその輪ではどうやっても入らず、もう1サイズ大きな輪をもってくるとようやくA、B、Cが同時に輪の中に入るとしよう。(図6.4)

要するにこの場合、それを元に相互の距離的な位置関係を推理できるのである。つまり今の例だと、AとBは比較的近くにあるが、Cはそれより遠い位置にあることがわかるわけで、そのため輪をもっと大きなものまで多数用意すれば、多少不正確だがとにかく物差しがなくても小石全部の相互の距離的な位置関係がわかる。

第❻章 位相・関数解析

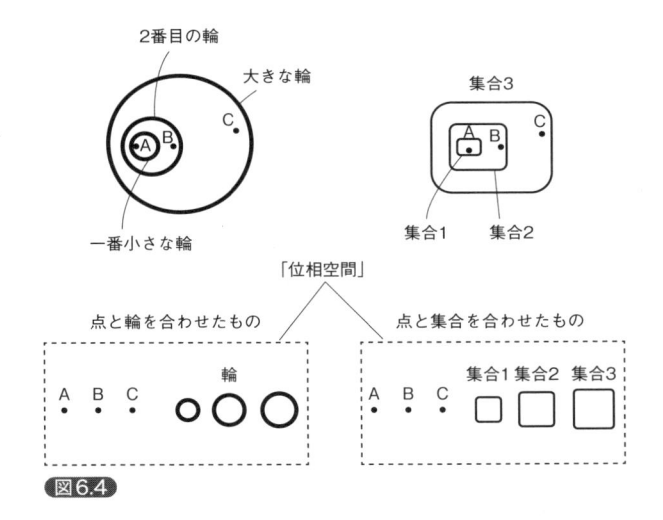

図6.4

つまりこの輪のワンセットは物差しのかわりができるのであり、そしてこの「輪」というイメージは、もう一段抽象化して、一種の「集合」として考えることもできるだろう。要するに輪の一個一個をそれぞれ一つの集合と考えて、小石が輪の中に入っている状態を「その集合に含まれる」というイメージで捉えるわけである。

そしてその場合は先ほどの話も、輪が小さい順からそれぞれ「集合1」「集合2」「集合3」などとなり、小石AとBは「集合2」に含まれるがCは含まれず、もう少し大きな「集合3」には小石A、B、C全部が含まれる、などということになる。

そしてこの輪投げの輪のワンセット、あるいはもう少し抽象的にはこれらの集合のワンセットを、いずれも「位相」と

呼んで、これらを物差しのかわりにするわけである。テーブルの上の小石はそれら自体では単なる距離をもたない集合だったが、そこに物差しがあれば「空間」になる。つまりテーブル上の小石と輪のワンセットを、全部一まとめにしてパッケージとして考えれば、それは一種の距離をもった空間として解釈でき、これが「位相空間」なのである。

そして上の話で注目すべきは、この話のどこにも連続的なアナログ量が登場していないことで、そのためここで冒頭の「経済学では、扱う題材の多くが基本的に一種の不連続なデジタル量である」という話とつながってくる。

例えば「商品Aの購買層となっている消費者グループ」と「商品Bの購買層となっている消費者グループ」などを考えると、これらはそれぞれ一種の集合で、不連続な言葉による一種のデジタル量である。そして経済学ではこれらがどれだけ「近い」かがしばしば重要になる。

より具体的な例としては、途上国の経済発展の過程などで、例えば国民所得がある一定レベルに達すると、大衆にバイクが買えるようになって「二輪車を買える消費者グループ」が生まれるとする。そして所得レベルの上昇につれて「国産軽自動車を買えるグループ」「高級外車を買えるグループ」などが順次生まれてくるわけだが、これらの消費者層を先ほどの小石A、B、Cのイメージで考えると、先ほどと同様に包含関係を通じて一種の距離の概念が導入できる。(右の図6.5)

つまり二輪車の購買層を基点に考えると、国産軽自動車はその比較的近くにあり、高級外車の購買層は最も遠くにいることになる。これはいわば消費品目A、B、Cに、経済発展

第❻章 位相・関数解析

高級外車
国産車
二輪車
縦方向の距離

「この商品を購入された方は
こんなものも買っています」
品目A 品目B
横方向の距離

消費品目に関する「位相空間」

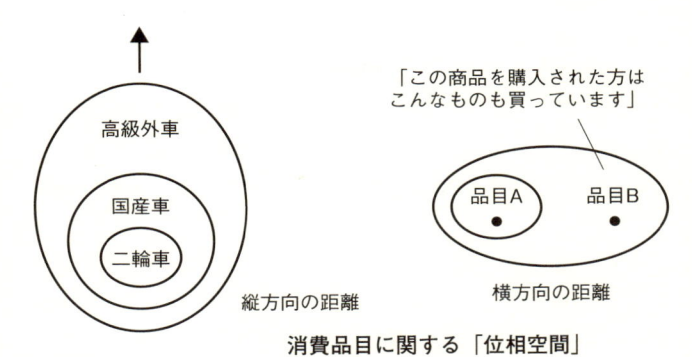

図6.5

に伴う縦方向の「距離的な位置関係」が導入されたようなものである。またこれとは別に，例えば各品目について「この商品を購入された方はこんなものも買っています」という要領で，横方向に最も近い品目の集合を各品目ごとに書き出していけば，いわば横方向への距離も導入できる。要するにこれらを総合すれば，縦横に広がる一種の空間が描き出せるわけで，これが「消費品目に関する位相空間」をなしているのである。

なお，先ほどの小石と輪の話では「集合」として2種類の異なるものが用意されており，それらを混同しないよう注意しよう。つまり一方は，小石全体を集めた大きな集合を指していて，こちらは非常に大きな集合が1個だけである。それに対してもう一方は輪の一個一個の集合を指しており，こちらが「位相」で，小さな集合が何十個も用意されている。そして前者は空間を構成する要素という「中味」だが，後者は物差しの代用品となる「小さな入れ物」で，この前者の1個

と後者の何十個かの集合を全部合わせたものが「位相空間」なのである。

とにかくこういうものを考えれば，今まで抽象的なデジタル量の言葉でしか表現できず，従来の数学では扱えなかったものでも，とりあえず「空間」を作ることができるわけである。

そして関数解析で使われる空間も基本的にこの位相空間であり，この場合には空間内の一点一点がそれぞれがfやgなどの関数1個を指している。そしてそれぞれの関数の「距離」を様々な方法で定義してそれを「位相」と呼ぶことで，いろいろな空間が生まれており，関数解析の本では「バナッハ空間」「ヒルベルト空間」などというものを目にするが，これらはいずれもそういう位相空間の一種である。

「＝」を言うための新しい方法論

ではもう一段話を先へ進めよう。読者がそういう関数解析や現代数学の本のページを開いたとき，まず面食らうのは，今までの物理や数学の本と違って，そこには等号「＝」で結ばれた方程式の姿がなく，むしろ不等号「＜」がやたらに目につくことではないかと思う。そしてそこでは「ε」という記号が多用されていて，$\|f - f_n\| < \varepsilon$などという式を中心に議論が展開されている。そのために全く理解不能になることが多いので，それについてもずばり本質部分を述べておこう。

まず，なぜ不等式が多用されるのかは，基本的には次のような理由による。ここで一般的な話として，$A = B$を示したいが直接的には言えないとしよう。こういう場合，伝統的な

第6章 位相・関数解析

方法だと，何かCという量を考えて，$A = C$，$B = C$をそれぞれ示すことで$A = B$を示す，という論法をとるのが普通で，読者も実は無意識にそういうことをしてきたのである。しかし関数解析ではこういう論法をとらず，Cとして$|A - B| < C$となる量を考えて，$C \to 0$とすることで$A = B$を示す，というアプローチをとっているのである。

確かに一応こういう方法でも$A = B$を言うことは出来るが，しかしなぜわざわざこんな面倒なことをしなければならないのだろう？　しかし実際に使ってみるとこれは結構便利なことがわかる。その第一の理由は，前者の方法だと，Cというものをどこかから探してくる際に，その条件が最初からタイトなので，そういうものを見つけてくるのが容易でない。ところが後者の場合，Cはとりあえず$|A - B|$より大きいものなら何でもよいわけだから，選択の範囲が広くて，見つけてくることが容易なのである。

そしてたとえ最初は大雑把すぎたとしても，これを何個も用意して数列のようにだんだん近づけていけばよい。そしてここで以前の話とつながってきて，先ほどはfについて知りたいときにf_nというものをたくさん用意し，$\|f - f_n\|$とした上でこれを0にもっていくということを行っていた。そこでこの場合もまず比較的甘い条件で，C_nというものを手近なところから適当に一揃い見つくろってきて，とりあえず$\|f - f_n\| < C_n$としてやればよい。

そしてその上で，もしこのC_nが，$n \to \infty$としたときに$C_n \to 0$になるという性格を備えていたとすれば，$\|f - f_n\| \to 0$となって「$f = f_n$」が言える，というわけである。なお数学ではこのCの部分を「ε」という文字で書いて$\|f - f_n\|$

$< \varepsilon$とするのが普通で,そのため読者がこのεという文字を目にしたら,その部分では大体そういうことをやっているのだと思って良い。

一見すると,何だかわざわざ話を難しくしているようにも見えるのだが,現実に先ほどの不連続関数のような海のものとも山のものともつかない代物を扱う際には,従来のような等号を使う方法ではすぐに手詰まりになってしまう。一方とりあえずこのような不等号を使う方法をとると,Cの選び方の自由度が大きいため,このような未知の不連続な関数を扱う場合でも,とにかくあるところまでは駒を進めることができ,それはやってみるとよくわかる。

そのため関数解析のように物事を半ば手探りで進めるような学問ではこれは不可欠な方法論なのであり,とにかく読者は上のことを覚えておけば,ひとまずこういう記号式が何を意図しているかは理解できるはずである。

この手法が共通して抱える厄介事

さてそのように「不等式を作って極限をとることで『=』を言う」という新しい方法論をとることで,とにかくそういう不連続な世界でも話を前に進めることができるようになった。

ところがこういう方法論に移行してみると,そこには基本部分に思わぬ落とし穴があることが間もなく明らかになり,数学はそれを埋めるために大きな労力を払わねばならない羽目に陥ったのである。

その落とし穴とは何かというと,それはそのように「近づけて極限をとる」操作を行う際に,不等式の「<」という部

分が「≦」に変わってしまう場合があるということである。

もう少し詳しく言うと、例えばX_nが$X_1 < C$, $X_2 < C$…のように、どれも「$< C$」で、数列全体が「$X_n < C$」と書けていたとしよう。これはnが有限値の間は問題なく成り立つのだが、ところがこの数列を無限に先まで延長して$n \to \infty$としたときに、その無限に先にあるX_nが$X_n = C$となってしまい、そのため数列全体の式も不等号にイコールがついて「$X_n \leq C$」となる場合があるということである。これは一見すると些細な問題に見えるが、後にこれがとんでもないことを引き起こしてしまうのである。

まず上のような奇妙な現象だが、これは一体どういう場合に起きることなのだろうか。実はわれわれはその実例を比較的簡単な例で見ることができるのであり、ここで読者は次のような問いについて考えていただきたい。それは、

「0.999…」という数は、もし小数点以下の9を無限に増やしていった場合、それはついには「0.999… = 1」となって1に一致するのか、それともどこまで行っても1には手が届かず「0.999… < 1」のままなのか。

という問題である。

これはやや禅問答のような話だが、しかしその答えは比較的容易な方法で知ることができるのである。それは、「1 ÷ 3 × 3」を分数と小数でそれぞれ表現して、両者を比較してみればすぐわかるのである。

では早速やってみよう。まず分数の場合からいくと、

$1 \div 3$ は分数だと $\frac{1}{3}$ であり,そして次にこれに再び3をかけると,$\frac{1}{3} \times 3 = 1$ となって完全に元へ戻る。つまり分数を使うと「$1 \div 3 \times 3$」$= 1$ である。

では同じことを小数でやってみるとどうかというと,小数ではまず $1 \div 3 = 0.3333\cdots$ である。そしてこれを再び3倍すると,$0.333\cdots \times 3 = 0.9999\cdots$ となり,小数で表現すると「$1 \div 3 \times 3$」$= 0.999\cdots$ だということになる。

つまり同じ計算を分数で行った場合には「1」,小数で行った場合には「$0.999\cdots$」となるわけだが,両者は同じでなければならないので,結局「$0.999\cdots = 1$」という式が成り立ってしまうのである。

上の話は割合に有名な問題なのだが,これを一般化して先ほどの話に応用してみよう。まず先ほどのような数列 X_n の具体例として,$X_1 = 0.9$,$X_2 = 0.99$,…のように,n が大きくなるほど小数点以下の9の桁数が増えていく,という数列を考える。これらは当然1より小さく,いずれも $X_1 < 1$,$X_2 < 1$ の不等式が成り立っており,少なくとも n が有限値の時には全て「$X_n < 1$」という形で書くことができる。

では n が無限大の場合までも含めて考えた場合にはどうなるだろう。これは要するに $0.9999\cdots$ の小数点以下を無限個にした場合に相当するが,上で行った話によればこれは「$= 1$」となるのである。

つまり整理すれば,n が有限値の間はこの数列は $X_n < 1$ だが,n が無限大の場合も含む場合には $X_n \leq 1$ ということになり,「$<$」が「$\leq$」に変わってしまうのである。

$\lim f(x_n) = f(\lim x_n)$ が成り立たない

これは一見すると単に「未満」が「以下」に変わるだけの些細な話に思えるし,実際にこの段階ではまだそれほど困ったことは生じない。ところがこれが放っておくと大変なことになり,それは $\lim f(x_n) = f(\lim x_n)$ ではない場合が生じてしまうということである。つまり普通の常識からすれば $\lim f(x_n)$ と $f(\lim x_n)$ は同じものになるはずだが,それが一致しないことがあるのである。そのことは例えば次のような不連続な関数 $f(x)$ があって,x が 1 の点を境に値が 0 から 1 にジャンプする,つまり次の図のような状況を考えるとよくわかる。

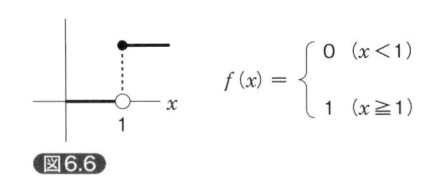

$$f(x) = \begin{cases} 0 & (x < 1) \\ 1 & (x \geq 1) \end{cases}$$

図6.6

まずこの $f(x)$ の x のところに先ほどのような $x_1 = 0.9$, $x_2 = 0.99\cdots$ を代入してみよう。それらはいずれも $x_n < 1$ なのだから $f(x_1) = 0$, $f(x_2) = 0$ などになり,それを並べて書くと 0, 0, 0…という形になる,つまり $f(x_n)$ を一種の数列として見ると,それは 0 だけが延々に続く数列になると言える。

そしてここで頭を一旦リセットして,単純な質問として「もし 0, 0, 0…というように 0 だけが延々と並ぶ数列があったとき,この数列の無限に先にある値は何であると予想しますか?」と聞かれたら読者はどう答えるだろうか。この場合常識的に考えれば,誰もが「それは 0 だ」と答えるはずであ

る。そのため上の数列の無限まで行った先の極限値は0だということになるだろう。

　つまりこの話を式の形にした場合、上の数列ではx_nをまず一旦fに代入して$f(x_n)$ としてからその極限をとっており、式で書けば$\lim f(x_n)$ である。そしてそれは極限まで先へ行っても0なのだから、次の図6.7のAのように$\lim f(x_n)$ = 0だということになる。

$x_1 = 0.9$
$x_2 = 0.99$
$x_3 = 0.999$

$\lim f(x_n) \neq f(\lim x_n)$

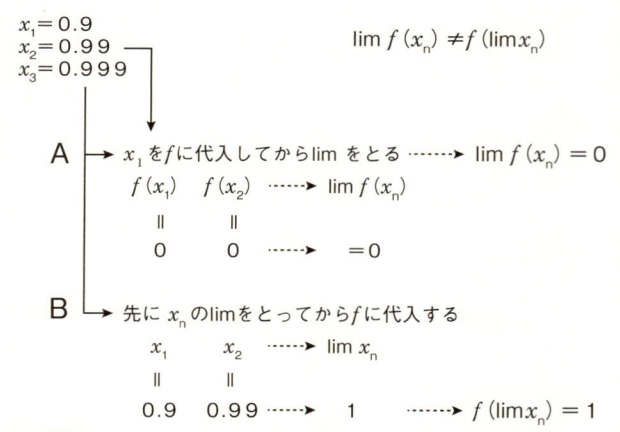

A ── x_1をfに代入してから$\lim$ をとる ……▶ $\lim f(x_n) = 0$
　　　$f(x_1)$　　$f(x_2)$ ……▶ $\lim f(x_n)$
　　　　∥　　　　∥
　　　　0　　　　0　　……▶ 　= 0

B ── 先に x_nの$\lim$をとってからfに代入する
　　　x_1　　　x_2　　……▶ $\lim x_n$
　　　∥　　　　∥
　　　0.9　　0.99 ……▶ 　1　　　……▶ $f(\lim x_n) = 1$

図6.7

　ところがここで手順を入れ替えて$\lim$をfの括弧の中に入れてしまうと、それとは違った値になってしまうのである。つまりその場合、まず先にx_nの極限をとって$\lim x_n$の値を求めてから、その後でfに代入し、$f(\lim x_n)$ とするわけだが、この括弧の中の$x_n = 0.9999\cdots$は、最初の段階のnが小さい時には「$x_n < 1$」であり続けるが、$n \to \infty$に達した段階で$x_n = 1$に変わってしまう。しかしそれを代入する関数$f(x)$ は、「x

＜1」の時には$f=0$だが,「$x=1(\geqq 1)$」を代入すると$f=1$になるというものである。

そのためこのように,極限をとる操作を先にして$\lim x_n$（$=1$）としてから,その後でこの「1」をfに代入すると,図のBのようにそれは$f(\lim x_n)=1$となってしまう。要するに両者を比べると,前者の場合は$\lim f(x_n)=0$,後者の場合は$f(\lim x_n)=1$であり,$\lim$がfの括弧の外にあるか内にあるかで,結果が「0」と「1」に分かれてしまっているのである。

つまり「$\lim f(x_n) \neq f(\lim x_n)$」という困ったことが生じてしまうわけであり,こうなると事態の重大さはおわかりだろう。つまり土台の肝心な部分で「＝」が成り立たないことがあるとなれば,その上に構築された等式全体が狂ってくる恐れが出てきて,話が根幹からおかしくなってしまうのである。そしてこれは決して特殊な事例ではなく,あちこちで普通に起こりうるものであることがわかり,実は先ほどまでの話も,これが成り立たないとなると論法そのものの成立が怪しくなってくるのである。

そのため数学はどんなことをしてもこの障害を埋めねばならなくなって,現代の解析学は,この障害を取り除くことに多くのページを割いており,場合によっては本の大半がそれで埋め尽くされていることもある。

しかし上の話を知らない状態でそういう部分を読むと,記号の難解さ以前の障害として,そもそも何がしたくてそんなことを言っているのかがわからない。要するにその部分では$\lim f(x_n)=f(\lim x_n)$がちゃんと問題なく成り立つことを確認しようとしているのだが,常識からすればそれは一致する

のが当たり前に見えて、なぜわざわざそんな労力を払わねばならないのかが理解できないのである。

目的そのものが意味不明では理解不能になるのは当然だが、とにかく位相や関数解析の本を開いて、一体何を言いたいのかさっぱりわからない式が並んでいるという時には、大抵この問題がどこかに一枚かんでいるのだと思ってほぼ間違いない（なおこれらについてもう少し詳しい知識が欲しい読者は『物理数学の直観的方法』のその章を参照されたい）。

経済学部での対処法

そのため経済学部生は、これら位相や関数解析の話に遭遇した時には、次のように対処すればよい。まず先ほど述べたようにこれらのツールは、かつて物理学が連続関数のアナログ量の世界で達成した成果を、不連続なデジタル的世界でも再現できるようにするための一種の変換器である。しかし実を言うと、位相空間などを使ったことで、今までの連続関数では全く知られていなかったことが新たに明らかになった、という例は極めて稀で、現場レベルで大事になる話は、ほとんどが連続関数の世界で得られていたものなのである。

そして経済の世界も、先ほど述べたように本来は「買う＝1」「買わない＝0」の不連続な世界で、それをたくさん集めて金額というアナログ量に直しており、本当は位相などのデジタル量の数学を使わねばならない。しかし経済数学の場合、大事な結果のほとんどは、それを連続関数に直した後の状態で得られており、位相空間の話は飛ばしてその後の、普通の連続関数で話ができるように直した部分だけを眺めていても、大体のことはわかるのである。

そのため経済学部では次のようなアプローチの方が効果的である。つまりこういう位相空間などの話が出てきた時には，すぐにその内容を理解しようとはせず，むしろまず全体を眺めて，そのどこまでがこの部分に相当するのかを識別することである。そして大抵の場合，その後に普通の常識的な連続関数などを使った議論が続いており，本当に大事な話はそこで行われている。

つまり読者は，前者の部分をうまく切り離してひとまず後回しにし，まず後者の部分に関心を集中させることで，メインのストーリーを先に大まかに理解してしまった方がよい。そして話の大筋が理解できた後で，仕上げとしてその話を位相などを使って本来の不連続なデジタル量として解釈し直せばそれでよいのである。

そしてほとんどの場合それは形式的な作業となり，位相を使うことでそれまでのストーリーに抜本的な変化が生じることは滅多にない。

そのためこれらの部分は，それを直接理解することよりも，むしろ外からどうやってそういう部分を識別するかということの方が，経済学部では重要である。とにかくその部分を識別できさえすれば，全体のストーリーがどういうコンポーネントで構成されているのかがわかり，重要部分から優先的に攻略していくことが可能になるからである。そしてそれを外から識別するためには，とにかく上で述べた内容をしっかり頭に入れた上で一旦眺めてみると，読者は何らかの形でそれができるようになるはずである。

ポントリャーギン理論での偉大な成果

　しかしそのように、これらのツールは単に形式を最後に整えるのに必要なだけで、実際には本質的な部分ではさほど必要ではないと言われてしまうと、学ぶ側としては何とも拍子抜けがしてしまう。ところが残念ながら実際に、これらを使った劇的な成果の例を目にする機会が乏しいことは事実なのであり、そのことがこれを学ぶモチベーションを大きく下げてしまっていることは否み難い。

　しかしその中にあって、ポントリャーギンの「最大値原理」はほとんど例外的と言えるほど、不連続な量を不連続なまま扱って偉大な成果を上げたという点で出色のものである。そこで、関数解析などの技法を学ぶ際の士気を盛り上げるための話題として、これについて少し紹介しておきたい。

　この「最大値原理」の話は本書のマクロ経済学の章でも登場するが、中級編などで述べた話だと、これは最適制御理論の中心となる理論で、ニュートンによる「最速降下線」などの問題から進化したいわば「3代目」である。しかしこれから述べるのは、実は現在のマクロ経済学でもまだあまり使われていない高度な領域の話である。

　これまで本書のマクロ経済学の章で扱ってきた最適制御理論の内容は、それまでの物理の連続的な「最速降下線」などの問題を、単に「制御」という目的に使い易いように書き換えて発展させたもので、現在のマクロ経済学で使われているのもそれである。

　しかしポントリャーギンは単にそれに留まらず、不連続な問題も取り扱えるような形で理論を作った。どういうことかというと、中級編や上級編のマクロ経済学の部分で扱った問

題を振り返ると、それらはどれも滑らかで連続的な曲線の世界を想定しており、解答もそういう滑らかな曲線の形で与えられていた。ところが現実の制御の問題では、解答が滑らかな曲線にはならない場合があって、ポントリャーギン理論はそういう問題にも対処できる高度な内容を備えているのである。

例えば現在の宇宙空間では、ロケットや衛星がコースの微調整や短距離移動を行う時には、小型のスラスター＝姿勢制御用ロケットを吹かしてそれを行い、船外作業を行う宇宙服のバックパックにもそうしたものが装備されている。しかしそうしたものの多くには、噴射強度の微調整機構がついていない。つまり単純にレバーを右に倒すと、スラスターは右方向に最大強度で噴射、左に倒すと左方向に最大強度で噴射という具合に、一定強度でしか噴射できない構造になっているものが多いのである。

無論これはそういう単純な構造の方が設計しやすいからそうなっているのだが、実はポントリャーギン理論からしてもそういう設計が妥当なのであり、そしてこれこそが先ほど述べた「答えが滑らかな曲線にはならない問題」の一例なのである。

もう少し詳しく述べると、ポントリャーギンが活躍していた時期は米ソ対立の真っ最中で、当時彼が取り組んでいた問題の中に次のようなものがあった。それは左右に激しく回避運動をしている相手側の飛行機を追跡する場合、最短時間で追いすがって射程距離内に達するにはどうすれば良いかという問題で、これは対空ミサイルの誘導装置の設計などで国家的な重要問題として要求されていたのである。

これはもう少し身近な問題で言うと，例えば左右に動く振り子を最短時間で止めるにはどうすれば良いか，という物理の問題としても解釈できるが，とにかく彼がこの問題に取り組んだところ，非常に興味深い解答が得られることになったのである。

　それは，まずそのように左右に大きく往復運動する目標に最短時間で追いすがる場合，例えば相手側が右方向に大きく回避運動をしているとき，普通に考えればこちらも操縦桿を右に倒して直接それに追随するはずだが，実はそれは最良の方法ではないということである。

　これは読者がフライト・シミュレーターなどをいじった経験があればわかると思うのだが，目標が右方向に動いている時にこちらが追随して操縦桿を右に倒しても，機体は少し遅れて反応するため，ゆっくりとしか右方向への加速がつかない。そのためこちらがようやく右方向に動き始めたころには，目標はすでに反対の左方向に動き始めており，あわてて操縦桿を左に倒しても右方向への旋回が止まらないので，完全にオーバーシュートして，それを繰り返すうちにかえって目標からどんどん遠ざかってしまうことが多いのである。

　これは，もしこちらの旋回加速能力に凄いパワーや余力があって，即座にタイムラグなしに相手の動きに追随できればそんな心配はないのだが，現実には旋回パワーに上限があるため上のようなことになってしまう。そのためこちらはそれを見越して，目標が右に動いている時にはむしろ一旦逆の左方向に操縦桿を倒し，左右に動く相手とのタイムラグを巧妙に相殺する形でこちらの動きを調整することが必要で，その方がかえって最短時間で目標を捕捉する（あるいは最短時間

で振り子を止める）ことができるということを，彼は発見したのである。

そしてその際にもう一つ，興味深い重要な結論が得られることになった。それはそのように操縦桿を右や左に倒して最短時間で目標にたどり着こうとする際には，操縦桿は左右いずれの方向であれ，とにかく「目一杯倒す」ことが必要だということである。

つまりその場合には，まず操縦桿を左に目一杯倒したなら，次に今度は操縦桿を急いで反対側の右に目一杯倒し，という動作を極端から極端に繰り返すことが必要で，それが最短時間で追いつくための解になるということである。言葉を換えると，操縦桿をその中間の中途半端な角度にセットすることは一瞬たりとも必要ないというわけである。

そのため操縦桿を倒せる最大角度を「$α°$」として右方向を＋，左方向を－で表し，各時点で操縦桿を倒す角度の値を，時間tを横軸にとったグラフで表現すると，それは$+α$と$-α$の値だけをジャンプして行ったり来たりする不連続関数のグラフとなり，これは振り子を最短時間で止める問題でも同じようなことになる。そしてまた宇宙空間で姿勢制御用のスラスターを吹かしてそれを行う場合も同様で，追跡すべき目標物が振り子のように往復運動するパターンだった場合，それを最短時間で追跡するには，スラスターの最大噴射強度をFとしたとき，それは$+F$と$-F$の間を行ったり来たりする不連続関数となるのである。（次の図6.8）

そしてこの結論をスラスター・ロケットの設計に応用するならば，推力の微調整機構はつける必要がないという話になってくるだろう。つまりレバーを左右に倒したら単純にスラ

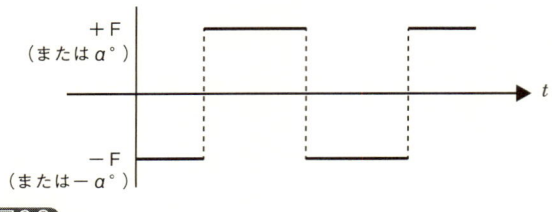

図6.8

スターの最大推力で左右への噴射が行われる，という設計にしておけば，このようなパターンで往復運動する目標物（宇宙空間では割合一般的である）を最短時間で捕捉できることになり，燃料消費量も大抵の場合は最小となる。これは常識だけではたどり着くことができない結論であり，その意味において人類の偉大な認識の一つであったと言ってよい。

この結論が現実のスラスターの設計にどの程度影響していたかは知らないが，ただ推力微調整機構をつけるべきか否かの話が，このポントリャーギン理論の存在ゆえに最初から話題にならなかった，という可能性は十分考えられることである。こういう場合，確かに噴射強度の微調整機能がなくても，どういう空間移動も可能であることはすぐわかるのだが，ただその際に燃料消費量を最小にできるかどうかは，なかなか常識だけではわからないのである。

ところで最適化という視点から眺めると，先ほど述べたように中級編の話の原点だった最速降下線の問題では，滑り台のカーブ形状を示す関数や，解となる最速降下線の形状は，いずれも滑らかな連続関数が想定されていた。そして問題を解く際にはその曲線形状を僅かに変えてずらしていく「変分

法」を使っていたわけだが,実はそうした方法はそれらの関数が滑らかでなければ使えない。ところが先ほどのグラフは完全に不連続な関数であるため,中級編のような変分法はそのままでは適用できないのである。

そこでポントリャーギンは「マクシェーン変分」という特殊な変分法を使うことで問題を解いた。恐らく読者が実際にこれに遭遇することはほとんどないと思うので,その詳細については全く知る必要はないが,これは大雑把に言うと,そういう不連続な場所の近くでほんの僅かの長さだけ連続関数の部分を引き延ばしてやり,その長さをεとする。そしてそのεだけ延ばした連続な関数で結果を求めてしまい,最後にそのεをゼロとしてやることで,近似的に不連続な場合の結果を求めるという方法である。

そしてここで以前の話を思い出すと,関数解析では「不連続な部分をノーマルな連続部分からεだけ延長することでカバーし,最後にそのεをゼロにもっていく」というのは日常的に用いられる手法である。つまり少なくともそのεを使うメソッドが,そこでは実際に大きな成果を上げており,それがなければ先ほどの偉大な発見もできなかったことになる。

まあ教科書に載っているマクロ経済学では,ポントリャーギン理論の応用に関して,さすがにこのような不連続問題はあまりに高度で少々手に余り,動的均衡の議論は基本的に普通の連続関数の話に限られて,最先端の論文でもまだ滅多に扱われず,大学院レベルで登場することもないようである。ただ将来において,この部分の応用が進んで,例えば景気が上下する現状下で,ちょうどうまくそれに追いつく形に政策を設計する,などの問題に応用されて,一般の大学院レベル

にまで降りてくる，という可能性もゼロではないので，読者は一応お話として知っておくと良いだろう．

少なくとも読者が，現実の問題において関数解析などの手法がどう役に立つのかの実例を見たことがなく，これは難しいだけで全く役に立たない学問なのではないか，と疑いをもったことがあるとすれば，これはその疑問への偉大な反例である．確かに今の話は必ずしも関数解析の定番的な手法の応用ではないが，少なくとも読者はそこに確かにこのような輝かしいものが存在したということを一応知っておくことで，納得感には格段の差が出てくるのではないかと思う．

凸集合・凸解析

そして先ほどのポントリャーギン理論の興味深い結果は，数学的には「解が凸集合（凸多面体）の頂点になる」という言葉でも表現される．そして経済学の世界では，この話とは全く別の方面からも「凸集合・凸解析」という話題が良く出てくるのであり，その意味では両者に関連があるが，むしろ学生にとっては，一般的な凸解析の話の方が知りたいかもしれないので，以下に少し述べておこう．

まず「凸集合」とは，要するに図で描いた時に，凹んだ部分や穴がどこにもないような集合のことである．例えば円や楕円は凸集合だが，どこかに凹みがあったり穴が開いていたりすると凸集合ではなくなり，多角形の場合も同様である（定義をもう少し正確に言うと，ある集合の任意の2点を選んだとき，その2点を結んだ線分上の点がやはり全てその集合に含まれるなら，それは凸集合である）．

第**6**章　位相・関数解析

凸集合　　　　　　　　凸集合でない

一次元の凸集合

この点が集合に含まれない

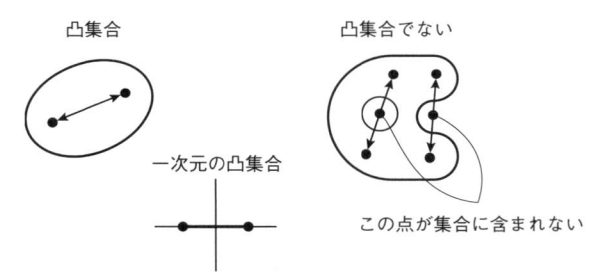

図6.9

そして一次元で考えた場合には「一次元の凸集合」とは要するに，数直線上の短い一つにつながった線分のことで，この場合その線分の両端の2点が，この凸集合の「頂点」だということになる。

そして先ほどの話の場合，操縦桿を倒す角度を右方向を＋，左方向を－としてそれを数直線上に示すと，操縦桿を倒せる角度範囲がこの線分で示され，そしてその最大角度が線分の両端である。つまり言葉を換えれば，操縦桿を倒せる範囲が一次元の凸集合として示されるわけで，そして先ほどの「操縦桿を倒す角度は右であれ左であれ，とにかく最大角度で倒すべし」という結論は，「解が常にその凸集合（凸多面体）の頂点にある」という形で言い換えられるわけである。

解は「一次元の凸集合の頂点」

－F　　　　＋F

凸集合（凸多面体）

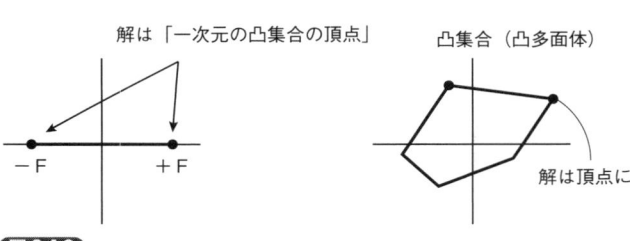

解は頂点に

図6.10

307

そして経済学ではこの「解が凸集合の頂点として示される」という話は，線形計画法やミクロ経済学の最適化問題の凸解析でも登場することがある。もっとも学部レベルのミクロ経済学に登場する凸解析は遥かに初歩的なもので，先ほどのポントリャーギン理論の話はそれらに比べると隔絶して高度なものである。そのためむしろ読者は，それを巡る話の最高到達点にこういうものがあるということを一つの知識として知っておくだけでも，ミクロ経済学で扱われる凸解析を，何か上から見下ろす感覚で多少なりとも余裕をもって眺められるのではないかと思う。

ゲーム理論と凸解析

　また「凸解析」という話題はゲーム理論でも登場するので，それについても要点だけを凝縮した形で簡単に述べておこう。まずゲーム理論での凸解析の原点というのは，これより遥かに単純な連続関数の範囲内の発想からスタートしたものである。

　それというのも，ゲーム理論の一番の原点となるいわゆる「ミニマックス」の概念ではいわゆる「鞍点」が生じることが重要となる。つまりこういう場合，2つの関数がx方向とy方向にそれぞれ，一方はx方向に凸関数，もう一方はy方向に凹関数という具合に，曲率が上下逆向きになる形で与えられる。そしてそれらをxy平面上で縦横に組み合わせると，両者の妥協点となる場所に「鞍点」が生じてそれが解となる，というのがこの理論の基本的な発想である。（図6.11）

　そのためこれらの関数が凸関数（あるいは凹関数）であるかどうかを知ることは，理論の基本からして重要となるわけ

第**6**章 位相・関数解析

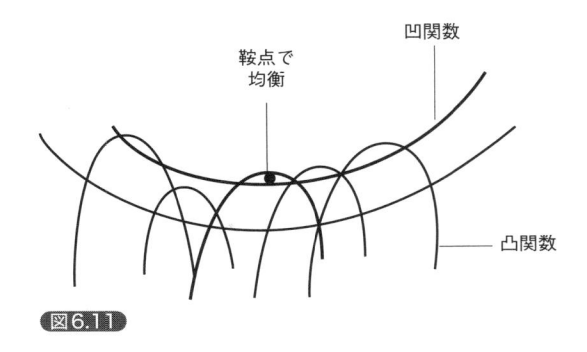

鞍点で均衡
凹関数
凸関数

図6.11

だが，凸集合に関連した話としてこの種の議論を発展させていく際に次のようなことが生じる場合がある。つまり，ある関数$f(x)$は一般には必ずしも凸関数ではないのだが，中の変数xを特定の領域にあるものだけに制限して，それを1つの部分集合にまとめ，その部分集合の上だけで$f(x)$を考えたならば，その時に限ってはfが凸関数になってくれる，ということがしばしば起こるのである。

そしてそういう場合，もしxの中に形成されたその小さな部分集合が，先ほどの「凸集合」という性質を備えていると，実際にfが凸関数になってくれることが比較的多く，その場合には凸集合の概念を使うことによって，普通の関数を凸関数にしてしまうことができる。そう考えると凸集合という概念が便利なツールとして広く使えることは容易に想像できるだろう。

さらに凸集合の概念は、極大点だけでなく「不動点」という概念でも重要な役割を果たすことが多い。その話はゲーム理論においても重要な意味をもつことになるので、これに関してもやはり要点だけを簡単に述べておこう。

　まず「不動点」とは何かというと、最も簡単に言えば、それは要するにある数xを関数Fに代入してもその値が変わらない、つまり$F(x) = x$となるような点のことである。これは特にxを座標だと考えると「Fに代入しても動かない点＝不動点」というイメージとなってわかりやすいだろう。

　そしてこの話は理系の世界では、「地球大気に台風の目のような渦の中心（無風点）が生まれるかどうか」を示す問題として知られている。つまりこの場合、大気の移動を写像の繰り返しの形で表現するのであり、例えば大気の最初の位置に1回写像を施すと、その1時間後の位置が示される、などという形で考える。要するにもしその位置が1回ごとに変動していたとすれば、それは大気が移動していて「風」があることを意味するわけである。

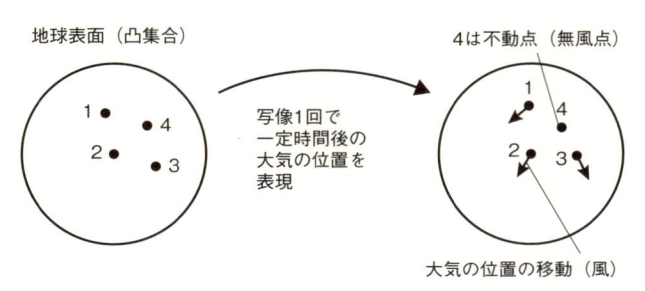

ブラウアーの不動点定理

図6.12

逆に言うと,もしどこかに「何回写像を施しても全く大気の位置が変わらない点」があったとすれば,それはまさしく台風の目のような「無風点」だということになり,それがこの場合の「不動点」である。

　そして不動点に関する最も重要な定理である「ブラウアーの不動点定理」によれば,「ある集合を写像によって別の集合に移す際に,もしその写像が凸集合を凸集合に移す,つまり,元の集合と写像を行った後の集合が共に凸集合である場合,その集合上の写像はどこかに不動点をもつ」ということが判明している。

　つまり地球大気の場合,地球表面(球の表面)は基本的に凸集合なので,先ほどの写像は凸集合を凸集合に移す写像となり,そのためこの定理によれば,その際に地球表面のどこかに必ず不動点＝無風点が生じることになる(これは立体の表面の話なので,本当はもう少し面倒な話になるのだが,それでも話の本筋としてはそう考えてよい)。

　なお逆の場合として,もし問題設定が「北極点と南極点の周辺だけは『地球表面』から除外して考える」という形になっていたならば,その2点を除外した残りの地球表面全体は穴が空くことで凸集合ではなくなる。そしてこういう場合には,その両極点の周囲を輪のように一周する風を重ねて,それらだけで地球表面全体を(木星のような縞模様で)きれいに覆うことができる。

　つまりこの場合には,その「地球表面」上のどこにも無風点が生じない状態にすることができ,そういう形で確実に反例を作れることになる(要するにこの場合,生じる無風点の個数と同数の穴をあらかじめ表面上に作っておけばよいので

ある)。そのためこれらの両面から考えると，このブラウアーの不動点定理は「地球表面の大気移動はどこかに必ず台風の目のような渦の中心（無風点）をもつ」ことを示すものとしても解釈できるというわけである。

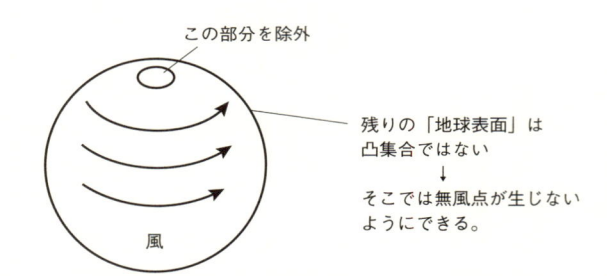

この部分を除外

残りの「地球表面」は
凸集合ではない
↓
そこでは無風点が生じない
ようにできる。

風

北極と南極周辺を「地球表面」から除外した場合

図6.13

そしてこれをゲーム理論に応用する場合には，その写像として「競争相手同士の体勢が1日当たりでどう変化するか」という形のものを考える。つまりゲーム理論の場合，双方が相手の出方を見ながら次々と体勢を変えていくわけだが，その変化を1回ごとにこの写像で示すわけである。

そして一般にゲーム理論では，双方の妥協が成立してどちらへも動かない点（鞍点など）にたどり着いた時点で，解となる安定的な均衡点に達したという考え方をとる。つまりその均衡点では，たとえこの写像を何回行っても双方が動かないことになり，これは「不動点」そのものなのである。

そのため特にゲーム理論のいわゆる「ナッシュ均衡」の話では，そのように双方が動かなくなってしまう，一種の膠着状態のような均衡点を探すことが重要な目的となってお

り，その意味ではこれはミニマックスの話の一種の拡張だと言えるのだが，その際に凸集合の話が重要になってくる。

どういうことかというと，ここで問題となっている状況全体を1つの集合とみたときに，その集合が凸集合という性質をもっていたとしよう。そしてその集合に先ほどの写像を施したとき，もし写像後の集合がやはり凸集合だったとすれば，先ほどの不動点定理が使えることになる。

つまりこの場合には問題のどこかに不動点つまり「誰も動き出そうとはしない点」が生じることになり，それはその場所でナッシュ均衡が成り立って，ゲーム全体がそのパターンになる，という話として解釈することができるわけである。

このような形で，ゲーム理論においては凸集合などの概念が重要になってくるわけで，読者は大まかには上のようなものだと考えればその背景がわかるだろう（ただし先ほどの「ブラウアーの不動点定理」の証明自体は，現代数学の粋を集めた大変な話なので，読者はそれを理解せずともよい）。

それにしてもなぜ一般にそのように，いろいろな場所で「凸解析」というものが重宝されているかについては，読者はその根源的な理由を次のように理解しておくとよいかもしれない。

それは，まず「凸」という特性は，条件として極めて単純なものであるが故に，問題が途中でいろいろな変換を受けて姿が変わっていっても，この特性自体は変わらずに維持されて残っていく可能性が高いということである。そして単純であるにもかかわらず，先ほど眺めたように，「凸」という条件は「極大点や均衡点の存在」という重要な結果に直結しやすいのである。

つまりこの条件を縦糸にしていくと，問題となる量に最初の時点で「凸」という性質を要請してしまえば（つまりそれが凸関数や凸集合だと仮定してしまえば），問題を解くために途中でかなり変形を加えていっても，その最終的な行き先でもやはり「凸」という性質が維持される可能性が高い。

　そしてたとえ問題が直接は解けず，答えを正確には書き表せない場合でも，その答えが大まかに「凸」という性質をもっていることだけでもわかれば，少なくともその問題の答えが均衡点や不動点などをもっていることだけはわかることになる。これは労力の割には効果が大きいので，ツールとして非常に効率が良いのであり，読者はそういう動機でこの凸解析という学問が求められているのだと理解しておけば，学んでいる最中に自分の位置を見失わずにすむのではないかと思う。

　以上，経済学部でも必要となるいくつかの数学の上級メソッドについて述べてきたが，一般に言えることとして，これらの概念は定義式からスタートしても理解しにくく，むしろ一番必要なのは，その基本思想が何を「目的」にしているのかを知ることである。

　しかし経済学部ではその知識に近づくのはしばしば非常に難しいため，読者がこれらの章を通じて，そこを補えるよう願っている。

さくいん

〈アルファベット〉

DSGEモデル 146, 152, 206
IS-LM曲線 61, 151
IS-LM分析 61, 70
IS曲線 63, 71
L 100, 108
LM曲線 63, 67, 71
RBCモデル 74, 91, 146, 149, 173

〈あ行〉

アインシュタイン 249
アダム・スミス 22
鞍点 308
異時点間の均衡 87, 96, 108, 148
位相 288
位相空間 279, 288, 290
位置の変化率 232
一般均衡理論 26
インフレ 75, 123
インフレ期待 76
インフレ・ターゲット 151
インフレ・ターゲット理論 146, 205
インフレ率 75, 150, 199
引力 29, 30
オイラーの微分方程式 230
オイラー方程式 146, 148, 159, 161, 164
オッカム 253
オッカムの剃刀 253

〈か行〉

解析力学 73, 80, 89, 99, 108
確率微分方程式 230
加速度 129, 233
貨幣供給 67
カリブレーション 135, 275
関数解析 279
関数空間 284
期待 195
期待と変化率 150
供給 23
行列 248
極大点 310
極値 119
距離 284, 288
均衡点 23, 63, 65, 71
空間 290
クラウゼヴィッツ 253
景気低迷 124
経済政策 140
ケインズ 43
ケインズ経済学 41, 43
ケインズ・ラムゼイ・ルール 154

公共投資　50
好景気　123
合計生産コスト　216
効用水準　217
合理的期待形成仮説　126
古典派　42
固有値　248
固有値問題　264

〈さ行〉

サイクロイド　115
最小作用の原理　101
最速降下線の問題　114
最大値原理　221, 300
最適制御理論　89, 103, 108
最適比率　217
差分形式　165
三体問題　43
シカゴ学派　72, 126
自然対数　59
社会の慣れ　126
自由放任　26
自由放任主義　46
需要　23
準備率　55
少子化問題　225
乗数理論　49, 52, 57
消費行動　95
消費効用の逓減率　172
ジョーン・ロビンソン　142
新古典主義　72
信用創造　54, 57

スタグネーション　124
スタグフレーション　124, 126
生産比率　216
生産量　216
制約条件　146, 179
線形代数　248
速度　129, 232
速度の変化率　233
測度論　279

〈た行〉

対角化　261
大恐慌　46
対数　168
頂点　307
貯蓄　64
強いアメリカ　72
テイラー展開　60
停留値　118
天体力学　22
投資　64
投資効率　140
動的均衡理論　73, 89, 90, 107
動的マクロ経済学　80
等比級数の和　49, 57
凸解析　306
凸集合　306
凸多面体　306

〈な行〉

ナッシュ均衡　312
ニュー IS-LM モデル　146, 150, 198
ニューエコノミックス　71
入射角　85
ニュートン　22, 114

〈は行〉

バナッハ空間　290
ハミルトニアン　210
パレート　26
パレート最適点　26
反射　85
反射角　85
万有引力の公式　238
微積分　22, 31
ヒックス　63
微分方程式　230
ヒルベルト空間　290
フィリップス曲線　123
フェルマーの原理　80, 82, 89, 108
フォン・ノイマン　249
不動点　310, 311
ブラウアーの不動点定理　311
ブラック・ショールズ理論　230
フリードマン　126
変化率　122, 126
変分法　115, 118
保存量　226
ポントリャーギン　221, 300

〈ま行〉

マクシェーン変分　305
マクロ経済学　46, 103, 108
マッハ　253
ミクロ経済学　46, 47
ミニマックス　308
モーペルテューイ　99

〈や行〉

遊休資金　66
予算規模　217

〈ら行〉

ラグランジュ　102
ラグランジュアン　99, 100, 102, 108, 178, 210
ラグランジュ乗数　146, 192, 205
ラグランジュの未定乗数法　192
ラムゼイ・モデル　90, 97, 131, 146, 147, 152
リアル景気循環モデル　74, 91, 173
リアル・ビジネスサイクルモデル　74, 91
流動性　66
流動性選好　67

量子力学　138
ルーカス批判　112, 122, 126, 150
ルネッサンス　34
レーガノミックス　72
レッセ・フェール　26, 46

〈わ行〉

和算　19, 20
ワルラス　26, 43

N.D.C.331.19　318p　18cm

ブルーバックス　B-1984

経済数学の直観的方法　マクロ経済学編
（けいざいすうがく　ちょっかんてきほうほう　けいざいがくへん）

2016年9月20日　第1刷発行
2023年6月19日　第8刷発行

著者	長沼伸一郎（ながぬましんいちろう）	
発行者	鈴木章一	
発行所	株式会社講談社	
	〒112-8001　東京都文京区音羽2-12-21	
電話	出版	03-5395-3524
	販売	03-5395-4415
	業務	03-5395-3615
印刷所	（本文印刷）株式会社KPSプロダクツ	
	（カバー表紙印刷）信毎書籍印刷株式会社	
製本所	株式会社国宝社	

定価はカバーに表示してあります。
©長沼伸一郎　2016, Printed in Japan
落丁本・乱丁本は購入書店名を明記のうえ、小社業務宛にお送りください。
送料小社負担にてお取替えします。なお、この本についてのお問い合わせは、ブルーバックス宛にお願いいたします。
本書のコピー、スキャン、デジタル化等の無断複製は著作権法上での例外を除き禁じられています。本書を代行業者等の第三者に依頼してスキャンやデジタル化することはたとえ個人や家庭内の利用でも著作権法違反です。
R〈日本複製権センター委託出版物〉複写を希望される場合は、日本複製権センター（電話03-6809-1281）にご連絡ください。

ISBN978-4-06-257984-1

発刊のことば

科学をあなたのポケットに

二十世紀最大の特色は、それが科学時代であるということです。科学は日に日に進歩を続け、止まるところを知りません。ひと昔前の夢物語もどんどん現実化しており、今やわれわれの生活のすべてが、科学によってゆり動かされているといっても過言ではないでしょう。

そのような背景を考えれば、学者や学生はもちろん、産業人も、セールスマンも、ジャーナリストも、家庭の主婦も、みんなが科学を知らなければ、時代の流れに逆らうことになるでしょう。

ブルーバックス発刊の意義と必然性はそこにあります。このシリーズは、読む人に科学的に物を考える習慣と、科学的に物を見る目を養っていただくことを最大の目標にしています。そのためには、単に原理や法則の解説に終始するのではなくて、政治や経済など、社会科学や人文科学にも関連させて、広い視野から問題を追究していきます。科学はむずかしいという先入観を改める表現と構成、それも類書にないブルーバックスの特色であると信じます。

一九六三年九月

野間省一